01 探索一株長在六十公尺高的龍腦香巨木枝葉間的皇后蘭（Grammatophyllum speciosum）——也就是全世界最大的蘭花。攝於婆羅洲熱帶雨林，2007年。

02 穿梭在紅木樹冠之間的高空橫渡系統。攝於2017年。

03 攀爬一棵高達七十五公尺的白柳桉樹（Parashorea tomentella）。攝於婆羅洲丹濃谷，2015年。

04 作者和科羅威部落的兩位長者阿儂與阿利翁合影。攝於巴布亞，2009年。阿儂是名經驗豐富的戰士，阿利翁則是部落的巫醫。

05 建好的科羅威樹屋，位在一棵巨大鐵木五十公尺高的樹冠上。攝於巴布亞的偏遠雨林地區，2009年。

06 作者在離林地五十五公尺高的地方架設樹冠攝影平台。攝於婆羅洲，2015年。
∗ photo credit to Cede Prudente

07 作者在一棵北非雪松（Cedrus atlantica）高高的枝椏間，架了準備用來過夜的小窩。攝於摩洛哥，2013年。

08 在一棵巨大紅杉的樹頂觀看日落，攝於2017年。

09 亞馬遜叢林的樹種多樣性十分驚人。這棵開滿艷紅花朵的樹，生長在祕魯馬德雷德迪奧斯河上方的山坡。

10 濃霧之中隱約可見一棵八十公尺高的樹王木（Koompassia excelsa）。攝於婆羅洲丹濃谷，1998年。樹王木是地球上最高的熱帶硬木之一。

11 受到槍傷正在復原中的雌角鵰（Harpia harpyja）。攝於委內瑞拉，2009年。

12 一隻三個月大的角鵰雛鳥，就在五十公尺高的鳥巢裡。攝於委內瑞拉的森林樹冠，2010年。

13 一隻銀背的西部低地大猩猩（Gorilla gorilla gorilla）密切關注牠的猩猩家族。攝於剛果，2007年。

14 一群非洲森林象（Loxodonta cyclotis）來到一處林間空地，或稱「bai」。攝於剛果，1999年。

15 平腹頭角蜥（Gonocephalus liogaster）大啖蜘蛛作為早餐。攝於婆羅洲，1998年。

16 在作者的背包上搭便車穿越叢林的粉紅趾蜘蛛（Avicularia avicularia）。攝於委內瑞拉，2009年。

17 祕魯亞馬遜叢林的馬努箭毒蛙（Ameerega macero）。

18 祕魯亞馬遜叢林的子彈蟻（Paraponera clavata）爬上了作者的攀繩。

19 巴布亞雨林中的樹蟒幼蛇（Morelia viridis），攝於2009年。這張照片拍完沒多久，科羅威部落的孩子便抓了這條蛇，把牠丟進火裡，然後吃掉了。

James Aldred

The Man Who Climbs Trees

攀樹人

從剛果到祕魯，
一個BBC生態攝影師
在樹梢上的探險筆記

我將生命與靈魂交付給一條尼龍細繩，
卻在攀爬旅程中看見森林最斑斕的靈魂

詹姆斯・艾爾德里德——著　羅亞琪——譯

This is the story of a professional British tree climber, cameraman and adventurer, who has made a career out of travelling the world, filming wildlife for the BBC and climbing trees.

CONTENTS

推薦序　爬到樹上看世界　李偉文　06

推薦序　尋找人生的歌利亞　翁恒斌　09

推薦序　攀樹人的生態大探險　黃貞祥　13

序　曲　驚險的開端　16

前　言　高空上的探險　20

第一章　英國——離地五十公尺的風　29

這幅景色比我幻想的任何樣貌都來得美妙迷人，我終於來到這裡了。從我的休息點——高高坐在歌利亞的肩膀上，眺望著整片樹林，能看見這座森林的邊界之外，還有整片樹冠世界等著我去探索。

第二章　婆羅洲——雷鳴、雨幕與濃霧　51

雨林的歌唱真的很不可思議。數以百萬的動物與昆蟲、一個個看不見的聲音，形成一道聲波湧來。遠處長臂猿的叫聲、空氣衝過犀鳥翅膀所製造的呼嘯、持續傳來的一陣陣昆蟲鳴唱，還有樹蛙高音的呱呱叫，我沉浸在大自然的交響樂裡，這裡的生物複雜度實在是令人難以招架。

第三章　剛果——邂逅黑猩猩　79

這裡有這麼多的樹，為什麼牠們會選擇在離我這麼近的地方度過一晚？我永遠也不會知道答案，但是這幅場景無比美麗。數百萬年前，動物尚未懼怕人類的時候，一切肯定就是如此，宛如伊甸園的倒影。

第四章　哥斯大黎加——飄浮的王國　115

這也是我進入的所有樹冠中，色彩最為繽紛的地方。熱帶的紅與黃隨意潑灑，妝點著千種不同色調的斑綠。就連這裡的動物和鳥類似乎也更有活力了。非洲和亞洲的犀鳥被猩紅色的大型金剛鸚鵡所取代，三三兩兩在空中巡邏著。

第五章　祕魯——卡絲塔娜的礦藏　137

數十個圓形的大果莢躲藏在茂密枝葉中，每個含有多達三十顆為人所熟知的堅果。每顆果莢都差不多和葡萄柚一樣大，硬得有如石頭一樣，重達兩公斤左右。它們就像砲彈般大小的聖誕彩球，掛在上一個花季留下來的花穗末端，隨風搖曳。

第六章　澳洲——須臾的永恆　161

我環顧四周的森林，看起來是如此古老而永垂不朽。和其他許多長壽的樹木相比，三百歲算是年輕的，看著矗立在上方的巨大桉樹，我很難接受這個轉瞬即逝生態系的短暫本質。仔細一瞧，很容易就看出這樣的環境真的很動盪，就像弩上之箭，隨時一觸即發。

第七章　加彭——蜂群來襲　189

牠會到處走動，用象鼻一一撿起地上的果實，小心放進嘴裡，就像是在吃糖果似的。牠肯定感覺到有人在窺探，立刻就以驚人的速度轉身面對我，片刻後便靜靜大步走入黑暗之中，頭顱高高昂起，象牙在晨光中散發出黃色的光芒，舉手投足都和我記得的牠一樣宏偉。

第八章　巴布亞新幾內亞——科羅威戰士的領地　215

巴布亞並沒有靈長類動物，除了害羞的特有有袋類動物以外，哺乳類非常少。因此，鳥類主宰一切，繁衍興盛，幾乎占據所有的生態區位。各種稀奇古怪的尖叫、吠叫或嗥叫都是來自於某種鳥類。這座森林少了大型的哺乳類動物，卻完全沒有空盪盪的感覺，反倒溢滿生機。

第九章　委內瑞拉——令人生畏的捍衛者　241

那隻角鵰擺出全力攻擊的姿勢，巨大的翅膀像斗篷一樣張開。牠的長腿往前伸，正準備用有著利爪的拳頭抓傷攀爬者。角鵰的英文俗名確實很適合牠，看起來就像是神話和傳說中的怪物。這捲錄影帶比較像是科幻電影，而非野生動物影片。角鵰張開巨大的翅膀時，比牠正在攻擊的那位攝影師還要大上許多。

第十章　摩洛哥——屹立的北非雪松　269

我身處的這片林木在陡峭的山脊上簇擁著，就像來到戰役尾聲時，奮力進行最後一搏的軍團。每棵樹都和鄰樹截然不同，肢體語言像是在違抗時間與氣候所造成的破壞。冬季降雪所折斷的樹枝、夏季大火灼燒過的樹幹，每一棵樹都是生命歲月的活生生紀錄，史詩般的故事赤裸裸地攤在那裡，讓任何人閱讀。

後記　在歌利亞肩上沉思　288

致謝　298

CONTENTS

推薦序——
爬到樹上看世界

李偉文／牙醫師、作家暨環保志工

身為父母親的我們這一代，小時候最期待的就是寒暑假回爺爺奶奶家或外公外婆家，在鄉下當個野孩子，在跟同伴打打鬧鬧中，其中少不了的就是爬樹，在枝椏間躲貓貓的日子也成為童年最美好的回憶。

不過我相信大部分的人，爬的第一棵樹應該會是榕樹，因為榕樹有許多鬚根，最好爬；而且幾乎每個大人乘涼泡茶下棋的地方，不管是廟埕、村頭巷尾，都一定會有一棵大大的榕樹。

當然，《攀樹人》書中，那位厲害的攀樹師，不是爬那種只有三、五公尺高的樹木，而是高達數十公尺甚至近百公尺高的樹木，是必須透過特殊工具的專業技術。

平常我們走入森林時，往往忘記抬起頭來，將思惟向上攀升到樹梢，直到近年來，因為爬樹方法的突破，才使得我們得以窺見這立體多樣的未知領域。我們以為很熟悉的樹木，竟然如神祕的外太空一樣，存在著我們從來沒有想像過的世界。

森林的樹冠層是地球生物最後的生存疆域。一般人恐怕很難想像，在雨林裡，多數昆蟲生活於樹冠層內，鳥類當然更不用說，甚至還有許多哺乳動物，終其一生不曾離開樹冠層。

在森林裡除了做調查與生物學家的研究之外，在台灣，林務單位每年每季都會進行一項很重要的工作——採種。「採種」就是採集樹的種子，作為造林、物種保存及研究之用。有些樹木可以等到果熟落地之後收集，但有許多樹的種子容易隨風飄散或被鳥連果吃掉，就必須在樹上採集。由於用來採集的竿子最長不超過十公尺，所以過去的採集或研究工作，大都僅限於十公尺以下。過去如果必須採集更高處的種子，除了用鋸樹截肢的方法外，只能聘請山地青年徒手上樹，但不慎摔下的傷亡意外新聞也時有所聞，更遑論繼續往樹上研究了。但是就像《攀樹人》裡所描述的，攀樹師的技能除了可以減少對原始林木的損傷，也讓我們看見一個全新的世界，也可以進行過去無法觸及的研究。

一座成熟的森林可以分為五層，由下而上分別是「地被層」、「草本層」、「灌木層」、「林下層」及「樹冠層」。樹冠層是一座森林最高的地方，這段大多是橫向生長的樹枝，叢生的枝葉交疊成一片隱密的世界，成為許多生物最舒適又安全的家園。根據統計，目前已知的生物種類，有百分之六十以上棲息於樹冠上，包括會飛翔的鳥類、部分有飛膜的嚙齒類，以及擅於爬樹的靈長目動物等。一棵樹就代表著一個小小的生態系，從高高的樹冠、樹幹到土壤裡延伸面積廣大的樹根，有成千上萬的物種依靠著樹而生存。

除了原始森林裡的大樹是眾多生物的家園之外，我們住家附近的大樹更是珍貴與難得。社區裡一棵生長了數百年的大樹，代表著這片土地、這個環境，這小小的生態系在數百年裡都沒有任何改變，大樹是台灣土地與生命真正的守護者。

每當我仰望一棵巨大的老樹時，心中總會充滿莫名的感動，想到那麼悠久且堅韌的生命，以及它庇蔭了多少的生物在此綿延，就會對老樹充滿感激之情。

美國著名詩人華特・惠特曼（Walt Whitman）就曾經這麼寫：「老樹本身就是地球的殿堂，無須人為的修飾，老樹就是廟宇。」

在閱讀《攀樹人》這本書時，也讓我們將平常仰望大樹的視野，拉升到樹冠層，看見其中繽紛精彩的世界，當然，作者生動的文筆，也讓我們了解攀樹師這個行業以及自然研究者的辛苦與快樂，這都是只在樹下行走的我們，很難體會得到的。

推薦序——
尋找人生的歌利亞

翁恒斌／台灣首位ISA攀樹師、攀樹趣創辦人

在這偌大的世界、芸芸眾生中，你們素昧平生，卻不經意地發現有著如此多的共通點，甚或是內心相同的感受，那是多奇妙又美好的事，尤其是這個連小眾都還稱不上的攀樹世界。我所認識的攀樹朋友們，大多有自己的攀樹原因，為了工作、為了休閒、為了刺激、為了挑戰自己、為了感受這世界存在已久的美好……，每個人都不同，一樣的是當我們一起攀同一棵樹時，其實正在經歷各自的人生，而艾爾德里德在書中所描述的攀樹行為，或是攀樹時內心的感覺，竟能讓我有如此多的共鳴，不知有多少次在閱讀此書時，我忍不住跟旁邊的朋友說：「我跟他好像！」那是種發現自己跟一個偶像有著相同經驗的雀躍，當然艾爾德里德在攀樹上可是我的大前輩，也比我更了不起多了。

在閱讀這本書的時候，有大部分的時間我正在冰天雪地的北海道，進行著我人生中奇妙的攀樹計畫——在雪地中攀爬地球北限的山毛櫸。那幾天，白天攀雪地裡的樹，晚上讀著這本書，總是讓我一再地喚起攀樹的最初，那種純粹的滿足與喜悅；雖說如此，但可能我們最大的共通點就

是，不論何時，我們總是被時間追著跑，老是想要有更多的時間可以在樹上，好好地體會那樣的感受，但現實仍故我，無情地催促著。

「攀樹到底為什麼會如此吸引人、喚起這麼深沉的情感？而我究竟又是如何能以攀樹維生？」艾爾德里德在書中問自己的問題，就像是在問著我自己，我一樣會在樹上感到平靜，一樣對攀樹的熱情很難定義，一樣迷醉於樹木的某個地方，可當人家問我：「你為何喜歡攀樹？為何要一直攀樹？」其實我也總是很難「正確回答」，但我還是會回到樹上，沒錯，攀樹一向不需要問自己理由，你也是。

我也喜歡教人攀樹，當然更喜歡在樹上這件事，相較於教授別人攀樹的技術外，我更加期待我的學生們會來跟我分享他們攀上樹的樂趣，而那可能才是我真正想傳達的，不同於只是單純地挑戰能爬多快多快，爬了多大多大的樹；學會攀樹後，那種與樹同在，能擁抱數十公尺高的樹冠風景，是只有當下的攀樹人才能獨享的。但並非每個攀樹人都會在攀樹的過程中回頭望向身後，望向大樹花了幾十年才準備好，要給你的禮物；更遑論去讀每棵樹窮盡一生篆刻出來的詩篇。人類是如何地渺小，而我們卻覺得偉大於這個世界。

艾爾德里德幾乎做了所有在攀樹上我想去做的事，你知道的，那是一種除了妒忌及羨慕外，還摻和著一絲「果然是可以的」這種被肯定的想法，雖然也有那些我覺得很難得的經驗，像是當我到處跟人炫耀在樹上與貓頭鷹近距離地過了一夜的故事時，艾爾德里德卻輕描淡寫、稀鬆平常地講述了一樣的經驗；當我忙著告訴朋友上次協助樹冠層調查時，所看到樹上附生植物令我驚奇的模樣時，艾爾德里德卻在三倍高度的地方體驗過無數次空中植物園的讚嘆。他描述的所有樹上經驗全部都令我妒忌，唯獨那些他只少許提到，但我肯定還有更多他沒說的——那種被無數蚊蟲青睞、折磨的過程。而這之中使我最為羨慕的，就屬艾爾德里德有著一棵他人生歸屬的大樹，應該說，他找到了祂——歌利亞，新森林中的一棵大樹；能夠找到一棵樹，在不論你感到開心、快樂、難過、寂寞、挫折、焦慮，甚至沒有人生方向的這種時刻，可以供你攀爬，讓你只要回到這棵樹上就能得到沉澱、平靜，放下那些負面的情緒，得到更多正面能量，這樣一棵契合自己的人生樹，那真是夫復何求的一件事了！

當然，我也攀爬過給我這樣感受的大樹，我那學過薩滿的朋友告訴過我：「祂在這地球活了這麼久，也這樣地巨大，肯定有很強大的能量，所以你恰恰就是感受到祂給你那很大的正向能量。」那是一次多美好的經驗，可這樣的大樹能夠親近的機會總是可遇不可求，因此像艾爾德里德這樣能夠找到自己歸屬的大樹，也許是那棵樹能將自己歸屬進去，甚至是歸屬到自然，那是多少攀樹人的夢想啊！

樹與人類一直脫離不了關係，或許應該說人類不能沒有樹，在很多文化中，樹一直是很重要的存在，我們鄉間的大樹公、樹伯公常常都是區域的信仰中心，遠在北美的部落也有著大橡樹會有著好藥靈的說法，在在都說明了樹在人類文化的重要。但你，卻有多久沒有站在樹下好好地看看一棵樹，抬頭望望那參天大樹上葉隙間穿透的光影？慵懶地在樹下享受整個悠閒的時光？雖然我很想告訴你，那些書裡更多與我有共鳴的故事，但故事終究是別人的，在樹上的滿足、樹上的壓迫感、樹上的夜晚、樹上感受到的靈性，這些都要自己去感受才是，當然攀樹這件事該有些訓練才做得到，但親近一棵樹肯定就不是難事了。

本書定是攀樹人都該好好品味的一本書，不是攀樹人則更可以透過艾爾德里德的攀樹故事，一窺攀樹人才有的視界，那不只是攀樹，更是文化、植物、動物、生態環境的視界，但與其要說這是一本寫攀樹的書，說是一本人生的書可能更為恰當，攀樹就如同人生一樣，汲汲營營也是人生，細細品嘗也是人生，艾爾德里德說：「外面的世界肯定也有很棒的樹可以攀爬，但我最愛的樹木永遠都是當下身處的那一棵。」人生也是，你的才是最該享受的。而我現在知道，當我在攀樹時，這世界有人正跟我有著同樣的感受，也許我們會在樹上相遇，就如同我在北海道，與在那等了五百年的橡樹相遇。

二〇一八年一月，於北海道黑松內町自然學校

推薦序——攀樹人的生態大探險

黃貞祥／國立清華大學生命科學系助理教授、泛科學專欄作者

身處水泥森林中，有誰爬過樹呢？

小時候，我馬來西亞老家裡院子有棵大樹，我和弟弟常趁著爸媽不在家、阿嬤沒注意時偷偷去爬樹，不小心被阿嬤發現就會被捉去打屁股，但這之前會先被樹上的紅螞蟻給咬傷。

很多城市人一輩子都沒有爬上樹的經驗吧，甚至這是大多數時候連想都不會想到的活動吧。讀了這本《攀樹人》，作者艾爾德里德小時候對樹產生特別的興趣，原先感覺是個好陌生、好罕見的愛好，可是讀完後卻有種不攀樹才是不正常的錯覺。

艾爾德里德開頭就描寫了在好幾十公尺上空的吊床過夜，一直讀到後頭的章節，一再體驗高潮迭起的劇情，彷彿和作者一樣在樹上經歷各種出生入死的奇遇後，我甚至感覺在地上的生活好空虛、虛幻，而在樹上的可能才是踏實、真實的。

他是專業的攀樹人，過去三十年到過世界各地進行攀樹工作，執行極為嚴峻的任務。他和國家地理頻道和ＢＢＣ合作，協助製作了不少精彩絕倫的生態紀錄片，其中幾部是和大名鼎鼎的博

物學泰斗大衛・艾登堡爵士合作的。除了協助拍片，他也被委託搭建樹屋。

艾爾德里德挑了十個最難忘的經驗和我們分享，這些故事的場景遍布各大洲，從故鄉英國出發，到了婆羅洲、剛果、哥斯大黎加、祕魯、澳洲、加彭、巴布亞新幾內亞、委內瑞拉、摩洛哥。這些經驗一個比一個離奇，他的文筆非常精彩，讓人感覺到那些黑猩猩、吼猴、大象、犀鳥、金剛鸚鵡、馬蠅、蟻群、蜂群、角鴟等等都能迎面而來。

在他描述馬蠅蛆生活在他血肉裡時，他每次擠出一條蛆噴出皮膚，都讓人感覺蛆原本也長在自己的血肉裡。他也被蜜蜂和子彈蟻搞得七葷八素、痛不欲生，後者毒素超強，在施密特刺痛指數（Schmidt Sting Pain Index）上排名首位！不僅是毒蟲猛獸令人膽顫心驚，突如其來的暴雨、雷電、狂風和巴西果也很要命。原來在令人嘆為觀止的紀錄片背後，有完全不輸優美鏡頭的驚悚故事！

他愛上攀樹，不以為苦地執行一次比一次更險象環生的任務，在驚心動魄地歷劫歸來後，在他倫敦舒適的公寓住宅待不久，仍然忍不住要回到森林去過以天為被、以地為床的克難生活來充電。儘管那些兇險的遭遇差點要了他的命，那不過都是大自然中天天上演的劇碼，只不過我們躲在城市裡頭不必面對而已。

艾爾德里德並非把樹木當作工具而已，他就是想要和老朋友近距離接觸，並聆聽森林的歌唱。他敬重那些參天大樹，並且欣賞它們的美麗，以及思索我們和樹木的關係。和樹木的長壽相比，我們的人生不過是蜉蝣在世；和它們的堅韌不拔相比，我們人類的血肉之軀也不過只能蜉蝣撼樹。

這位勇敢的英國攀樹人為我們描述了好多活靈活現的親身經歷。其實，我們身旁也有像他這麼熱愛大自然的攀樹人。台灣國內就有一群植物學家，在辜嚴倬雲植物保種中心執行長、清大生科系特聘教授李家維老師和國立自然科學博物館研究員楊宗愈博士，以及植物學者許天銓和植物獵人洪信介的帶領下，與國家地理頻道攝影團隊遠至索羅門群島尋訪珍稀植物。

他們曾在二十五公尺的高樹上摘下巨大的石松，還有攀索上到約二十公尺高的樹冠層，考察葉長三公尺的霸氣英聖龍爪蘭。接下來幾年，原班人馬還會到因越戰美軍未爆彈而完整保留森林的寮國繼續探險，他們一定也有許多精彩的故事可說，我們拭目以待吧！

序曲——驚險的開端

泥沼吸住左靴，讓我失去平衡，頃刻便感覺到泥水從鞋帶孔滲入。我發覺前方有一簇堅韌的草叢，於是撲了上去，然後努力伸手抓住一根突出的樹枝，拔出腿來，再把身軀往前拖，爬到堅實的地面上。我又回到了林地，乾燥的枯枝與落葉黏在烏黑泥濘的腿上。

狡詐的沼澤是新森林（New Forest）[1]的特產。那天稍早，我踏在一處看似堅硬的土地，卻感覺到腳下一陣晃動，彷彿一艘橡皮艇薄薄的船身那樣富有彈性。如果踩破沼澤表面上的那層苔蘚和野草，數秒之間就可能陷落到淹沒脖子的深度。我已經看過好幾回，苔綠的動物屍骨插在這些泥沼中，恐怖的景象提醒我要離它們遠遠的。但是，那時十三歲的我仍在學習判讀地形，而缺乏耐心的性格有時候總會占了上風。我深吸一口氣，把手擦乾。下一次多花十分鐘繞過沼澤時，我肯定不會再抱怨了。

我抽出地圖，這裡是臭際林（Stinking Edge Wood），名實相符。我坐下來用襪子清除腳趾間黏乎乎的髒東西，遠方傳來沉重的砰砰聲和樹枝尖銳的劈啪聲，響遍整座森林。我正在追蹤一群黇鹿，但是這些聲響太猛烈、太巨大，不可能會是牠們造成的。我大力套上靴子，開始緩慢地往前穿越樹林。滿地都是從上方的濃密樹冠層落下的巨大枯枝，午後的陽光從林木間流瀉到空地上，一層薄薄的塵埃飄散在空中。

聲響越來越大，我聽見馬匹的嗚叫聲，有如低沉的擊鼓聲讓地面短暫震動了一下子，接著出現長長的一排馬匹，從樹林間朝著我奔馳而來。十多匹母馬張大鼻翼，長鬃被蕨類植物弄得蓬亂不已。

這些母馬狂亂地躁動著，空氣中瀰漫危險的活力。牠們面朝內，繞著圈圈奔馳著，後方則有兩匹白色的公馬，在牙齒、馬蹄和唾沫的風暴中踉蹌著。牠們眼珠轉動、粉色鼻翼大張、嘴唇後掀、露出凶猛的牙齒。牠們又跳又踢，用後腿直立起身軀，馬蹄重擊在彼此的身上。母馬幾近興奮地發出尖嘯，揚起長而熱切的嘶鳴。地面再次震動，我突然驚覺，雖然如此靠近，但是這群馬卻沒有注意到我的存在。空氣中充斥著牠們的刺鼻氣味，我處在極為危險的局勢裡，可能會被困在這場混亂

1 譯注：位於英國西南部，有著茂密的森林，是許多書籍的創作背景。

中遭到踐踏踩踢。我頓時陷入慌亂，發現自己只有一丁點的時間可以尋找藏身之處。

母馬又跑了起來，有如狂風般地圍繞著兩匹公馬，圈子越繞越小。我跑不贏牠們，不禁後退一步，感覺身後有一棵很大的橡樹，但是馬匹實在太多，這棵樹無法提供任何實質的保護。第一根樹枝在頗高的地方，無法觸及。我的心跳加速、雙腿開始顫抖，絕望地沿著粗糙的樹皮摸索時，摸到一根在樹幹上突出的舊鐵釘。鐵釘在那裡很久了，幾乎被橡樹給吞沒，但是突出的部分仍然夠我抓住。在此之上，我找到了第二根鐵釘，還有第三、第四、第五根。我尚未回過神來，已經躺在一根寬闊的樹枝上，低頭看著下方距離一．五公尺，公馬焦躁不安、肌肉發達的背脊。這棵橡樹和我就在這團漩渦的正中央，一群馬匹正處於忘我的混戰之中。

塵土和喧囂充斥在空氣中，我緊緊抓著滿是褶皺的樹皮，腎上腺素流竄全身，讓我暈頭轉向、心臟怦怦直跳。其中一匹公馬脫隊了，整群馬匹穿越樹林追在牠身後。我聽著敲擊在乾燥大地上的馬蹄聲漸漸遠去，再次深吸一口氣，感謝獲得這麼一個及時的逃脫機會。終於，森林重新回歸寧靜，塵埃開始落地。

我望著周圍的樹枝，發現自己坐在一棵修剪過的老橡樹上。鐵釘證實了多年前曾有人頻繁地使用此樹，可能是森林守護員、御林管理員，甚至是盜木者。也許這棵樹是被用來當作瞭望台，或是早在我尋求庇護的許久之前，就被當成一處藏身之地。

寬大的樹枝朝著我水平延伸而出，向上彎曲，形同一根向上勾起的龐大巨指。我坐回保護自己的「掌心」中央，靜待心跳趨於平緩。過了一陣子，我追蹤的那一小群黇鹿在樹林間現身，小心翼翼地從劇烈翻攪過的枯枝落葉中擇路而行，繼馬群之後，從我的下方通過。原來，牠們一直都在那裡。我馬上驚覺，當自己蹲在正上方的橡樹枝幹時，牠們似乎並沒有看到或聞到我。

爬上那棵樹的枝幹後，立刻湧現鬆了一口氣的感覺。我馬上知道自己已經遠離樹下激烈的混亂。看見黇鹿經過時，只是更加深那種受到庇護和超脫一切的感受。但是除此之外，我也感受到與釘入那些鐵釘、曾坐在同一根枝條上那個人之間的古老連結，當中流逝的光陰彷彿全然不存在。

此後，我曾多次重訪位於臭際林邊緣的同一棵橡樹。那些鐵釘是一個有形的證據，提醒著我們，樹木的時間觀念和我們並不一樣，一棵樹的生命很容易就能橫跨人類數十個世代。爬上它的巨大手臂，總會帶我回到一九八八年那興奮的一天，十三歲的小男孩第一次發現，樹是避難的地方，提供觀看這個世界的全新視角。即使現在已經過了將近三十個年頭，我仍對它就這樣出現在那個地方幫助自己，感到不可思議，就在對的地點、對的時間，在我最需要它的時候。

前言——高空上的探險

一陣突如其來的下沉氣流輕輕搖動我的吊床，把我喚醒。我側躺著，睡眼惺忪地注視著方才降落在身旁那隻，有著史前長相的大鳥。我們正在婆羅洲離地六十公尺高的樹頂上，我從未這麼近距離看過馬來犀鳥的特寫。牠還沒有發現我，正用長喙梳理著胸口的羽毛。一頂色彩繽紛的大頭盔從牠的頭頂朝上捲起，宛如華麗的土耳其拖鞋，火焰般的紅與黃在拂曉的微光中閃閃發亮，讓我不禁深深著迷。

幾秒後，牠在原地定住不動，接著抬起如翼手龍般的頭，用那雙紅寶石般的眼睛偷瞄我，然後飛下樹枝，進入虛空。牠張開巨大的黑色翅膀，承接著牠的體重，然後便消失無蹤，轉眼間就被清晨的濃霧所吞噬。

我回復仰臥的姿勢，躺著觀看上方的巨大樹枝。前一晚過得十分漫長，我全身上下都是前一天攀爬流汗形成的濕黏汗垢，衣服又濕、又沙、又破，皮膚上爬滿會咬人的螞蟻。我的胸口起了

燒灼的疹子，天曉得是什麼造成的，午夜時分還被夜蜂螫了兩次臉。但這些都是值得的，所有的一切都很值得。像這樣遇見犀鳥，就是這一切的意義。我沉浸在一個有著迷霧和童話生物的夢幻世界裡，這裡是我最想待的地方。

太陽尚未升起，來到婆羅洲後，我第一次覺得冷。這種轉變很好，因為我能暫時遠離雨林一貫的悶熱。距離日出已經不遠了，但是此時的我只要躺著觀看一滴滴的水珠飄過，就覺得很開心了。水滴在看得見的氣流中打轉，在我的金屬攀爬裝備上凝結成閃亮的水珠。睡覺時，我穿著繫在繩索上的安全吊帶，這是我和樹下遙遠的另一個世界唯一的直接連結。

攀樹時湧現的澎湃熱情

昨日的攀爬幾乎就像是出任務一般。婆羅洲擁有這顆星球上最高大的熱帶雨林，這裡的許多闊葉林木都高達七十五公尺以上，林木下方四十五公尺通常沒有任何枝椏，又高又直的木柱支撐著高空的巨大樹傘。光是要把繩索拋上去，幾乎就是不可能的任務。

經驗告訴我，我的彈弓可以讓兩百公克的豆袋，拋射到五十二公尺左右的高度。然而，豆袋卻屢次未能擊中目標樹枝，拖曳的細線飄回下層林木，鬆垮又死氣沉沉地糾結成一團。樹枝顯然比我預料的高出許多。我十分氣惱，把彈弓繫在一根三公尺長的竿子頂端，然後利用全身的重量將咯吱作響的橡皮圈直直拉到地面上。我蹲下來，肌肉顫動，瞄準高處的樹枝，然後手一放開，彈弓的橡皮圈就像鞭子一樣發出劈啪聲，接著鬆鬆地纏繞成一圈。它已經達成了使命，我讓它落在地上。豆袋衝過茂密林木的間隙，掠過目標樹枝的上方，餘長僅剩幾公分。接著往下墜，細線加速，發出尖銳的咻咻聲。最後，一聲悶擊響起，豆袋埋進枯枝落葉裡。一切又恢復安靜。我瞇起雙眼，透過霧氣朦朧的望遠鏡往上看，循著位於明亮熱帶天空下的那條細線查看。總算射中了。

我利用細線將攀繩穿過樹枝，再拉回林地上，接著牢牢固定在旁邊一棵樹的基部。

一開始攀爬這種巨怪，向來是緩慢又費力的，大部分的精力都會被這麼一條長繩的彈性吸走。繩子全長大約一百二十公尺，因此當尼龍繩拉長又收縮時，我便會跟著亂彈亂跳。不想撞到巨大的板根是不可能的，所以等我攀爬到相當的高度後，才終於能用雙腳夾著樹幹。我一寸一寸地向上爬，在尼龍細繩上使用兩個攀繩夾鉗（也就是「上升器」）把自己往上拉。攀爬的關鍵在於節奏，和繩子自然的彈跳同步永遠是很有用的，但這仍舊是漫長而艱辛的過程。我的手臂在一開始把細線往上拋的階段就已經耗盡力氣了，因此用雙腿把自己往上推，希望能夠減輕二頭肌的負擔。

下一項挑戰是通過森林糾結不堪的下層林木。藤蔓如觸手般把我抓住，葉子掃過我大汗淋漓的臉，塵土和藻類落入我的眼睛與耳朵。懸宕在下層地帶的有機殘遺物，數量之多令人難以置信。累積數十載的泥土、枯枝及腐敗植物就懸掛在那裡，卡在枝葉之中，等著被釋放出來。前十五公尺是一場可怕的奮戰，殘遺就像迷你雪崩般落下，黏在被汗水浸濕的衣服上，只要繩子一動，上方就會掉下黑色的堆肥粉末，落得我滿身都是。可是，沒有替代路線，唯一有的就是頭上這條繩子的直線路徑。等我探進上方的空曠地帶，全身已經裹上厚厚的塵土。

雖然臨近傍晚時分，但是當我一探出頭，熱帶的太陽依然立刻給我當頭棒喝。接下來的三十公尺，除了一片空曠和身旁的巨樹以外，什麼也沒有。這塊沒有樹枝的區域是奇異的中間世界，攀爬者完全暴露在以一條尼龍繩垂掛在高空的危險裡。我把注意力放在眼前呈現片狀的褐色樹皮，慢慢挺進樹冠層的庇護中。

縈繞神祕氣息的闊葉林樹海

離地十層樓高，我已經來到一半的高度了，樹幹的直徑仍有一．五公尺寬。婆羅洲的這些樹木和世界上其他闊葉林的規模截然不同，我直到距離下層林木有一段距離時，才轉身迎接這幅景象，如此一來，才不至於愧對這種美。然而，我一直感覺到它的存在，在往上攀爬的這段期間內潛伏身後；一種幾乎可以觸及的目光，彷彿上千雙看不見的眼睛從周遭的叢林中將我看穿。

我轉過身，迎面而來的是我見過最美麗的畫面之一。濃密的雨林從面前綿延開來，自陡峭的稜線上流洩而下，在遙遠的下方匯集成誘人的巨木景觀。數公里外的地平線上，森林再度爬升，湧過高聳崎嶇的山丘稜線。這是一大片無人探索過的樹海，那邊的林木中又藏著什麼樣的驚奇呢？

現在我垂掛在豔陽刺眼的光線之中，感覺汗水從肩胛沿著脊椎流下。空氣十分潮濕，我聽得見遠方的雷聲。等我舉起手要繼續往上爬時，T恤已經濕透了，就像保鮮膜那樣黏著身體。我向上挺進，前往上方樹冠層的斑斑林蔭。很快地，我抵達離地六十公尺的枝幹，我一邊喘氣，一邊把身體甩上樹枝，接著拿下頭盔，發散多餘的體熱。

接下來的二十分鐘，我把吊床架在兩根水平的樹枝上。等我滾進吊床裡，疲憊不堪地倒成一團時，天光正迅速退去。原本遙遠的隆隆聲變得越來越大，也越來越急。不久，天穹大開，甜美的滂沱大雨落入我盛接的手心中，讓我洗淨了臉上的汙垢。雨水嘗起來有金屬味又十分帶勁，如此純淨新鮮，好像幾乎帶著電流。雖然雨勢只持續了半小時左右，但是等到雨停時，吊床已經積了好幾公分的雨水，於是我滾到一側，讓水傾落而下，閃閃發亮地倒入下方遙遠的林地。天還沒黑，我就已經陷入疲憊的沉睡，完全沒有作夢。

除卻午夜的蜂螫意外，我睡得相當好。霧氣漸漸散去，能看見高空出現第一抹蔚藍，這是清朗的日出。我感覺好放縱，什麼也不做，躺著等待新的一天慢慢到來。窩在我的迷霧世界裡，我問自己：為什麼我會如此渴望在這棵樹上睡一晚，而不是在其他地方？

絕對不是為了舒適。我穿著攀樹吊帶睡覺，食物老早就吃光了，所以現在餓得要命；我被一大堆蚊蟲又叮又咬，很想要來一劑抗組織胺。但是，我卻感覺平靜，完全和自己與周遭的世界和睦共處。這是為什麼呢？攀樹到底為什麼會如此吸引人、喚起這麼深沉的情感？而我究竟又是如何能以攀樹維生？

短暫生命與周遭世界的迷人交會

我之所以會出現在婆羅洲，是為了要教導科學家攀樹，向他們展示繩索（真的就是字面上的意思），帶領他們反覆練習，直到他們能夠自行安全攀爬為止。他們來到這裡研究地球與大氣層之間的關係，在森林裡挖掘資料，為了對抗氣候變遷做出極有價值的工作，他們的研究深具啟發性、十分重要。

不過，雖然我很喜歡教導他們，但這卻不是我出現這裡的真正原因。我來到森林攀爬，一向不需要什麼理由。我對攀樹的熱情很難定義，源於少年時期第一次爬上新森林裡那棵橡樹的樹冠時，所感受到的東西。樹木就是有某種令我著迷的地方，讓我一直回來，花時間與它們相處。

我覺得它們在許多方面都體現了自然的本質，提供我們與這顆星球之間活生生的連結，讓我們短暫的生命與周遭的世界搭起一座橋梁。爬上樹時，我覺得自己被賦予一個機會，得以窺見一個半遭遺忘的古老世界，而基於某種原因，這讓我覺得很棒，幫助我記住自己在宇宙安排下身處的位置。

但最重要的是，我的享受來自於一種根深柢固的信念，相信每棵樹都有獨特的性情，只要攀爬者願意聆聽，就會聽見。春天時，閃爍著柔和光芒的山毛櫸樹冠，或是熱帶巨木被太陽狂曬的寬闊樹冠，每棵樹都有獨一無二的個性。能夠多認識它們一點、身體與之產生連結，縱使只有一下子，這種尊榮的感受就是讓我一而再、再而三回到樹椏上的原因。作為過去的使者，我相信存活至今的它們值得我們致上最深的恆久敬意，我也願意打賭，大部分的人都曾在生命中的某個時刻，體會與它們的情感連結。

探索枝椏中深藏的美好

我對攀樹的熱情，也來自於發掘這些枝椏中美好事物的強烈渴望。就連最小的樹木都藏著世界中的世界，更別提那些龐大的森林巨人了，如同我現在在婆羅洲躺著的這棵樹木就是如此。樹冠是無數生物的家園，牠們從來不曾碰觸地面，一輩子生活在上面。獵捕、進食、繁衍與生死，全部發生在看不見的樹頂區域。這些永無止盡的祕密戲碼，百萬年來不斷重複上演著。

在雨林離地二十層樓的地方，與紅毛猩猩面對面相遇，是令人謙卑的體驗。不過，對現在的我而言，比較接近英國的那些樹木，樹枝上也孕育著同樣迷人的生命，更勝往昔。我依然記得第

一次在新森林的樹冠上看見螽斯，牠脆弱透明的綠色身軀仍然歷歷在目。牠跳下一片樹葉，在虛空中向下飄，長得不得了的觸角向外張開，彷彿迷你跳傘員的臂膀般，讓我嘆為觀止。

正是想要分享這種體驗，向他人揭露未知樹頂世界的渴望，引領我進入拍攝自然歷史紀錄片的領域。攝影與攀樹息息相關，因此我在十六歲時便立志要成為野生動物攝影師。

但是，最終從大學畢業後，我很快就發現學歷無法取代實際的攝影技術，自己仍然有許多東西要學習。於是，我無論什麼樣的攝影助理工作都接，從事無酬工作換取經驗，然後在工廠或任何可以找到工作的地方上大夜班，度過這一段艱困時期。幾乎沒有什麼比在垃圾掩埋場的欄杆附近撿拾被風吹走的垃圾，更讓人洩氣的工作了，因此當我首度接到在摩洛哥片場擔任助理的有薪工作時，真的大大鬆了一口氣。數年後，我存夠了錢，就到布里斯托（Bristol）碰碰運氣，因為這裡是英國廣播公司（BBC）自然歷史部門總部的所在地。在那裡，我找到需要在樹上架設與助理技巧的工作。從助理過渡到攝影師的期間相當漫長，花費了大約十年，但這是一段精采的旅程，我很享受其中的每一步。

因此，雖然我現在想不透自己究竟是怎麼來到這個地方，但最重要的是我非常感恩，無法想像自己從事其他的工作。每當我在叢林中離地三十公尺的藏身點進行拍攝工作，被蚊蟲又叮又咬，很想要發牢騷時，就覺得有義務甩自己一耳光（當然只是比喻），以免我開始變得自滿，把一切視為理所當然。

雖然我十分喜愛攝影工作，但這一切仍是出於我對樹木的恆久熱情。在內心深處，我知道無論當初選擇什麼行業，自己依然會攀樹，盡可能地接近它們。

我第一次使用繩索攀爬大樹是在十六歲時，中間這些年就在眾多枝椏林葉中飛快流逝，我肯定爬了足以填滿整座森林的樹。雖然有許多記憶都已經模糊了，但是也有一些會從記憶的濃霧中升起。與那些特別樹木共處的光陰宛如昨日，樹皮的觸感、木材的氣味、枝椏的形態，還有我在樹冠上遇見的美妙動物與人們。

回到婆羅洲的樹冠，陽光的降臨溫暖了空氣，短短幾分鐘內，霧氣被逼進山谷，形成一片白色的汪洋。在我右邊，太陽剛剛升過山丘，山谷彷彿著火一般。霧氣立刻呈捲鬚狀開始上升，短暫地發出粉紅、火橘與金黃的光芒，接著完全蒸發。

不到十五分鐘，太陽已經高掛在清澈的熱帶天空中，雨燕在樹冠上方尋覓昆蟲。新的一天已經開始，而我也準備降落地面，回到林地的陰暗之中。那裡，夜晚依舊徘徊。

第一章

—英國—
離地五十公尺的風

這幅景色比我幻想的任何樣貌都來得美妙迷人，
我終於來到這裡了。
從我的休息點——高高坐在歌利亞的肩膀上，
眺望著整片樹林，能看見在這座森林的邊界之外，
還有整片樹冠世界等著我去探索。

一八五九

新森林深處，一個潮濕灰暗的冬日。泥濘的山徑邊緣，鋪滿軟趴趴的紅銅色蕨類。兩名男子站在山徑一側，穿著簡單的林務工作服和笨重釘鞋。其中一名男子靠著一把很高的直柄鏟子，旁邊有一個剛剛挖好的洞；他的同伴則是蹲在腳邊一棵一公尺高的茂盛樹苗旁。樹根包覆在麻布袋裡，用繩子綁起來，他接著解開，露出包覆著小樹脆弱根部的密實深色土壤。他抓著莖部，提起樹苗，撥開一些土壤，露出根系。然後輕柔地把樹苗放進挖好的洞裡，筆直地抓著，讓另一名男子回填土壤，輕輕晃動鏟子幫忙鬆開密實的土壤，均勻填滿大地與樹根之間的空隙。他溫柔地覆蓋表土，接著壓實，剛好讓樹苗得以穩立，但是又留有夠多的孔隙，讓空氣和雨水得以滲入。

兩人走到山徑另一側，重複同樣的動作，種植第二棵一模一樣，正躺在蕨類上的樹苗。從溪流的方向有第三名男子走來，提著兩桶水走近。他蹲在剛剛種好的樹苗旁，粗糙的大手在樹根周圍的土壤上挖出一條溝渠，接著緩緩倒入水。等待土壤完全吸收水分、溝渠乾涸後，接著一次又一次地澆水，直到水停留在表土上不動，他能看見自己倒映在天空下的臉孔為止。

等到他又把水桶裝滿走回來時，其他人已經種好第二棵樹苗了。他仔細地澆水，同伴們則從附近的卡車上拿來一捆捆劈好的栗木樁。幾個小時後，兩棵樹苗都被一．五公尺高的柵欄圍住了，這

是為了要保護根部的土壤，並且防止冬天飢餓的野鹿啃食樹葉。他們深知對這些小樹而言，前幾年是最關鍵的時期。滿意自己提供小樹最佳的生存環境後，他們收好工具，回到卡車上。他們的聲音及卡車的嘎吱與晃動聲漸漸遠去，兩棵樹苗獨自留在寂靜之中，守衛著這條山徑。

在它們身後的是一片廣大的英國幼橡樹林。然而，並不像這些綿延在小雨中、光禿禿的無名小卒，這兩棵樹苗是新世界的使者，剛剛從加州遠道而來。它們的種子是六年前從內華達山脈蒐集而來，經過呵護養育，來自於異國的巨木部落，將要改變英國接下來數百年，甚至是數千年的地貌。

細雨很快轉為大雨，冬橡小樹的樹幹色澤在潮濕中變深，但是常春幼苗的青翠葉子卻開始閃耀。

一九九一

我們坐在帕迪破爛的老舊佛賀（Vauxhall）車裡，奔馳在新森林九彎十八拐的單行道上，音響正接連播放著交流電／直流電樂團（AC/DC）和史密斯飛船（Aerosmith）的樂曲。當時的我年僅十六歲，覺得身體很不舒服。我們今天太早起了，史蒂芬・泰勒（Steve Tyler）的歌聲毫無幫助，而帕迪的開車技術也是。除了偶爾站在路中央的小馬以外，空蕩蕩的柏油路似乎要求帕迪把油門踩得越大力越好。馬特在汽車後座上呼呼大睡。我不再注視著前方的道路，打開窗戶，轉而盯著窗外一閃即逝的樹木。離眼前最近的那些樹木因為移動得太快而看不清楚，但是在它們身後的森林深處，我看得見古老櫸木巨大光滑的銀色主幹。

帕迪在道路上行駛得輕鬆自如，但是正當我準備請他為了車內事物的安危著想，放慢速度時，他突然把方向盤往右一轉，猛然拉起手剎車，我們快速越過一個防畜隔柵。車尾一甩，接著就在一條小岔路的柏油碎石上牢牢抓地。車速慢了下來，帕迪托著下巴撐在方向盤上。音響關掉了，他透過擋風玻璃望著天空。馬特在越過防畜隔柵時醒來了，現在整顆頭都探出車窗外。我們三人全都朝著天空望去，充滿敬畏與興奮之情。我們終於來到這裡了。

我探出窗外，深吸一口氣。我們正在路邊緩慢行駛著，通過一條筆直的大道，這是由我見過最高大的樹木所組成的，巨大筆直的樹幹在狹窄道路兩旁並排，黯沉樹皮上有著深刻的裂痕與褶皺，這是古老木栓層的粗糙質地，枝椏撐起斑斑綠葉，構成有如大教堂的圓頂。一道道陽光從天穹斜射而下，幾乎就像樹幹一樣堅實。幾分鐘後，我們停靠在路邊。

空氣中瀰漫著松脂的濃濃柑橘辛香味。時間還很早，但是周圍石楠樹叢上的熱氣正在上升，吸走鄰近海岸的涼爽空氣，讓鼻翼中充斥著大海的味道。在很高的地方、看不見的綠色深處，我聽得見戴菊的合鳴。我們經過的活柱廊其實是兩排高大的花旗松，是從奧勒岡州進口的。從樹木大小來研判，它們恐怕是英國最老的花旗松，這是非常高貴的樹種，真正的貴族，不過顯然不是

我們要拜訪的樹，帕迪和馬特另有規劃。

他們都望向道路對面那片蓊鬱的森林，試圖看見林木深處的某種東西。我往裡面窺探，在綠色的晨光中瞥見兩道巨大的影子。還沒看仔細，帕迪便打開後車廂。我立刻看見一堆舊繩索、金屬扣及皮帶。帕迪和馬特都是專業攀登者。不過，馬特在岩石上如魚得水；帕迪則曾接受樹醫的訓練，所攀爬的都是樹木。馬特擁有自己的裝備，是看起來很像Gucci名牌的攀岩器材：一條色彩鮮豔的繩子，光滑得就像一條塗滿油的蛇，伴隨著一堆閃閃發亮的金屬。

然而，帕迪為我們帶來的器具卻截然不同，是兩捆古老的攀岩繩、兩副破舊的吊帶，以及一串五顏六色、叮噹作響的鉤環，有些顯然是自製的。繩索因為藻類、樹汁及鏈條油而呈現暗綠色，揉在一起的繩股在無數雙手的摩擦下變得光亮無比，看來是轉手多次的工具，太老太舊，不再堪用。

政府立法規定攀爬器具必須維持良好狀態，是在那之後的好幾年，因此在一九九一年，樹醫如果讓攀繩退役，通常都有充分的理由。鋸子和攀繩不怎麼合，因此當我用手撫過繩圈時，可以摸到被鋸子磨損的纖維毛邊，累積已久的缺口與切痕導致外觀破爛不堪。不過，如果這樣算是糟糕的話，吊帶就更糟了。兩副吊帶都有兩條以破爛帆布和皮革製成的寬帶，一條在攀爬時綁住腰部，另一條則是要穿過臀部下方，就像邋鞦韆椅一般。兩副吊帶都沒有可以圈住腿的腿環，而且飄散出歷盡風霜和置身恐懼的臭味，混合著陳年的汗水、油漬、汽油與樹汁，令人頭暈。

扛起裝備，我們穿越道路，進入森林。我躍過一條溝渠，深吸一口氣，讓肺部充滿空氣中的辛香味。刺激的乘車之旅後，我的肌肉開始放鬆。帕迪和馬特默不作聲地前進，筆直地朝向更深處的某樣東西走去。我跟隨在後，從陰暗的林木柱廊來到一處長滿青草的開闊騎馬道。枝葉漸漸散開，我看到了所見過最美麗、最高大的兩棵樹。它們不像附近的其他樹木，而是如同哨兵般站在開闊騎馬道的兩旁，如同有生命的方尖碑，至少高達五十公尺，比起後方的橡樹足足高出三十公尺。錐形樹冠最上面三分之一的部分沐浴在晨光中，但是呈現喇叭狀展開的巨大樹幹仍然籠罩在陰影裡。右邊那棵樹看起來較矮，樹頂比同伴更尖、更少受到風吹雨打，不過另一棵則是名副其實的巨人。我忍不住想著，坐在它的肩上，從這麼高的地方眺望遠處，又會有何等景致？我知道我們是來爬樹的，但是我卻從未使用繩索爬過樹，因此覺得這實在是可怕透頂的初體驗。首度嘗試爬樹，就要攀爬英國最大的巨型紅杉之一，用碰上大難關來形容還只是保守說法。只希望他們已經計畫好要怎麼攀爬這棵樹了，因為我完全沒有概念。

燃起熱情的原點

這時候帕迪和馬特已經接近樹下。他們的剪影和巨人腳下的陰影融合成一片。他們看起來好渺小，就像接近阿波羅號太空船發射台的太空人一般。等到我加入他們時，帕迪已經解開繩索，

在他的腳下形成開放的繩圈。他正努力將一端拋擲到上方十公尺左右的樹枝上。那一小捆繩索屢次拍打著樹木，發出沉悶的聲響，然後掉回他的腳邊。

我用左手輕撫樹皮。樹皮既柔又軟，宛如一層富有纖維的厚實大衣，輕敲時還會發出叩叩聲。大約從頭頂的高度到地面的部分，樹幹呈現喇叭狀向外延伸，消失在密實的土壤中，直徑比六公尺高的部位至少寬了兩倍。有一些樹根破土而出，糾結成一團，但是天曉得其他的樹根究竟長到多深。

帕迪進行得很不順利，我正想我們的冒險說不定才剛開始就要失敗了，只見馬特從背包裡掏出一對冰斧，揮舞了一下，顯然他從一開始就打算使用了，可是我卻一臉狐疑。

「你是認真的嗎？」

「你有更好的主意嗎？」他說。

我沒有，但是這個點子看起來十分瘋狂，結局很有可能是他會摔成一攤肉泥。這不是冰攀，他沒有上方的固定繩可以抓住，向上攀爬時也沒有任何機會架設固定點。直到爬上第一根樹枝前，他都必須自食其力，任憑強度不明的樹皮擺布。破壞力強的金屬尖釘與柔軟有機的周遭環境，似乎呈現出強烈的對比。我就是覺得這麼做不好，但不是因為凶殘的釘子會傷害這棵樹，它的樹皮十分厚實，不可能會受傷。對我而言，這其實是關乎尊重的問題，這棵樹是活生生的、有機的生命體，並不是什麼無生命的地形，在上面戳滿洞也無所謂。對這棵樹的抽象敬意與希望不要藐視命運的迷信相互結合，和我因為從未攀樹而產生的緊張感彼此碰撞。不過，我當然無法好好說出這些感受，即使我能說出口，其他人也只會說我是傻瓜，依然故我地繼續攀爬。

馬特顯然沒有這些顧慮，他把冰斧插進樹幹數公分深，彎腰綁好冰爪，而後踩上，戳進爪釘，出發了。「啪」、「鏘」，踩一步，又一步。「啪」、「鏘」，踩一步、又一步。隨著他越爬越高，越來越細的樹幹向上傾斜到垂直的角度，讓他所處的情況看起來更加危險。他會摔死的，我想。「要是他滑了一下……」

但是並沒有，我必須稱讚馬特，他迅速而優雅地完成一件棘手的任務。我之後從未看過其他的攀樹人使用這種技巧，或許是因為沒有繞住樹幹的短繩來防止人往後掉落，根本是近乎自殺的行為。不過，有很多蠢事在十六歲時，看起來都是好點子。

馬特成功地爬到樹枝上。最下面的那些枝幹都枯死了，因此他繼續爬到樹冠層，接著打好繩結、踢掉冰爪，把冰斧抛到樹下。其中一把冰斧埋進枯枝落葉裡，只露出手柄。

接下來輪到帕迪了。他把自己的繩子和馬特的繩子綁在一起。馬特接著拉上去，穿過樹枝基部後再遞回給帕迪，迂迴的繩端沿著樹皮的裂隙彎曲著，宛如一條獵食中的蛇。帕迪忽然爬到上面，雙腳夾住樹幹，像猴子般雙手輪流交替地把自己往上拉。我知道自己不可能在第一次真正攀樹時，就能與兩人媲美。接著換帕迪把我的繩子拉上去，拋過一根距離他三公尺的樹枝，再把繩子另一端丟下來給我，我把繩子扣在吊帶前方的兩個三角形金屬上，就和頭頂上五十公尺的樹枝綁在一起了。

「現在要怎麼做？」我大喊道。

「拿那一小圈繩子，在主繩上繞兩圈，接著穿回小繩子，像我示範給你看的那樣。」帕迪在樹枝上向下喊道。他拉動繩子，於是我就照做，然後我就打好一種滑結——普魯士結。

「把另一端用鉤環扣在你身上。不，不是那裡，扣在前面，這裡！」帕迪說，然後把大拇指勾住自己吊帶上的圈圈。

這種攀爬方式是最基本的，歷史也很悠久，帕迪和其他樹醫每天工作時都會用到。攀樹技巧從一九六〇年代就沒有太大的進步，但對我而言這一切都是全新的體驗。我仍然忙著甩掉昨晚沉重的濃霧，無法好好思考下一步要做什麼。我緊緊抓著磨成青銅色的主繩，用右手將磨損的繩結上滑三十公分左右。

我把體重從地面挪移到繩子上，繩子的彈性把我往下拉，讓我的腳尖碰地。我蹣跚地站著，試圖取得平衡。顯然要把自己的重量完全交付給繩子才行，因此我搖搖晃晃地朝著樹幹基部的方向靠近，讓繩結滑得更高，直到雙腳穩穩固定在樹幹上。我現在離地只有幾公分，但是有繩子吊著，在到達第一根樹枝前，我都得靠著這條磨損的繩子來支撐全身的重量。我扭動屁股，試著在吊帶中調整到舒服的位置。沒有腿環能夠防止吊帶滑到手臂的下方，因此我必須向後仰到幾近水平的角度，才能保持平衡。我深吸一口氣，弓起背脊。沒有其他可以抓住的地方，我就像是一隻笨拙的蜘蛛懸掛在線上，隨著繩子任意擺盪。我要做的就是攀爬，十分簡單，至少理論上是這樣。

樹冠上的受洗

緩慢地開始之後，我習慣了一種節奏，在把繩結往上滑幾公分時，雙腳夾著樹幹。我一直重複著這個過程，雖然早晨很涼爽，但是仍舊汗如雨下。每當我把主繩往下拉，它就會摩擦高高的樹枝，在晨光中飄下綠色的粉塵，讓涼爽的空氣裡充滿柔和的大地香味。

我繼續向上爬，感覺繩索因為樹脂而變得黏黏的。這有助於我抓住繩子，並且讓上方固定點增加摩擦力，有效地減輕重量。我現在已經爬過看起來逐漸變細的樹木底端，完美地垂直靠著樹皮，懸掛在半空中。我再次對樹皮的柔軟驚嘆不已。雖然摸起來很硬，但是壓下去卻有如海綿一般。我忽然很想要脫掉鞋襪，感受樹皮貼在腳上，生命力流過體內的感覺。然而，因為我不可能會忘記這種尷尬的事，所以只是向前把臉頰貼在樹皮上。這時候的樹皮被陽光曬得很溫暖，顯得柔軟而友好，就像是願意讓我爬到背上的巨大史前動物的鬃毛一般。我正在進入另一個領域，在一個安全退隱的處所經歷受洗，這是我在樹冠上的首度洗禮。

我爬得很慢，這並非完全出於自己的選擇。我的技巧讓自己躊躇遲疑，缺乏豐富經驗堆砌而成的自信與節奏。終於在離地十公尺時，我來到最下方的樹枝，一叢死氣沉沉、淺褐色的乾燥斷枝。我輕輕敲擊，它們就發出空洞的振動聲。雖然看起來很脆弱，但是這些樹枝卻出乎意料地堅韌。我發現如果把腳放在樹枝的根部，就可以把它們當作梯子。我開始小心翼翼地攀爬這棵樹，將重量從吊帶轉移到樹枝上，如果其中一根樹枝斷掉，就靠繩子拉住我。

帕迪和馬特現在只距離我三公尺。馬特像是體操選手一般，站在樹枝上保持著平衡，胸口貼著樹幹往上看，選擇最佳的路徑。他的左手勾著樹枝，右手把一捆繩子拋到更高的地方，很快就出發了，鉤環噹啷作響。帕迪坐在左邊的大樹枝上，抽完一根皺巴巴的捲菸。他並沒有在樹上捻掉菸蒂，而是用指甲掐熄菸頭上的火星，接著把燒焦的菸蒂放進襪子裡。我爬到他的旁邊，抬頭仰望著馬特漸行漸遠的身影，像松鼠一樣在上方的樹枝間蹦蹦跳跳。

大樹終於吞沒了馬特的身影，隨即不見蹤跡。唯一的動靜是，偶爾沿著陽光緩緩灑落的粉塵，還有掛在我旁邊繩子持續的扭動。在另一邊的帕迪也是如魚得水，他每天的工作都在攀樹，無論晴雨或冰雪，腰帶上通常都綁著鋸子。這對他來說真的是小意思。看著他攀爬，我突然清楚意識到自己有多麼用力地抓著樹枝，肌肉又有多麼緊繃。我的雙手因為緊抓繩索而疼痛，脖子和肩膀也抽筋了。我試著放鬆，並且降低重心，然後開始感覺自己有一點放鬆，朝著樹枝陷得更深。但是，我必須持續有意識地這麼做，而我越是努力，似乎就越做不到，整個身軀不時就會因為某種抓握反射而抽搐，好像差點就要睡著時會有的反應，肌肉會難以抑制地劇烈抽動著，猛然夾住樹幹。帕迪咳嗽一聲，打破沉默說道：

「好吧！沒問題嗎？開心嗎？」這比較像是一句陳述，而非問句。我回答：我想獨自待在這裡一下子。

「沒問題，想要什麼時候跟上來都可以，如果不想的話，半小時左右後回到樹下見。」

帕迪絕不可能讓一個攀岩好手比他先爬上英國最高的樹頂之一，因此他熱切地緊追在後。帕迪和馬特讓這一切看起來好容易。

我拿不定主意。現在離地十八公尺，和周遭橡樹的樹冠層處於同樣的高度，可以感覺到，只要再往上攀爬幾公尺，就能在巨型紅杉迎風慵懶搖擺、毬果纍纍的樹枝之上，看見世界一流的景觀。但是，我還在勉強適應新環境，對於要冒險離開周遭橡樹帶給我的熟悉與安心，感到十分緊張。於是，我便留在原地。棲身在三分之一路程的樹枝上，感受著巨大的樹幹幾乎難以察覺地隨著清晨的微風搖擺。

未能一睹眾神之景的遺憾

在我的周圍，這棵巨樹的枝椏向外延伸，往下彎曲成優雅的長弧，樹梢尖端又再度向上伸展，幾乎呈現垂直的角度。稠密的毬果堆在距離樹幹六公尺外的茂盛暗葉中。有些是褐色的舊毬果，早已碎裂，幾年前便灑出了種子；有些則是光滑發亮，有著淺綠色澤的果實，孕育著希望。我為自己設定挑戰目標，想要試著摘到一顆毬果。於是，我拖著腳步沿著樹枝往外走，開始滑下弧線時，樹枝因為我的體重而下垂。樹枝雖然很大，但卻感覺意外脆弱，我馬上重新思考，小步挪回樹幹上。不知道為什麼，我就是需要把重量放在吊帶，而不是樹枝上。我需要把繩子架高一點，這樣當我踮著腳尖遠離樹幹時，它才能完全支撐得了我。

我之前看過帕迪和馬特先把繩子繞成小圈，再輕而易舉地準確拋到他們想要的樹枝上。但是就連這樣，實際做起來也比看起來困難許多。當我好不容易把繩子丟到目標樹枝上，繩端卻不夠重，無法落回身邊。我把繩子拉了回來，它掉落而下，繞在頭和肩膀上。

我把吊帶上的一個備用鉤環綁在繩子上，讓繩子增加一些重量，把多餘的繩段拉出幾圈，然後再試一次。這一次，繩子越過樹枝，並且乖乖落下，但也滑下了樹枝，最後停在距離樹幹兩公尺的地方。我用體重施壓，樹枝卻開始下垂。我解開繩子，抽動繩圈，讓它回到緊鄰樹幹的樹枝基部。如果我讓繩子保持一些重量，就能讓它固定在原處，而不會順著樹枝的弧線下滑。

我非常緩慢地起身，在樹枝上保持平衡，然後坐在吊帶裡往後仰，右腳放在左腳後，開始倒退走向垂在樹冠邊緣的毬果。腳尖保持著朝向樹，上半身往左扭，看看自己能走到哪裡。我的右手緊握滑結，讓它一寸寸地滑下繩子，然後伸出左手，在空中摸索著仍在一．五公尺外的毬果。

我的右腳開始顫抖，這時距離樹幹只有四．五公尺，就已經產生嚴重的暴露感，而且失去平衡。我逼迫自己完全放開繩子，雙腿下彎，呈現蹲姿，降低重心。雖然現在維持這個姿勢讓大腿也開始抖動，但是我覺得更有掌控感，也穩定許多，因此得以走完剩下幾公尺，抓到樹枝的末梢。未成熟的毬果不容易摘下，所以我拔下較老的果實放在胸前的T恤裡。我轉身面對樹幹，沿著樹枝往上走回去。

走到一半時，我的左腳打滑了一下，接著就在空中胡亂揮舞，整個人掛在繩端上打轉搖擺著，背對著樹幹。我還來不及思考，就撞上了樹幹，發出一聲悶響。我雖然嚇了一跳，但是柔軟的樹皮和善地減緩衝擊。環顧四周，我看出自己只下落了數十公分，因此信心非但沒有遭到摧毀，柔和的撞擊反倒讓我放鬆了，讓我更加信任攀爬裝備。

我的雙腿夾緊樹幹，吊帶把我懸掛在掉下來的枝幹旁。現在樹在風中擺動得更明顯了，巨大的軀體輕柔地左右晃動著。我癱軟地掛在吊帶上，享受這活生生的龐然大物正拉著我。

在我的下方，這棵樹看起來完全靜止不動。樹幹最下方三分之一的部分十分堅固，我彷彿

懸浮在天地間的過渡地帶，就好像大地正輕輕鬆開鐵爪，而樹木則掙脫束縛，變成天上的生物一般。我閉上眼睛，落入它的懷抱，所聽見的就只有微風吹過針葉的輕嘆，以及偶爾來自樹幹深處的咯吱聲。

抬起頭，湛藍的天空在頭頂上方綿延。我早就已經看不見帕迪和馬特的蹤影，但是卻能聽見他們的聲音飄落而下，偶爾會有笑聲在周圍的枝葉間彈跳著。這時的他們肯定已經大幅超出四周橡樹的樹冠層，而位於眾神之中的景色又會是什麼樣子，我只能憑著想像。但是就在那一刻，我知道自己尚未準備好爬到更高的地方。我對自己第一次在樹枝上行走，已經覺得相當驕傲了，我將T恤的下擺拉高，拿出毬果，仔細觀看。

毬果呈現暗褐色，交錯的裂痕包裹著數百、甚至數千顆極小的種子。我輕敲十幾顆到掌心裡，每一顆種子差不多像紙一般輕薄的木屑，中央有一條宛如鉛筆石墨劃過的痕跡。我深吸一口氣，然後讓這麼一小堆種子吹過指間，落入下方的樹冠裡，宛如精靈的星塵般落下。這麼巨大、形態這麼完美的一棵樹，是怎麼從這樣一顆沉睡中的小點中長出來的呢？我將毬果和剩下的種子一起放回T恤裡，在周遭的沉靜中放鬆。我感覺無比平靜，充滿正能量。雖然我大部分的童年都與自然共處，但卻從來未曾像此刻這麼「融入」自然。我在大樹的臂膀中輕輕晃盪著，覺得和大地產生了連結。

上方掉落的一陣粉塵和殘遺，將我喚回現實。幾秒後，我聽見攀爬用具撞擊樹幹的沉悶聲響。馬特和帕迪睜大雙眼、非常亢奮，站在世界的頂端，而我只能羨慕地抬頭看著他們。但是在沒有更多的攀爬經驗前，我不可能爬到這棵樹的樹頂。

一九九四

我的身體往前傾，雙手順著樹幹向上摸，一邊起身，一邊在樹枝上保持平衡。我把繩子放鬆一些，雙腿微彎，然後往上一跳，抓住頭上的大樹枝。接著用雙手把自己往上拉，左腳甩過樹枝，用前臂向前移，然後爬到樹枝上。左手垂在另一根樹枝上穩定身體，我用一條短繩圈繞住扣上。接著解開繩子，讓它從下方的樹枝掉落、鬆開，然後再拉上來，拋到上方三公尺的另一根樹枝上。我正迅速地爬往樹的中間，當我敏捷地通過三年前抵達的最高點時，不禁露出微笑。那是某個秋日的美好傍晚，夕陽像是透過稜鏡發散光線，讓整座森林瞬間變得火紅。我向上掃視逆光的枝葉。黑夜就要降臨了，我得加快腳步才行。

第一次一起攀樹後，馬特、帕迪和我回到地面上的現實世界。我再也沒有見過馬特，因為我轉學了，兩人漸行漸遠，但是即使我在外地就讀中學，依然會盡可能常和帕迪回到森林裡攀樹。

新森林為我們提供幾乎無限的潛力，就算每天攀爬五棵不同的樹，爬一輩子也只能爬一小部分。帕迪和我是永無止盡追尋終極攀樹之旅的夥伴。

現在我在倫敦學習攝影，住在圖廳區（Tooting）。我維持著自己的攀樹技巧，當同儕在戶外泳池曬太陽時，我就爬著圖廳貝克公園裡的樹。然而，我永遠心向新森林，只要有錢或有閒時，就會在滑鐵盧車站跳上火車，前往西部。南安普敦對我來說是一個門戶：樹的世界和家鄉就在那裡之後。離倫敦越遠，我就變得越興奮、專注。我喜愛住在倫敦，就像住在巨大的有機體裡，它的呼吸、心跳都帶著節奏與對生命的熱忱，很難在其他地方找到。但我總是覺得，倫敦從我身上帶走的，遠比它給我的還要多。從回到圖廳區住處，直到再度逃回樹林的那一刻，我覺得自己就像是使用輔助電源運作，而且電源消耗的速度非常快。

那天午餐時間，我在布羅肯赫斯特（Brockenhurst）下車，自行穿越森林，直搗「歌利亞」（Goliath）[2]。帕迪和我在三年前第一次一起攀樹後，為它取了這個名字，這是我第一次回來。現在的我已經是一個厲害的攀樹人，但是一直等到完全準備好後才回到這裡。我不希望任何事物阻止自己盡情探索那些巨大的樹枝，或是讓我無法享受從樹頂觀看壯麗景觀；過去三年來，我一

2　譯注：聖經故事中的巨人，以與大衛的戰鬥著稱。這個名字現在可以用來形容任何體積龐大或力氣驚人的人、事、物。

直都幻想著那幅景色。

在晚風的輕柔搖擺中夜宿枝頭

我很快就來到二十五公尺的高度，沿著樹幹往下看，我看見林地開始變暗，形成陰影。但是在頭上很高的地方，仍然可以辨識出樹木的最頂端，依然沐浴在秋季色彩豐富的光線中，看樣子會是一個清朗的夜晚。遠方的車聲早已淡去，取而代之的是灰林鴞的聲音，周圍的杉木迴盪著牠們像木管樂器般哀愁的啼叫。我也聽見偶爾會出現的發情黇鹿的呻吟。若是沒有下雨，這些聲響應該會持續一整晚。

我剛好來到樹幹的一半高度，正中央的位置，這裡的樹枝最大，彼此盤踞。樹枝外圍濃密的樹冠枝葉遮蔽了這棵樹以外的一切。我就被歌利亞包裹在內，這是架吊床的完美地點。合適的固定點俯拾即是，我甚至擁有完美的展望點，可以越過東方周遭林木的樹頂，看見清晨的旭日。我拉起垂落的主繩，繩端沉重的袋子一路蹦跳碰撞著下方的樹枝。我把一條尼龍短繩圈拋到樹枝上圈住，扣上睡袋，然後拿出一張由尼龍漁網製成的輕型露宿吊床。我把它緊緊綁在兩根巨大的樹枝之間，樹枝從樹幹上向外生長，進入樹冠層。雖然吊床看起來十分脆弱，顯然是設計用在更接近地面的地方，但是沒有理由在二十五公尺高的地方就無法承受我的重量，但我還是會整晚把吊

帶套在身上，睡覺時繩子會扣在上方的固定點，以策安全。

因為方才的攀爬，我的身體仍十分溫暖，但是太陽已經下山了，頸背處的汗水已經開始變涼。風開始轉弱，夜晚的陰影正從下方的枝幹向上蔓延，而上方的樹枝則在漸暗的光線中，開始融合成難以穿透的一片漆黑。

我坐在樹枝上，脫掉靴子，把鞋帶綁在一起，並且將靴子掛在吊床旁的樹枝上，再把褲管塞進襪子裡。我在T恤內穿著一件保暖背心，外面則套著一件厚毛衣。把睡袋從背包裡拉出來，它就像是動物的毛皮般鬆垮垮地垂著，聞起來有很重的霉味和潮濕味。這是我五年前在一家軍警用品店買來的三手睡袋，德國冷戰時期的設計，防水外層，塗著橡膠，內裡有著溫暖的鋪棉。它甚至還有著可以讓手臂套進去的袖子及雙層前拉鍊，非常適合繫著攀繩睡在吊床上的狀態。我鑽進睡袋，拉起塗有橡膠的頭罩，緊貼著頭上的毛帽。

現在棘手的就是，要爬進吊床裡，而不讓它翻覆。我把繃緊的綠網向兩邊撐開，屁股卡進開口裡，接著抬高腳，伸過去塞入網孔，最後扭動肩膀爬進來，呈現仰躺的姿勢。我的雙手交叉枕在頭下，藉著手肘把吊床的兩邊推離我的臉，躺在那裡輕輕搖擺著。貓頭鷹仍在啼叫，此時黑暗籠罩樹冠，但是當我看穿枝葉叢生的黑色剪影時，卻看見星星映在深藍的天空。它們冰冷而遙遠，宛如朝著天際伸展的樹枝末梢上，懸掛的一盞盞精靈燈火。

我把手指穿過網孔，拉上吊床的兩邊，用多的鉤環扣在一起。現在我完全包覆在裡面，像一隻長長的綠色毛毛蟲，掛在將近三十公尺的空中。我細細品嘗這種奇妙的滋味，但是疲憊很快戰勝了我，讓我馬上陷入深沉的睡眠。

蔚藍天際下仍待探索的樹冠世界

凌晨兩、三點，我忽然驚醒。眼前仍然縈繞著灰林鴞就棲息在頭上半公尺樹枝的駭人畫面。我在作夢嗎？貓頭鷹的啼叫聲回答了我的疑惑，來自頭上六公尺的地方，接著翩翩飛入月光下的虛空。下弦月高高掛在清澈的夜空，我的世界枝葉交錯，形成銀黑相間的精美絲線工藝品，而在那之外的森林彷彿籠罩著一匹白緞。我聽見遠方黇鹿發情的呻吟聲，真是完美的秋夜。這一刻就是在樹上度過一晚的理由，我想要細細品味這種體驗，越久越好，但卻又在不知不覺之間深深地沉睡。

再次醒來，已經是早晨了。太陽剛剛升起，暖意滲透周圍的樹冠，照亮掛在旁邊的綠色毬果外殼。灰林鴞已經轉為安靜，但是雄黇鹿又帶著嶄新的活力繼續求偶，牠們度過忙碌的一晚。遠方有一輛大馬力的摩托車發出彷彿帶著鼻音的聲響，打破這片充滿魔力的場景。聽著打檔和加速的聲音，我能追蹤它沿著林道行進的動向。我翻找吊在身旁的背包，拿出一個熱水瓶，吃著微溫的烘豆子早餐。

我盪出吊床，脫下襪子，花一點時間重新熟悉所在的地方。上方的樹梢已經沐浴在陽光中，但是往西方看去，四周的橡樹頂仍置身在陰影裡。我赤著腳，開始爬向歌利亞的頂端，爬向絕佳的景致。可以用手抓握處和樹枝帶領我順著自然的螺旋，越來越迂迴向上，也越來越靠近頂端；那裡是樹木停止，天空開始的地方。越往上爬，枝葉變得越茂密，我龐大的身軀要擠過枝葉顯得越來越困難；此外，雖然這棵巨樹的基部直徑長達數公尺，來到上面後，光滑的樹幹卻比我的腰還細。在樹頂下方三公尺，我停下來用繩子繞住主幹，增加強度。容易斷裂的樹枝現在不比我的手腕來得粗，而地面則在遙遠的下方。我刻意不看四周的景色，專心攀樹，直到最後來到最高點。

我右手環抱著樹幹，彷彿那是船桅的頂端或摯友的頸子，我將繩子拉緊，在吊帶中往後躺，轉過身面對升起的太陽。

我將永遠記住這幅景象，直到大限來臨。我現在離地五十公尺，在這座森林最高的樹頂上，周遭的樹冠如毯子般向四方延伸到天邊。在東北方，我看見教堂的尖塔；在南方，世界似乎戛然而止，我意識到那必定是海岸，索倫特海峽（Solent）位於遠方閃閃發光的蔚藍下，我也能看見懷特島（Isle of Wight）高聳的白色懸崖，和狀似成堆粉筆的針壁（Needles）矗立在海面上。

在西方和我腳下三十公尺的地方，有一大片橡樹樹海在晨曦中散發金色和橘色的光芒。極遠之外，就在視野的最邊緣，有一道朦朧的紫色，肯定是森林西緣盛開的石楠。歌利亞巨大的影子籠罩著周圍林木的樹頂，像是一塊黑色巨石把下方的一切全都粉碎。

這幅景色比我幻想的任何樣貌都來得美妙迷人，我終於來到這裡了。從我的休息點——高高坐在歌利亞的肩膀上，眺望著整片樹林，能看見在這座森林的邊界之外，還有整片樹冠世界等著我去探索。

第二章

—婆羅洲—

雷鳴、雨幕與濃霧

雨林的歌唱真的很不可思議。
數以百萬的動物與昆蟲、一個個看不見的聲音，
形成一道聲波湧來。
遠處長臂猿的叫聲、空氣衝過犀鳥翅膀所製造的呼嘯、
持續傳來的一陣陣昆蟲鳴唱，還有樹蛙高音的呱呱叫，
我沉浸在大自然的交響樂裡，
這裡的生物複雜度實在是令人難以招架。

一九九八

數以千計的黃色小果實躺在我四周的林地上腐敗著。帶有霉味的空氣瀰漫著甜膩的濃厚發酵味，微小的果蠅聚集成一團，有如薄霧般懸浮在一切之上，好似塵埃在清晨的光柱中打轉。

那種氣味幾乎能夠毒死人，讓我想起在家中樓梯下桶子裡冒泡的釀製失敗啤酒。彎下腰，湊近一看，發覺這一定就是我在尋找的野生無花果[3]。有些很硬，大小、形狀很像是彈珠；有些顯然掉下來好一陣子了，早已裂開腐爛。在我看來，它們不太像是無花果，不過這是熱帶雨林的野生品種，自然一點也不像英國超市裡囤積成堆的無花果。

它們看起來也不怎麼可口，但是在頭上六十公尺的樹冠裡覓食的動物打落了很多，依照這種數量，身在其中的我反而是少數，地上處處是果實。我拿出刀子切開一顆，雖然果皮堅硬，但是有彈性的果肉可以輕易切開，裡面充滿著數十顆微小的花苞粒，中間是空洞的，有幾隻蠕動的蛆。

所以，果實在這裡，那麼孕育這些果實的樹在哪裡呢？我凝視著周圍濃密的林木。

生氣勃勃的綠意之森

婆羅洲雨林的一切，對我而言都是如此地刺激、陌生和充滿野性。這裡的生物多樣性十分驚人，目光所及的一切都讓我想靠近觀察，而我看得越深入，它就變得越複雜。就像第一次使用望遠鏡觀看夜空，看見一個接著一個從未見過的星辰，出現在熟悉的星座外原先空無一物的地方。這是一個充滿生命的世界，擁有無垠的深度和令人眼花撩亂的美麗。進入這個世界，就像來到另一個時空，從兔子洞滾到一個完全被樹木所支配的古老世界。這裡的樹擁有的主宰權，比我到過任何地方的樹都還要來得大，整個生態系圍繞著它們而形成。

叢林似乎保持著完美的平衡，十分協調，微妙無限、錯綜複雜。不過，這座叢林也帶有某種狂野和危險。如果發生意外，其美麗與驚奇無疑很快就會瓦解，就連扭到腳也會變成大問題，被蛇咬到，更是連想都不敢想。我必須機警一點，不能分心。不過這很困難，我仍然因為來到這裡而興奮不已。

幾天前，我和攝影師約翰與助理製片小更抵達丹濃谷自然保護區（Danum Valley Conservation Area）。我們是一個小型團隊，接下來六週要在這片四萬三千公頃的原始雨林區裡，為一家位於布里斯托的公司拍攝影片。我的任務是協助約翰攝影，但是也要協助他安全進入樹冠，拍攝在結實纍

3 譯注：這裡指的是一般榕樹的榕果，和無花果同樣是桑科榕屬的植物，花都生長在果實內。

纍的樹上覓食的紅毛猩猩。他們現在正和達雅族（Dyak）的當地嚮導丹尼斯，到這座森林的其他地方探路，留我一人在叢林裡尋找適合拍攝的果樹。我簡直就像是到了天堂，但這不表示我覺得雨林是不具挑戰性的工作環境。來到這裡才不過短短幾天，我就學習到非常多東西。

第一項挑戰是適應這裡驚人的高溫與潮濕。這座叢林困在一個雨、霧和悶熱的無限循環中。晚間的雨一停，濕度馬上飆高，樹木開始吐氣，讓我們所在的河谷籠罩在濃霧之中。早晨的太陽會在附近的山脊升起，讓整片景觀宛如著火一般，旋轉的霧氣則會升起，蒸散在高空中。傍晚時，雲朵聚積，高高的雷雨雲從森林吸走濕氣。雲越積越高，直達數千公尺，搖搖欲墜，最後在當天晚上崩落成雨。

走進叢林，就像進入蒸氣室。短短幾分鐘，我的襯衫就被汗水浸濕了，因為周遭的空氣中充滿水氣，汗水無法蒸散，衣物連日潮濕發霉。我能理解叢林裡的原住民為什麼會穿得這麼少，歐洲服飾變成骯髒的細菌溫床，很快就會瓦解。

接下來的挑戰，還有長距離步行穿越森林，同時不讓自己迷失方向。這些樹木有一種詭異的能力，能讓你頭腦不清、喪失所有天生的方向感。要走直線幾乎是不可能的，這並不是直線的世界，動物的足跡和獸徑交織的網絡似乎在不斷變動，雨林的神祕詭譎並非浪得虛名。

這就是在新森林天際外等待的世界，爬上這些樹木的樹冠會是什麼感覺？我在那裡遇見的動物會有什麼反應？這麼高大的樹，光是最低矮的枝幹就相當於歌利亞的全長，一整棵橡樹將會有多麼高聳？在那上面又會是什麼感覺？我迫不及待地想要一探究竟。

我讓果實從指間掉落，環顧四周。熱帶闊葉林高大的垂直樹幹不時出現在茂密的綠叢中，每一根都有如教堂圓柱般大小，根基完全隱沒在濃密的林木裡，因此看起來就像是飄浮在下層林木和樹冠之間。但這些都不是這天早上我在尋找的樹，它們都不是孕育出腳邊腐敗果實的樹種。從很多方面來說，我在找的那棵樹會和這座森林裡的其他樹木正好相反，它是社會邊緣人、樹世界的賤民，有著黑暗、不祥的名聲，我迫不及待地想見到它。

我伸長脖子，能看見果實是從哪些樹枝上掉下來的，但是根本不可能看出它們屬於哪一棵樹。於是，我順著落果的行蹤，離開路徑，來到一塊小空地。這裡的落果更多，醣類發酵的強烈醋味混合著夜晚待在這裡的野豬所留下的土味，果實、土壤與落葉的氣味全都混雜在一起。

殘酷的叢林輪迴法則

在這塊小空地的中央，我找到了它——絞殺榕，多麼怪異扭曲的生物，一棵歪七扭八的樹骷髏，和我見過的樹木都不一樣。

絞殺榕的樹幹並不是單一的一根，而是由數根相互交纏的莖幹，在頭上十五公尺的地方散開下落。數十根又細又長的樹根垂落到地面上，就像肌腱一般，有幾根較大的莖幹被捲入蔓生的網格之中。如果真的要說，整棵樹看起來就像是完全被困在自己結成的網中，掙扎地從令它窒息的難纏繩索中解脫。

我往前走近，抬頭看見一大截枯死的樹幹掛在頭上三公尺的一堆樹根中，那是絞殺榕的受害者，也就是寄主樹的殘骸，正在慢慢腐敗。暗褐色的表面上有著坑坑疤疤的蛀蝕和一層厚厚的真菌，一個個大洞就像是食屍鬼面具上裂開的大口。它已經在那裡很長一段時間了，榕樹的樹根一而再、再而三地刺穿它。很久以前，它曾生氣蓬勃，這是一棵高齡數百年，高達七十五公尺的熱帶闊葉巨木。

動物在巨木的樹冠上掉落一顆種子，使得榕樹萌芽，根部環繞寄主巨大的樹幹而下。越來越緊密的樹根變成一座具有生命的牢籠，慢慢吞噬被困住的巨樹。經過數十年，絞殺榕長得夠大，能夠自行站立時，巨木僅剩的最後一點生命力早已被榨乾，殘骸現在就被囚禁在絞殺榕內。

寄主樹的空殼就這樣掛在那裡，有一種悲淒感，就像是巨蛛的晚餐，被蜘蛛網裹在那裡，慘遭吸乾。它很快便會化為塵土，隨風而逝，徒留恐怖的樹根穹頂。

婆羅洲是地球上林木長得最高的地區之一，因此這棵絞殺榕的高度自然名列此樹種的前茅。

眼前的巨人殺手雖然有著黑暗的一面，但是被它殘酷奪走的生命卻也以絞殺榕果實的形式直接送回這座森林。叢林的一切就是如此運行，能量在大自然的循環似乎比其他地方都快上許多。

榕果幾乎成熟了，掉落在周圍林地上的果實，象徵著某些動物即將開始的饗宴。彷彿在印證我的想法似的，高處突然傳來樹葉的窸窣聲和果實掉落的輕柔啪嗒聲，有動物在上面移動、覓食。我向上凝視，視線穿透濃密的下層林木，好像看到樹枝在動，但是很難確定。

卸下背包，我拿出攀爬裝備，打算爬上這棵榕樹當成瞭望點，選定鄰近合適的樹，作為攝影平台的所在。攝影師約翰接著便能利用這個基地，在不會引起注意的距離，拍攝榕樹樹冠上發生的一切。叢林中所有食果的動物都愛極了榕果，這麼說真的毫不誇張；而不愛吃果實的動物，也會被吸引到這裡，捕食那些愛吃榕果的動物。因此，約翰很有機會拍到一些驚人的動物影片，只要我能有所進展。

我打算爬上其中一根枝幹，將樹木網格當作天然的梯子使用。在我面前的這棵樹就是極佳的攀架，雖然垂在吊帶後方的攀繩可以在必要時派上用場，但是用老方法來爬它似乎更適合、更好玩，也就是徒手攀爬到能力所及的地方。

況且這是我攀爬的第一棵熱帶樹木，覺得有必要用最親力親為的方式換取這個經驗。

蔓生簾幕下的生機與危機

那天早上在進入森林之前，丹尼斯告訴我，榕樹在達雅族文化裡是非常特別的樹，絞殺榕尤其如此。榕樹裡住著強大的森林精靈，無論善惡。在打擾這些樹木之前，必須先徵求祂們的允許，達到安撫的效果。丹尼斯注視著我的雙眼，神情如此懇切，讓我毫不質疑，發誓會按照他所說的做。

「還有一件事。」在我轉身之前，丹尼斯說：「別在榕樹附近小便，你會惹惱樹之精靈，招致厄運。記住這是祂們的森林，要隨時隨地尊重祂們和樹。」

達雅族各部落居住在森林裡已經有好幾千年了，我得假定他們對於森林中的行為舉止，絕對比英國人知道得更多，我是什麼人，怎麼能夠質疑對方的行事？第一次爬上二十層樓高的熱帶巨木樹冠前，我不會無視丹尼斯的擔憂。

因此，我乖乖地往前傾，用額頭輕觸絞殺榕。或許榕樹內的某樣東西會因為我的敬意而得到撫慰，又有誰會知道呢？況且丹尼斯的字字句句迴盪在我的心裡，讓我覺得這是世界上最自然不過的舉動。

我開始慢慢攀爬其中一根莖幹，在扭曲的樹根中摸索著手腳可以著力的地方。樹皮摸起來光滑卻又粗糙，如同品質很好的砂紙，就連最細的一股都很堅韌，讓我訝異不已。現在天色還很

早，空氣涼爽，但是才開始攀爬幾分鐘，我就已經大汗淋漓。來到莖幹的頂端，我開始攀爬上方的結構，兩手交替著往上爬。此時，我已經爬到十五公尺高的地方，和四周樹木的下層林木齊高。從這個高度墜落會很淒慘，因此我把繩子當作保險措施，萬一滑倒便能拉住我。不用完全仰賴繩子還是很棒的，這裡仍有不少能夠用手抓握的地方可以選擇，因此我的進展飛快。

樹幹上到處都是坑洞，有些深到能夠放進整隻手臂。天曉得在充滿霉味的空心黑洞裡住著什麼？蜘蛛、蜈蚣、蠍子，甚至有可能是蛇。我爬得很開心，但是也不忘提醒自己不要太過自鳴得意。

等爬到四十五公尺高時，我已經渾身汗臭，亟需休息，於是就把自己扣在樹上，坐在吊帶中環顧四周。

上方結實纍纍的樹冠被濃密的蔓生植物所形成的簾幕遮蔽，但是我能清楚看見接下來六公尺的樹幹，情況並不樂觀。這一部分光滑無比，沒有任何可以抓握的地方。第一批較大的樹枝就長在這片垂直面的上方。如果我能用繩子套到其中一根樹枝就沒問題了，但是距離很遠，而且我所在的角度並不好。

我捆起一小段繩索，用盡力氣往上拋。拋擲五次都沒有扔中，每次都一團亂地掉在頭上和肩膀。我的右手好像脫臼一樣，肌肉痠痛，十分沉重。但是，我仍堅持不懈，直到成功地把一捆繩索抛過樹枝，接著輕輕晃動繩子，讓另一端掉回自己的身邊。樹枝延伸出主幹的長度比我預想得還長，因此繩子在我摸不到的地方擺盪著。我用挽索把繩子勾過來，把自己繫在繩子上，緩緩吐氣，接著放開手，盪到半空中。

將生命與靈魂交付給一條尼龍細繩，是我一直無法習慣的事。攀爬繩索，感覺繃緊的張力將你牢牢固定，在上升期間支撐著你的重量，這是一回事；放開一個完美的抓握點，在離地四十五公尺高的地方仰賴繩子拉住你，又完全是另一回事。尼龍細繩伸展，讓你突然下降，接著當你加速晃到半空時，則會有一股氣流，胃部猛然一抽。隨之而來的是持續一瞬間的無重力狀態，你來到弧線的頂點，然後重力反轉，將你推回樹幹。

繩子的晃動漸漸趨緩，讓我輕輕轉動著。最初的猛烈狀態已經過去了，肌肉不再緊繃，腎上腺素緩緩消退，我再度恢復平靜。我的目光順著細繩看去，來到上方的樹枝，看見一群豔綠色的小鳥在樹葉間跳躍著。往下望，我驚奇地看著一隻飛蜥屬的蜥蜴從下方滑翔而過，雙翅張平，細細的尾巴拖曳在身後。對我來說，四十五公尺已經相當高了，但是在這麼小一隻爬蟲類眼中，又會是什麼模樣呢？這座森林真是充滿驚喜。

我滿足地掛在那裡一會兒，往後躺在吊帶中，閉上雙眼，享受在繩子上搖擺的滋味。少了讓我分神的視覺，開始接收到身邊的聲音。

雨林的歌唱真的很不可思議。數以百萬的動物與昆蟲、一個個看不見的聲音，形成一道聲波湧來。遠處長臂猿的叫聲、空氣衝過犀鳥翅膀所製造的呼嘯、持續傳來的一陣陣昆蟲鳴唱，還有樹蛙高音的呱呱叫，我沉浸在大自然的交響樂裡，這裡的生物複雜度實在是令人難以招架。睜開雙眼，我覺得好像是初次看見雨林似的。一切從四面八方湧來，彷彿掀開一層面紗。叢林整體遠比個別組成元素的總和還要豐富許多，而我不過就是一顆粒子，浮沉在這股能量的滔滔浪潮中。這真的是一個會令人變得謙遜的體驗，並且帶來一種接受與歸屬感，不僅歸屬於森林，更歸屬於自然本身的感覺。這樣的感受波濤般襲捲全身，讓我流下喜悅的淚水。

大地上的天生結構工程師

在地面幾乎不可能領會一棵樹究竟有多複雜，你必須來到樹上才行。離地四十五公尺高，我現在可以看見只能用絞殺榕的「腰部」來形容的部分：長長的莖幹融合成一根堅固的樹幹，好比它短短的上半身，接著再次向外擴張，形成樹枝。再往上幾公尺，我就會進入樹冠層，周遭的森林將隱匿在視線之外。因此，我轉身看看拍攝地點的選項有哪些。

我需要一棵靠得很近又很高的樹，讓我架設約翰的攝影平台。選擇有很多，四周處處矗立著高大的樹，有些布滿茂密的藤蔓；有些枝幹則姿態優美，赤裸而美麗。但每一棵都是我到目前為止見過最高大、最壯觀的樹，有好幾棵的頂端與肩部都在絞殺榕的高度之上，表示它們將近八十二公尺高。

它們之中有許多都是龍腦香科的成員，該科樹種的數量繁多，都是分布在東南亞的熱帶硬木。然而，壯觀的不只是這些樹的大小，還有它們的形狀。優雅的對稱形態，讓人很難想像它們的軀幹居然會如此龐大。高大筆直的樹幹直徑長三公尺，伸入空中五十公尺後才開始向四方延展，宛如巨大的梯子。有許多樹枝都是水平延伸而出，這項特徵立刻彰顯其木材之強韌。這些巨大枝幹的基部，對樹體本身產生的槓桿作用肯定大得嚇人，而我也注意到這些樹是如何在樹冠層的枝椏之間分散、平衡這些力量，毫不費力、優雅無比。每棵樹都是結構工程的大師，枝葉繁茂的巨大樹冠似乎飄浮在森林之上，好比一座座島嶼，是一個個未經探索、玄幻誘人的祕密世界。

絞殺榕正對面就有一棵龍腦香科的樹木，看起來非常適合當成拍攝平台。它的距離夠近，能讓約翰拍到前來拜訪榕樹的動物，但是又不至於近到會驚擾牠們。我屬意的架設地點，位於這棵龍腦香科樹木最低樹枝的上方十五公尺，估計離地大約六十公尺。這棵大樹從這裡看雖然十分明顯，但我知道一旦下到地面，就會變得非常難找。於是，我用指南針快速定位，接著把注意力轉回絞殺榕。

繼續往上攀，我很快地就被濃密黑暗的枝葉吞沒了。葉子又長又亮，中間有一條淺綠色的主脈。每根樹枝的末端都戴上一頂鮮黃果實組成的皇冠。在黯淡的背景下，這些榕果散發著光芒，吸引所有路過的動物和鳥類。我的周圍垂掛著數百公斤的食物，等著被摘食。附近沒有其他榕樹，因此在接下來一週，剩餘的果實慢慢成熟時，每雙眼睛都會盯著這棵樹。這很有可能是一場盛大的饗宴，所以我得盡快架好平台才行。

晨光裡的挑戰

隔天早上醒來時，稀微的晨光正從小屋的牆縫中滲入。現在是五點半，我躺著聆聽長臂猿在叢林深處的樹頂上發出叫聲，想到牠們在高高的樹枝間擺盪，就讓我興奮不已。我迫切地想要開始攀爬，狼吞虎嚥地吃完早餐後，抓起裝備，便出發前往迷霧之森。

我敏捷地在山脊上行走，大樹的鬼魅陰影穿透濃霧，隱約可見。巨大的木柱宛如沉默的哨兵，站著看我通過。有些不過就是一團持續變幻的模糊影像和陰影，有些比較靠近路徑的，在我通過時好像會走上前來露出真面目，接著又悄悄溜回黑暗裡，完全消失無蹤。

第一道曙光很快就用歪斜的金柱刺穿了濃霧，像是電影院的放映機一般，樹葉則將每道光柱分散成許多小光柱，而小光柱又隨著太陽越升越高，輕柔地合併又分開。森林在太陽的熱力下交出水氣，蒸氣如觸鬚般扭動著從葉面發散，浮在空中的小水滴輕輕飄過。

雖然很想趕快開始攀爬那棵龍腦香科樹木，但是我非得挪出一些時間欣賞周圍轉瞬即逝的美才行。卸下背包，我在枯枝落葉上坐下，靜靜地觀看。在這美妙的短暫時刻，空氣中生機蓬勃、色彩繽紛，飄浮的水虹環繞著我，閃閃發光。

幾分鐘內，最後一絲霧氣從森林的樹冠層蒸發，揭開遠處蔚藍蒼穹的面紗。清晨的涼爽不會持續太久，這將是非常炎熱的一天。我查看指南針，繼續沿著山脊前進，尋找要用來架設平台的那棵樹。

沒過多久，我已經站在那棵樹下方。巨大的板根朝著四面八方展開，長長的蛇狀樹根沿著地面的輪廓延伸，最後探入枯枝落葉中，在森林的薄土裡搜尋可以抓牢的東西。樹幹本身的直徑長三公尺，高度超過十六層樓，和納爾遜紀念柱（Nelson's Column）[4]的形狀與大小差不多。樹幹撐起的樹冠是充滿生氣的巨大圓頂，高聳入雲，是由樹葉所構成的活生生穹頂，受到龐大木柱的支撐。清晨的最後一縷霧氣從遠遠的林葉間飄過，讓它看起來很遙遠，難以接近。這真的是一棵很大的樹，我抬頭看著樹枝隱約的輪廓，開始感覺一陣緊張。

接著我將目光下移，用手輕撫充滿褶皺的樹皮，感覺到樹木無比的力量，以及一棵健康熱帶闊葉木在全盛時期不動如山的堅毅。一條條筆直的長線沿著樹幹向上延伸，在視線所及的邊緣交會。樹皮是一塊斑駁的拼布，銀色和深褐的單寧色澤交雜，這是一根有生命的美麗木柱，攀爬它會是一大享受。

首先，最迫切的問題就是要怎麼把繩子拋上去，其他一切都要靠這一點才能完成。我準備了彈弓、釣魚線和鉛錘，但是從未在這麼大的一棵樹上測試過我的自製系統。把線射到英國的樹冠層是一回事，但是這裡的規模完全不同。我完全不知道自己的小彈弓威力夠不夠，能否彈射到這麼高的地方。

要是這個方案失敗了怎麼辦？我不可能像攀爬絞殺榕那樣，從地面上開始徒手攀登這個怪物。前五十公尺完全沒有可以抓握的地方，而樹幹本身又太寬大，手臂和挽索都無法繞住。

很多事情都仰賴我從英國帶來的那兩條彈弓。

我從背包選了一個小的釣魚鉛錘，大小與形狀類似杏仁，將它綁在一條細線上。把鉛錘緊貼著彈弓的豆袋，我舉手瞄準目標，把橡皮筋拉到耳後，橡皮因為被拉長而變成白色。我瞄準最低矮的樹枝上方數公尺處，接著鬆手，射進樹冠的小鉛錘立刻不見蹤影。一圈圈的魚線靜靜往上射出，有一隻爬在線上的螞蟻搭了一趟畢生難忘的便車。數秒內，已經拋射出一百公尺以上的線。

4 譯注：位於倫敦特拉法加廣場的一根石柱，高五十一公尺五十九公分，用來紀念死於特拉法加海戰的英國海軍將領霍雷肖・納爾遜（Horatio Nelson）。

因為沒有掉回來，形成鬆鬆垮垮的線圈，所以假定魚線已經繞過上方的某個東西了，但是我很難判斷那樣東西是不是想要射中的樹枝。

我一邊用左手輕輕拉扯魚線，一邊用右手拿望遠鏡，利用高處樹葉的抽動來找到鉛錘的位置。我聚焦在那道小小的晃動剪影上，一隻小鳥從樹冠裡衝出來，狠狠啄了它一下，然後輕盈地飛回樹枝末梢，氣鼓鼓地叫著。

魚線並未落在我想要的位置，但是至少彈弓的威力足以將它射上去。我輕輕把它拉下來，準備再試一次。我試了四次，終於成功把線射到預期的位置，就在最低的大樹枝基部。

繩子正好長一百公尺，等我把它拖過樹枝，拉回地面時，已經沒有多餘的繩索了。我猜得滿準的，那根樹枝離地五十公尺，和歌利亞的高度一模一樣，幾乎準確到公分的單位了。然而，歌利亞從頭到尾都有茂密的樹梯可供攀爬，但是眼前的這個怪物在主要樹冠以下卻完全沒有樹枝。

攀繩現在已經固定在隔壁樹木的基部，我準備好要出發了。繩子在伸縮間拉出十分嚇人的長度，過了幾分鐘後，我已經順利垂掛在吊帶中，離地三公尺，進行最後的安全檢查。對我來說，現在使用的攀爬技巧還很新穎。在離開英國前，我只受過幾天的訓練，因此反覆將上升器推上繩索的這種節奏，仍舊要耗費很大的專注力。

揭開巨人殺手的神祕面紗

我把注意力放在高空的樹枝上，開始朝著上方移動。之前隨著攀爬而上，絞殺榕的面貌才會慢慢顯露出來，然而這棵樹卻是完全開放、暴露在我的眼前。我的雙腿夾緊樹幹，但是這能提供的安全感實在少得可憐，因為我完全沒有地方可以抓握。我放慢速度，努力引導精力，而且放輕鬆。這確實是非常炎熱的一天，我已經揮汗如雨了。繼續攀爬向上，我開始隨著繩子的伸縮，而有了一種節奏和彈跳感。樹皮的褶皺開始變平。離地十八公尺時，我從陰暗的地下世界進到下層林木和高空樹冠之間陽光普照的地帶。

陽光明亮而嚴酷，我花了比預期還久的時間才把繩子弄上去，因此早晨早已過了一半。太陽散發的熱力大到令人難以置信。我沒有戴頭盔，所以能夠感覺到太陽全力照射著頭皮。汗水滴進瞇起的眼睛，我用濕透的T恤擦乾臉。我感覺全身脫水，亟需補充水分，才發現把水瓶留在地上了。我決定不要浪費時間回去拿，而是繼續向上爬，但是短短幾分鐘內，我就知道自己犯了大錯。水分和鹽分正從身體流失，就算大量出汗也無法讓我保持涼爽，體溫開始止不住地飆高。

爬到一半的高度時，我轉身尋找絞殺榕。空氣中的紫外線高得不得了，必須用手遮擋在眼睛上方。不過，絞殺榕就在不到六十公尺外的地方，下垂的樹冠帶著一股黑暗與陰森感，壓迫著整座森林。除了有根又長又細的樹枝碰到下層林木以外，它的樹冠完全沒有接觸其他部位。但是就連在這裡，我都看得見點綴在黯沉樹葉間的閃亮果實光點，以及後方地平線的藍綠色低矮稜線。東方有一座寬闊綿延的山谷，但是我得再爬高一點，才能好好看清楚。

二十分鐘後，我到達第一根枝幹，全身被汗水浸濕、沾滿汙垢，氣喘如牛。額頭上的青筋就要爆起，眼睛也因為額頭上流下的汗水而感到刺痛。我努力讓思路保持清晰，T恤上出現一圈圈乾掉的白色鹽巴。天色十分厚重，讓人產生幽閉恐懼感，遠方的一陣隆隆雷聲，讓我把目光轉向上空。厚厚的烏雲已經開始在山谷的另一側聚集。樹冠的林蔭讓氣溫稍微下降，我趕緊尋找往上爬的路徑。

我在繩子的最高點。白色細繩越過眼前的樹枝，筆直落到下方十六層樓的固定點。距離我想架設平台的地點還有十五公尺高，除非架設另一條繩子，否則我無法爬到那裡。我原本以為這些樹枝會是很方便的梯子，但是它們太過粗大，無法讓我徒手攀爬。連想要用手抱住這些樹枝都很困難。我帶了挽索，因此把它捆了幾圈，然後丟向所能拋到的最高枝幹。

周遭林木的視野再次被濃密的樹冠遮住了，但是隨著我越爬越高，樹枝也漸漸變細。雖然它們還是很大，但是至少我現在能用一隻手輕鬆勾著，因此攀爬的速度也變快了。現在離地六十公尺，進展不錯，但是我亟需水分，舌頭乾得像皮革，頭痛得不得了。我已經停下來一次，按摩左前臂，

讓痙攣停止，現在小腿的肌肉也開始有樣學樣了。這不是那種因為坐姿怪異所造成的難受抽筋，而是如野火蔓延般遍布組織的劇烈疼痛，宛如刀割。但我不理會這些警訊，還是繼續攀爬。

和打算在樹幹上架設攝影平台的地點齊高時，我仔細察看，確保這裡真的可行。樹幹的直徑已經縮減成數十公分寬，我加總繩子的長度，推估自己正在離地六十四公尺高的地方。這個位置提供觀察絞殺榕的絕佳視野，能把任何在樹枝間覓食的動物看得一清二楚，是完美的拍攝地點。

接踵而來的潛藏危機

榕樹後方的景致令人為之驚嘆。無邊無際的樹冠向外綿延，在三十公里外的山谷盡頭和遠方的丘陵融合在一起。數千棵巨大的突出樹木，點綴著這片起伏有致的樹海，上層樹冠傲然聳立在一切之上。我能看見明顯就是巨大叢生蕨類的剪影，生長在樹冠高處的樹杈中，其中有些可以看出歷經日曬雨淋的滄桑：巨大的枝幹被強風吹走後形成的殘株和坑洞。對這裡的樹木而言，冒出這群林木的避難所之上顯然是高風險的舉動，有很多樹木看來不是掉落枝幹以減輕負擔，就是枝幹被暴風雨用力扯下了。

彷彿在回應我的思緒般，山谷又傳來隆隆雷聲，好比定音鼓漸次增強的敲擊聲，來到最高點後，在我的胸口留下迴盪不已的沉悶嗡鳴。髒兮兮的黑暗雲雨在數公里外的樹梢潛伏著，又長又黑的水彩線條模糊了地平線。暴風雨將至，但正上方的天空仍是晴朗的。只剩下十五公尺，我抗拒不了在暴風雨到來前衝刺到樹頂的衝動，況且淋一點雨又不會怎麼樣，第一次爬樹爬到七十五公尺高，對我來說會是一個很重要的里程碑。

於是，我抓住下一根樹枝，用腳撐住枝幹，用盡所有力氣往上一頂。撐起身軀，把腿甩上樹枝，我就保持著這股氣勢，盡可能快速地朝著樹頂推進。我很快就發現自己已經完全超越周遭的森林樹冠，這裡的景觀已經很令人震懾了，上面只會更棒。

現在樹枝變得更細，是手可以抓牢的完美直徑，我的靴子很容易便能在樹皮上踩穩。攀爬樹木本身，而不是繩子的感覺真好，讓我一直笑容滿面。雖然疲憊不堪，但是心情卻十分振奮。這種體驗一定要用努力贏得，才能充分享受。我的肌肉仍然瀕臨抽筋的邊緣，但卻能感覺到身體還有很多的力氣，知道自己還能使出更多的力量。我已經爬過主幹的頂端，現在在一根幾近垂直的樹枝上，直通樹冠頂端。最後這一小段遠遠高於山脊上的其他樹木，絞殺榕早已融入下方叢林的綠色背景之中，我發現自己竟然誤打誤撞地爬上這座森林裡最高的樹木之一，它就長在最突出的其中一個地點。森林從四面八方綿延到地平線，我等不及攀上頂點，沉迷在史詩般的景色中。我用盡力氣，進行最後十公尺的衝刺。

過了幾秒，爆炸般的雷聲讓我停下動作。聲音不知道來自何處，在頭頂上方劈開天穹。我完全沒有心理準備，本能地抱住樹幹，靠著樹皮蜷縮著；所有聲音都變得悶悶的，我的耳朵嗡嗡作響，感覺天旋地轉。同一時間，左前臂又開始痙攣了，但是這一次伴隨著劇烈的抽痛。我一臉扭曲，發出哀號。流汗流失的礦物質，導致肌肉神經僵硬，水分和電解質不足，讓我的狀況越來越糟。我完全低估了慢性脫水的症狀，右手在幾秒後也發生同樣的事。我的內心湧現一陣恐慌，驚恐地看著雙手被可能斷裂的肌腱扭曲成無用的爪狀。我告訴自己要冷靜，用雙手抵著樹幹，試著扳開手指，但是手指卻疼痛地抽搐著，不見起色。我咒罵自己忽視那些警訊，現在一切都太遲，傷害已經造成了。我不可能繼續往上攀爬，而當我真正意識到當下的危機時，暴風雨也正好洶洶來襲。

閃電、狂風與暴雨來襲

首先到來的是風，以一道移動迅猛的空氣牆，在大雨之前重擊四周的森林。這棵樹的上半部被強風吹得東倒西歪，樹葉的細枝被吹斷，旋轉著掉到半空中。我的無用手臂環抱著樹枝，身體蹲低，想要撐過暴風，但是風勢增強了，整個樹冠很快地圍繞著主幹劇烈搖晃。較低矮的巨大樹枝用一連串撕心裂肺的晃動，左右拉扯著樹木。我緊緊抱著樹幹，臉頰緊貼著樹皮，咬緊牙關。

天空昏暗，我抱著的樹幹急速地搖晃，就像一艘停泊在暴風雨中的小船。強風宛如報喪女妖般在樹枝間呼嘯而過，不祥的砰砰和咚咚聲從林木內部深處傳出回音。巨大的樹枝互相撞擊，我覺得自己隨時會聽到樹木斷裂的可怕聲響。一陣陣的強風一次又一次以反方向吹襲樹木，讓整個樹冠突然靜止不動，數百噸重的林木晃動到一半停下來，就被迫往另一個方向搖動。

我仍繫在繩索上，但要是這棵樹的上半部整個攔腰折斷，繩子也毫無幫助。和一塊五公噸的木頭綁在一起，墜落到下方七十五公尺的林地，光是這幅畫面就讓我緊閉雙眼，咬緊牙關，而暴風則繼續吹襲，這棵樹搖晃甩動，就像獵犬嘴裡咬著的老鼠一般。

就在我以為情況不可能會更糟時，竟看見電光閃爍，原來是閃電在洶湧的烏雲下朝著我快速襲來。一道刺眼閃光和鋸齒狀電流擊中八百公尺外的森林，發出轟然巨響，讓我產生耳鳴。困在雷暴當中時，聳立在山脊的一棵突出林木頂端，並不是一個適合待著的明智地點。一道接著一道的閃電用它的長腿朝著我步步進逼，我覺得腎上腺好像就要爆裂了。

留在原地幾乎是自殺行為，但是因為手臂全無用處，我其實也沒有什麼選擇。脫水的頭腦不知所措，無法做出決定，而閃電仍然越靠越近。我將一切交給命運，深吸一口氣，鬆開緊抓的樹皮，往後坐在吊帶裡，雙腳緊緊夾著樹幹，準備撐過這一場暴風雨。此時雷電變成持續不斷地炮擊，讓我頭暈。我這輩子從來不曾感到這麼無助，但是沒有任何地方可以讓我躲避。難道我大老遠來到世界的另一頭，結果是在樹頂遭到雷劈嗎？但是正當我打算碰運氣，試著下降時，最後又來了一次轟炸，然後暴風面就掃過山脊，如海嘯般捲進下一座山谷。

強風驟然平息，一如開始時那麼突然。大氣壓力如重石般落下，鐵灰色的雨幕從東方迅速襲來。雨水流入我身旁樹皮的褶皺間，我直接舔著樹皮，急著讓痙攣的肌肉補充水分。生長在旁邊樹枝上的瘦小植物，漏斗狀的樹葉很快就收集了一點雨水，於是我用扭曲的雙手把它拉進嘴裡，雨水、螞蟻和泥土全都一起下肚。每當雨水再次注滿這株植物，我就立刻一口飲盡，直到手臂的緊繃疼痛開始緩解。

幾分鐘後，我已經能夠鬆開手指，攤開手掌。沒過多久，肌肉感受到的痛苦難耐慢慢退去。我朝著天空張大嘴巴，再多喝一些水，那是我嘗過最清新、最令人充滿元氣的水了。血液再度在血管中自由流動，我的思路也漸漸解套。

雖然下了滂沱大雨，但是森林卻已經開始冒出蒸氣。雷電還在隔壁山谷閃爍著，但是周遭的森林卻在暴風雨過後，陷入詭譎的沉寂中。

這時候，我當然早就準備好要逃離這棵樹了，於是將繩子穿過枝葉往下送，扣好吊帶，開始垂降。我的繩子從這裡無法碰到地面，但是只需要想辦法下降到原本用來爬上第一根樹枝的那條繩子即可。幾分鐘後，我已經垂在那條繩子旁邊，把自己扣好，準備最後一段五十公尺的下降。瞥了剛剛鬆開的繩子一眼，就看見繩子末端在半空晃動，距離我停止下降的位置不到三十公分。

末端竟然沒有繩結，我不敢置信地瞪大眼睛，原來那裡一直沒有東西可以防止我直接滑落繩尾。基於僥倖，我停在只差不到三十公分的地方，否則就會從十六層樓高墜落。腎上腺素又流竄全身，我的雙手開始顫抖著。忘記在繩尾打結，是我這一天犯下的第二個基本錯誤，兩個錯誤都差點讓我丟了小命。

一天之內多次倖免於難，我懷著鬆了一口氣的心情，趕快離開這個地方。

巧遇紅毛猩猩

丹尼斯走回營地，現在是傍晚時分，天色正在逐漸變暗，他剛剛檢查完絞殺榕。

「地上有不少成熟的榕果，有一群獼猴在樹上吃了一整天。」這是很好的徵兆，盛宴已經展開。

「不只如此，有一隻很大的公紅毛猩猩在附近做窩，看來牠是在前往榕樹的途中，明天第一件事有可能就是爬上樹吃東西。」

我被困在暴風雨中，已經是一週之前的事了。我對丹尼斯講述這段經歷，他笑了笑，把那棵樹命名為「譚帕拉克」（Tumparak），這是雷電的意思。這個名字取得好，因此就這麼決定了。

我已經重回譚帕拉克的樹冠，安然無恙地架好攝影平台。從那時候開始，我們每天都會檢查榕樹，等待果實成熟。丹尼斯的消息非常鼓舞人心，我們預期這場盛宴將會持續一週左右。假設

那隻紅毛猩猩是被榕樹吸引到這個區域的，樹上的果實絕對夠牠逗留好幾天。因此，我隔天凌晨兩點半就起床，前往黑暗的森林，好在曙光出現前爬上譚帕拉克。如果紅毛猩猩現身，約翰隔天就會同行，展開攝影工作。

走過黑暗的森林，讓人感到毛骨悚然。霧比我看過的都還要濃，四面八方的能見度幾乎不到三公尺。譚帕拉克的枝幹在黑暗裡看起來比平常更大，六公尺以上的樹幹全部都被濃霧吞噬了。扣好繩子後，我就關掉頭燈，在開始攀爬前先讓眼睛適應黑暗。身上的汗水在濕冷的空氣中變得冰涼，我一寸寸地穿越黑暗，爬向樹冠。我看不見面前的手，但是想著只需要一直攀爬，爬到繩子頂端就好了。接著，我會打開頭燈，換到另一條（現在已經打好結）的繩子上，最後登上平台。

凌晨四點半，我坐在離地六十公尺高的地方，背靠著樹幹。螢火蟲飄浮在樹冠之間，像一團朦朧的綠色霓虹泡泡，空氣中充斥著樹蛙和昆蟲的叫聲。灰濛濛的破曉時分還要一個小時才會到來，因此我閉上雙眼，放鬆地打著盹，睡睡醒醒。清晨五點，我聽見長臂猿發出第一聲啼叫，越降越低的琶音反覆出現，緊接著漸強，最後變成一連串的高音啼囀。隨著牠盪過樹冠層，抑揚頓挫的叫聲一個接一個越來越快，最後沸騰到頂點，形成快活的震音。沒過多久，有一隻母猴加入二重奏，橙紅色的天空充滿牠們振奮人心的歌聲。橙色轉為金黃，我聽見一隻大型動物在下層林木移動的明顯聲響。絕對是靈長類，但並不是猴子在枝葉間跳躍所發出的樹葉啪啦聲，而是樹枝靠得太近時，被規律拗折而產生的持續窸窣聲。

紅毛猩猩深紅色的毛髮出人意料地和綠色的枝葉完美融合，我偷看這吸引人的身影幾眼，便看見一張聰明伶俐的大臉抬頭望著絞殺榕，意志堅定地朝著它爬去。

在我看來，對這麼大型的動物來說，絞殺榕的樹幹是爬上去的唯一途徑。我認為牠會利用樹幹爬到樹冠，就和我一樣。可是，牠卻堅定從容地朝著唯一從其他樹枝之間垂下，碰到下層林木的那根纖細枝幹走去。來到枝幹下方時，牠舉起長長的手臂抓住又長又細的樹枝末端，強而有力的手指緊緊抓著，稍稍扯了一下。高空中，樹冠層的枝葉因為承受重量而緩緩下陷。這根樹枝的基部寬度不到十公分，我預料它會斷掉，但是它卻承受住了。測試過樹枝的強度後，牠把一隻腳抬到那隻手的上方，然後將另一隻手也放上去，把自己完全拉離下層林木。牠一動也不動地坐在那裡幾分鐘，在晃動的樹枝末端陷入沉思，一綹綹打結的棕紅長毛垂落在額前。

接著，牠非常緩慢地鬆開長長的手臂，開始往上爬。一腳緊隨其後，再越過一腳，平順地攀爬著，非常小心，不讓纖細的樹枝負荷太重。牠優雅專注地移動，把自己拉到離地二十五公尺的樹冠上，動作連貫而順暢。

大師一出手，便知有沒有，這是攀爬的上乘之作。整棵樹就只有牠，因此牠舒適地坐在一根覆滿果實的枝幹上，非常細心地挑選最成熟的果實來吃。

此時，太陽早已升起，光線淹沒整座山谷。金色霧氣從樹上升騰而起，空中因為鳥鳴而充滿生氣。那場暴風雨已經是遙遠的記憶了，我從容啜飲著水壺裡的水，繼續觀看紅毛猩猩向我展示怎麼「真正」攀樹。

我們在丹濃谷剩下的幾天都很順利。約翰拍到需要的紅毛猩猩鏡頭，還有長臂猿在最高樹木的高空枝頭上活動的絕佳影片。長臂猿的攀爬風格十分歡欣又充滿活力，包含許多大跳躍和吊單槓特技。第一次看見牠們時，我在樹冠上，一家三口穿越在樹枝間，速度驚人，時速高達六十五公里。光是牠們的姿態、速度和難以預測的動作就讓人嘆為觀止，而且牠們很明顯是在追逐玩耍。牠們玩著遊戲，純粹是要以任何方向和速度，做出任何想做的動作。看著一隻長臂猿降落在某根樹枝上，跑了四步，全力衝到半空，重重落下二十公尺，接著抓住一根旁邊的藤蔓，盪到下一棵樹，然後重複這個動作一遍，只是為了好玩，就像被贈予整個自然界裡最令人屏息的奇觀之一。

當然，從攀樹人的角度來看，不會有比這更棒的事了。但是對我來說，這總結了自己在婆羅洲的經歷。我無法想像有比這更棒的事。不過，這是我第一次拜訪叢林，而當時的我完全不知道世界上的其他雨林還蘊藏著什麼驚喜。

第三章

—剛果—
邂逅黑猩猩

這裡有這麼多的樹，
為什麼牠們會選擇在距離我這麼近的地方度過一晚？
我永遠也不會知道答案，但是這幅場景無比美麗。
數百萬年前，動物尚未懼怕人類的時候，
一切肯定就是如此，宛如伊甸園的倒影。

一九九九

我們在亂流裡跌跌撞撞，飛機的操縱桿很怪異地動著，似乎有了自己的生命。小飛機唯一的螺旋槳所發出的噪音讓對話很難進行，於是我不干擾身旁的駕駛員，自顧自地望向窗外那些飄浮在我們之上的雲朵。我們在加彭的自由市（libreville）起飛，往東飛行一小時，越過邊界，進入剛果共和國。剛果盆地邊緣是由岩石眾多的懸崖峭壁組成，從三千公尺的高空往下看，森林朝著四面八方綿延成筆直的地平線，完全沒有缺斷之處。下方距離遙遠的樹冠微妙混合了千種不同的綠，不絕的河川流經森林，宛如葉脈一般，除了偶爾出現在岸邊的村落以外，我沒有看見任何人居的跡象。我們跨越邊界，進入現代世界以外的地方。就在下方，有著無窮的祕密和謎團等待被發掘。

一週後，我來到森林深處一個稱為瓜魯格三角地帶（Goualougo Triangle）的原始叢林區域，這裡最近開始引起科學家的注意，因為這裡的黑猩猩數量十分龐大。人們發現，有數百隻黑猩猩棲息在此，因為周圍寬闊的荒原而與外界隔離，因此受到保護。但是，瓜魯格黑猩猩的特殊之處在於，有別於其他的黑猩猩族群，牠們完全不曾接觸人類，因此完全沒有害怕的表現。牠們倒是對我們很有興趣，就像我們對牠們有興趣一樣，所以好奇的天性總會吸引牠們靠近，把我們看個仔細。這種際遇可能會持續數小時，讓駐紮在當地的靈長類動物學家戴維可以好好記錄新的自然習性。被十幾隻坐在數十公分外的黑猩猩包圍著，熱切地盯著自己看，我常常想著究竟是誰在研究誰。

錯綜糾結的「高速公路」

《國家地理》（*National Geographic*）雜誌正刊登一系列關於這個地區的文章，他們的攝影師尼克非常想要進入樹冠，記錄這些徜徉在自我天地裡的黑猩猩。那一年稍早，在進行另一項計畫時，我結識了尼克。他在某天下午毫無預警地走進營地，帶著輕微的阿拉巴馬口音自我介紹。我們聊了關於在樹冠上工作的事大約一小時，然後他說要找我擔任他的攝影助理，要我和位於華盛頓的《國家地理》總部確認細節，然後就大步走回森林了。我不禁想著，這一場會面是不是真的發生過，這是一場神祕卻又幸運的會面，我對於可以和這麼受人尊敬的攝影師合作而感到興奮不已。

尼克先把我送到瓜魯格，吩咐我找到一棵合適並結果的樹木，在正對著它的樹冠上架設攝影平台。我和戴維花費將近一週的時間才找到適合的樹木，但是當我們一看見那棵高大的結果榕樹時，就知道它非常特別。巨大的樹枝像觸手般伸進周遭的樹冠裡。不像婆羅洲那些獨自矗立的巨樹，這裡的樹冠是一條由纏繞的樹枝所組成的高速公路，綿延不絕，常常很難看出一棵樹在哪裡終結，下一棵樹從哪裡開始。自己的樹枝和鄰居的枝幹交織在一起，形成廣闊的網絡。這棵非洲榕樹似乎朝著四面八方蔓延數十公尺，穿過周遭的樹冠，巨大的樹枝一路彎折扭曲，穿過鄰居的枝幹，直到它們全都融為一體。

樹高四十五公尺，遠遠不及聳立在婆羅洲的那棵絞殺榕，但是這棵樹的氣質和存在卻彌補了高度的不足，扭曲糾結的外表似乎是這座黑暗森林裡神祕陰森本質的縮影。

這棵榕樹生長的果實，比我看過的任何一棵樹都來得多，而且所有的榕果也都很肥大，像是橘子一樣。每一顆都垂掛在那根短短的果梗上，直接從樹皮長出。我原本以為果實都是纖弱地長在枝條的末端，但是這棵榕樹巨大的樹幹和樹枝卻完全被淹沒在一片隨興的雜亂中。

這棵樹想必每年都會產出這麼多的果實，光想就讓人難以置信，因為需要的能量一定相當大。這麼多的果實在熟透、掉落林地上腐敗前，怎麼可能被吃光呢？沿著樹枝翻找的動物所掉落與浪費的果實，肯定和吃掉的一樣多。不過，這就是重點，這棵樹要餵飽的那些胃可大了，無論是在樹冠上或林地上。有三十隻成員的黑猩猩家族馬上就能一掃而空，一家子的大猩猩也一樣。此外，還有那些比較小型的靈長類動物，更別提果蝠和鳥類了。在遙遠的下方，地面部隊會把任何腐爛的果實一掃而空，大象、野豬、水牛、羚羊……，名單列也列不完。牠們會跋涉好幾公里來到這棵樹覓食，長壽、高智商、記憶力佳的動物，會從父輩那裡得知這棵樹的所在位置和結果時節。這棵樹是重要的地標，樹下錯綜複雜的古老獸徑便能證明這點。

意外直擊黑猩猩母子

我把握時間，盡快架設好樹冠平台。我已經找到隔壁一棵較小的樹，在離地二十五公尺的地方能清楚看見那棵榕樹結實纍纍的樹枝。平台架好後，我馬上安置一個帆布隱匿處，可以坐在裡面。尼克在一週之後才會和我們碰面，因此我決定在他抵達前，在這裡多待一些時間。前幾天沒有發生什麼事。第三天中午，正當我開始覺得失去信心時，突然注意到旁邊有一棵又瘦又高的樹開始晃動著。

某個龐然大物正從二十五公尺下的地面爬上來。不管對方是何方神聖，牠爬得很快、力氣很大，不時停下腳步，大概在抬頭觀望枝葉。牠一定是在地上看見架設的平台，所以跑來想要看仔細一點。

攝影隱匿處狹小的窗口，讓我只能看見正前方的東西。於是，我很有耐心地坐在那裡，等待訪客自動現身。蜜蜂在我的耳畔大聲地嗡嗡作響。數十隻蜜蜂布滿被汗水浸濕的襯衫，舔食鹽分。雖然我戴著頭罩遮住臉，但是不時就會有一隻蜜蜂擠過領口的狹小縫隙，螫我的臉頰或耳朵。如果打開網罩，把牠趕出去，只會再招來一百隻蜜蜂。因此，我盡量無動於衷地坐在那裡，等著看接下來幾分鐘會發生什麼事。

那棵瘦長的樹有好一段時間不再搖晃，我以為這位神祕的攀樹者已經回到樹下了。但是幾分鐘後，就有一道震耳欲聾的尖叫聲劃破蜜蜂的嘈雜聲，我意識到自己被識破了。黑猩猩受到好奇心驅使而爬到樹冠上，但是對自己發現的東西非常不快。我很後悔沒有把隱匿處掩飾得更好一些。可是話說回來，你怎麼可能有效隱藏自己，不讓一隻在這座森林土生土長、對每棵樹瞭若指掌的黑猩猩看穿呢？我顯然是一個入侵者，絕對不能被容忍，我擔心一切都要玩完了。

但是五分鐘過去了，並沒有出現其他的聲音，我發現黑猩猩必定還在那棵樹上觀看著。我蹲在狹小的熱氣囚室裡，又被蜜蜂螫了一下，卻努力不挪動或瑟縮著身軀，屏住呼吸，等待黑猩猩決定牠的下一步。那棵瘦長的樹終於又開始搖晃了，一隻成年母黑猩猩爬到視線範圍內，距離我六公尺。牠有著肌肉發達的身軀、又大又黑的面孔和斑白的灰髮，現在可以從隱匿處掀開的帆布清楚地看到我。牠爬上一根樹枝，與我緊密地四目相接，然後坐了下來，持續專注地盯著我看。

我的心臟飛快跳動著，接著盡最大的努力保持不動，回應著牠的目光。牠似乎不覺得害怕；事實上，牠的一隻手肘放在膝蓋上，看起來放鬆得令人吃驚，然後慢慢用手背搔搔下巴。那雙美麗的淡褐色眼眸裡蘊藏著極大的智慧，這很有可能是牠第一次遇見人類，而我是牠在樹冠上首度見到的人類就更無庸置疑了。

約莫一分鐘後，又有一隻黑猩猩來了，牠的體型小很多，是原先攀爬到樹上的母黑猩猩的三歲兒子，臉的顏色較淺，還有一對巨大的招風耳，散發出一股十分頑皮的神氣。牠的手肘和膝蓋並用，爬過母黑猩猩的身上，單手懸掛著，吊在樹上盯著我看。母黑猩猩和牠交換幾聲輕柔的低鳴，表示不用擔心後，就輕輕往後靠在樹上，閉起雙眼。幾秒後又張開眼睛，好像是在確認我有沒有亂動，然後又閉上眼睛，開始睡覺。牠的小孩很快就對我沒有興趣了，充分利用這一段不受干擾的玩耍時間，像瘋子般在枝葉間又爬又跳。我忍不住哈哈大笑，看牠在樹冠上自在地又跳又盪，向來只存在我的幻想裡。終於，母黑猩猩醒來，伸出一隻手牢牢抓住小孩的腳踝，但是小孩卻再次掙脫成功，於是母黑猩猩只好放棄，繼續睡覺。一小時後，做累了滑稽的動作，兒子爬上母親的肚子，在母親的臂彎下入眠。

我撥開望遠鏡鏡頭前的蜜蜂，趁著這對母子睡著時，隔著頭罩調近焦距，觀察著牠們。小孩的臉埋在母親的懷裡，但是我能清楚看見母黑猩猩的臉龐。細紋和皺紋在柔軟黝黑的皮膚上縱橫交錯，牠的下巴長了幾撮白毛，鼻子下方有一道小小的疤痕，濃眉保護著牠的雙眼，我還看見牠的眼皮上有一塊塊淡色的皮膚。但讓我最吃驚的是牠眼皮抽動的樣子，牠的眼球在眼皮下左右移動著，我突然明白牠一定是在作夢。我訝異地瞪大雙眼，不禁好奇牠在睡夢中到了哪裡。就在這一刻，牠的腦海中又閃過什麼影像？牠正在自己的叢林世界裡，盪過那些熟悉的樹冠，還是溜到叢林邊界外，進入一個我難以想像的地域之中？

如夢似幻的伊甸園倒影

就這樣看著牠們睡覺，午後時光十分緩慢地流逝著。偶爾有一隻黑猩猩會動一動，張開眼睛看我，但是大部分的時候，我都被晾在一旁。到了五點，開始變得陰暗，黑猩猩母子顯然打算在這裡睡一晚。我不想要驚動牠們，於是從隱匿處後方盡量安靜地爬了出來，吊在繩子上，準備垂降。黑猩猩母子依舊沉睡著，可以和牠們一同待在開闊的樹冠上，感覺真好。蜜蜂已經不見蹤影，回到蜂窩過夜了，雖然牠們早上會再回來，但是現在我終於能脫掉令人窒息的頭罩，深深吸進冰涼芳香的空氣。可以擺脫蜜蜂毒液的噁心氣味和無止盡的嗡嗡聲，真的是棒極了。十二個小時後，終於能清楚看見整座森林，而非透過黑暗模糊的尼龍網觀看，感覺也很不錯。

我在半空中多懸掛了幾分鐘，看著六公尺外的黑猩猩母子在樹枝上沉睡。下方的林地現在已經陷入黑暗了，但是樹冠層仍沐浴在非洲落日的杏黃色柔和餘暉中。母黑猩猩肯定感覺到我在看牠，所以動了一下。牠坐起身，看向我這邊，然後把幾根樹枝折向樹幹，做出今晚的巢穴，接著面對我側身躺下。牠的兒子也醒來了，仰躺在牠的身旁，一邊玩著自己的腳，一邊用天真無邪的眼睛隨意地看著我，眼珠在薄暮的天光中閃閃發亮。這裡有這麼多的樹，為什麼牠們會選擇在距

離我這麼近的地方度過一晚？我永遠也不會知道答案，但是這幅場景無比美麗。數百萬年前，動物尚未懼怕人類的時候，一切肯定就是如此，宛如伊甸園的倒影。

我可以在那裡待上好幾個小時，就只是看著牠們。我想和牠們一樣，在晚上體驗這座森林，在屬於牠們的樹頂上被輕輕搖晃著入睡。但是我不能，天色越來越暗，是我該離開的時候了。往後躺在吊帶裡，我沿著樹幹緩降，來到下層林木，接著垂降完最後的十五公尺，回到林地上。把吊帶藏在樹下，我站在昏暗之中，讓眼睛適應。剛果叢林並不適合在入夜後走動，因為龐然大物會在陰影裡移動，而在黑暗中撞上一頭大象可能會是致命的錯誤。

要走四十分鐘才會回到營地，我打開頭燈，安靜謹慎地走在路徑上。巨大複雜的象徑網絡在這些森林中迂迴穿梭著，無止盡的廊道為各種動物提供在森林裡走動的便捷途徑。然而，必須極度戒備才行。大象雖然體積龐大，卻可能異常無聲無息，特別是在柔軟的沙地上行走時。近距離撞見一頭大象，可能換來非常可怕的經歷，尤其是牠決定朝著你衝撞而來時。現在是榕果的成熟季節，整個區域將會越來越熱鬧，再繼續這樣獨自一人四處亂晃會很不安全。

因此，隔天早上，戴維請跟他一起合作的其中一位巴卡矮人（Bayaka）林徑追蹤師鳩金陪我一起返回森林，以策安全。我對鳩金有著很深的敬意，他安靜而靦腆，有著一雙悲傷又聰明的眼睛，並且對森林有著幾乎不可思議的認識。我從未遇過能與環境如此融洽相處的人。他對叢林有著直覺的了解，非常神奇，在看見或聽見動物前，就能在很遠的距離外發覺動物的存在，這種能力在過去曾經幫助我們避開許多危險的遭遇。和鳩金住在同一個村莊的村民曾告訴我，鳩金擁有變身的能力，能夠偽裝成動物穿梭在森林裡，為部落蒐集情報。剛果的確可能是一個神祕的國度，誰知道呢？但我願意如此相信。

鳩金和我在天色剛亮時踏上林徑。我打算盡早回到平台上。我很好奇那對黑猩猩母子會不會受到榕果的誘惑，雖然果實看起來還很青澀，並不好吃。尼克在三天後就會抵達，我希望可以向他報告，他需要等多久才能拍攝到動物覓食的畫面。我們在綠色的晨光下靜靜走過，鳩金把開山刀夾在臂彎，我則落後幾步。

過了一陣子，鳩金突然停下腳步，用開山刀的平面擋住我。他一動也不動地站著，睜大眼睛盯著前方的路。「大象。」鳩金悄聲說道，噘著嘴並努努下巴，指著接近中的大象方向。我朝著昏暗中看去，但是那裡什麼也沒有。

擦身而過的巨象

有好幾分鐘，四周完全沒有聲音或動靜，然後正當我開始認為鳩金搞錯時，就聽見乾燥的樹葉擦過粗糙皮膚的微弱沙沙聲，一頭巨象接著走出濃密的灌木叢，踏在前方不到十五公尺的路徑上。鳩金緊緊抓著我的手臂，彷彿在說：「屏住呼吸。」這頭公象非常龐大，重約五公噸，站立的高度遠遠超過二・七公尺。牠眼睛後方的腺體流下又細又黑的黏液，表示牠正在發情，睪丸激素升高，是公象特別具有攻擊性、行動難以預測的時期。牠昂起巨大的頭顱，又長又直的象牙幾乎要碰到地面，象牙因為沾染植物的單寧而變成深赭色。橘色的泥痕透露出牠之前曾在泥地裡打滾，尾巴末端一綹綹毛髮則被黏土纏結成塊。

這頭巨象是非常令人畏懼的動物，但讓我最驚訝的是牠毫不費力，幾乎可以說是靈巧優雅的移動方式。才不過兩大步，牠就已經跨越路徑，再次消失在另一邊的茂密林木中，幾秒後便完全不見蹤影，被森林吞沒，只留下空氣中淡淡的麝香味和乾燥土地上幾個如方向盤大小的足印。

鳩金的表情放鬆，揚起溫和的笑容，我知道危險已經遠離了。我發現自己剛剛一直在憋氣，這時候才如釋重負地呼出一口氣，血液頓時在血管中奔湧。鳩金究竟是怎麼在大象尚未現身的許久前就知道牠在那裡的？我這麼問他，但他只是聳聳肩，而後轉過頭。我們又等了幾分鐘，好拉開與公象的距離，接著繼續往前走，盡量快速而安靜地離開現場。

我曾體驗過森林大象朝著自己奔馳而來的經歷，永遠不會忘記那種五臟六腑絞成一團的恐懼感，那種無處可逃、困在糾結藤蔓中的無助與恐慌，以及被激怒的大象如坦克般穿越森林，在我的身後追逐時，發出的震耳欲聾吼叫聲。我那一天很幸運，大象在混亂中經過身邊，我設法循著原路折返，才得以逃過一劫。但是那一次經歷讓我上了寶貴的一課。這些巨獸是森林的建築師，負責建立、維護森林裡不斷變動的獸徑與空地，永遠都要和牠們保持安全距離。

等到我們抵達榕樹下時，太陽已經升起，睡著的黑猩猩母子也不見了。經過牠們空空如也的巢穴，我打開攝影隱匿處的後門，確定沒有蛇之後就擠了進去，展開十二個小時的守望。不到一小時，蜜蜂就回來了，伴隨著另一群較小、無螫針的汗蜂。這些小小的黑色蟲子把我的惱怒逼到極致，很快就無法忍受，牠們爬進我的眼睛、耳朵及鼻子裡尋找鹽分。驅蟲劑無效，於是我只好再次戴上頭罩。

接下來這兩天，我恍恍惚惚地在讓人無精打采的炎熱和幽閉恐懼症中度過了。沒有任何動物來到樹上食用果實，我則被獨自囚禁在炙熱與汗水中。森林像慢火沸騰的壓力鍋，沒有任何東西可以看出光陰的流逝，只有消磨心智的蜜蜂嗡嗡聲與令人昏昏欲睡的單調蟬鳴。當溫度太高、空氣太悶時，我會變得頭昏眼花，昏沉沉地陷入短暫而不安穩的睡眠，幾分鐘後又猛然驚醒，飛快地抓住安全繩索，害怕會掉下去。

然後在尼克抵達的前一天，黑猩猩又回來了。首先，我聽見隱匿處正後方的樹枝傳來輕柔的聲音。我藉著帆布上的一個小縫偷偷往外看，看見那對黑猩猩母子在十公尺外，透過鄰樹的枝葉端詳我。牠們知道我在這裡，於是回來再看一眼。我有些期待牠們會安頓下來，再次築巢，卻突然聽見另一隻躲在上方樹冠某處的黑猩猩發出一聲尖吼，讓我嚇了一跳。母黑猩猩焦慮地抬頭往枝葉間瞥了一眼，抓好小孩放在背上，就快速離開了。

沒過多久，我所在的樹木晃動一下，原來是那隻尚未露臉的黑猩猩盪過來了。殘枝落葉掉落到隱匿處的屋頂上，我感覺得到牠在上方樹枝間移動所造成的震動，絕對錯不了。我聽見一個很急促的吸氣聲，接著空氣中充滿噪音，那隻黑猩猩用盡肺活量發出尖叫，然後猛力捶打樹枝，讓整棵樹不停搖晃著。這是一種展現威嚇的行為，所以這隻黑猩猩肯定是公的，有可能是那隻母黑猩猩的家族裡位階很高的成年猩猩。母黑猩猩一定非常了解牠，顯然讀懂了牠的肢體語言，所以才會溜走。公黑猩猩現在真的很激動，在樹枝間跳來跳去，造成樹木晃動不定。我還沒有看見牠，但是耳朵卻嗡嗡作響，完全可以預期牠隨時會撞破隱匿處的屋頂。接著，最後一次漸強的吼叫後，我聽到樹枝撞擊的空洞聲響，原來牠爬上了榕樹的樹冠，不理會我了。

我的身體往前傾，向外一瞧，發現牠走在榕樹其中的一根結果纍纍的巨大樹枝上。牠是一隻正值全盛時期的壯碩成年公黑猩猩，毛色稍微灰白，但是非常強壯，極具力量。因為剛剛的威嚇行為，牠的毛髮還豎著，牠停下來聞了聞其中一顆榕果。然後令我十分驚奇的是，牠握住果實輕輕擠壓，卻沒有摘下來。牠在檢查果實的成熟度，好像知道如果過早摘下就會浪費未來的一餐。公黑猩猩就這樣四肢著地，沿著樹枝攀爬，偶爾停下來聞一聞、擠一擠榕果，最後終於接受還沒有任何果實已經可以食用的事實。接著天空開始飄下濛濛細雨，牠在樹杈上坐下，伸出一隻腿，梳理著毛髮。

這就是這棵樹還沒有完全準備好迎接賓客的確切證據。雨水如珠簾般落下，我看向那隻公黑猩猩，牠拱著肩膀坐著，粗獷的臉上流露出無可奈何的淒慘表情。閃亮的水滴裝飾著牠灰白的毛皮大衣，牠坐在那裡，一動也不動，巨大的樹枝讓牠相形之下顯得十分矮小。雨水洗去整個場景的色彩，牠黯淡、肌肉發達的剪影融入一片無聲的綠色和灰色背景中，那幅畫面似乎比其他的景象更能代表剛果。

迷失在濃密糾結的叢林

三個月過去了，我現在來到剛果的另一個區域，一個名叫奧扎拉（Odzala）的國家公園，這裡一共有兩萬平方公里的尚待探索的叢林和河川，以及難以穿越的沼澤。除了偶爾會有非法盜獵者和科學家出沒之外，幾乎沒有任何人會來到這裡，大部分的地區都相當遺世獨立，濃密糾結的叢林住著中非密度最高的大象與大猩猩。我這一次又是和《國家地理》雜誌的尼克一起共事。

我的第一項任務，是要幫尼克找到一棵能俯瞰其中一處泥沼空地的樹。我們計畫架設一個樹冠平台，讓他拍攝動物從森林裡出現，在下方的開闊地區覓食的影像。整座森林由許多這類空地點綴著，在西非稱為「bai」，而某些空地引來的動物會比其他的空地更多。因此，我過去幾天都在搜尋合適的地點。

截至目前為止，一切都進行得十分順利，但是今天狀況卻變得很糟，我們已經在森林裡迷路超過七個小時了。

我們的當地嚮導傑克正蹲在一棵樹木旁，注意是否有大象，我則努力設法找到返回營地的路。我很喜歡傑克，但是我真的不敢相信我們竟然會身處在這麼狼狽的困境裡。那天早上六點離開營地，我們要去拜訪一個據說是大猩猩很愛去的空地。由傑克帶路，但是將近中午卻仍未走到目的地，顯然是出了什麼差錯。傑克鬼鬼祟祟地四處張望，讓我一眼就看出他的焦慮。在被問到我們是否往正確的方向前進時，他用雙手摀著臉，喃喃說道：「我不知道。」我不敢置信地瞪著他，才驚覺他和我知道的一樣少，我們完全迷失方向了。我們已經走了好幾個小時，如果有任何原路折返，找到正確路徑的機會，也早就不存在了。繼續這樣漫無目的地在叢林裡亂走，將會招致災難。這座公園和北愛爾蘭的面積一樣大，還只是一座綿延整片非洲大陸的宏偉森林裡的一個渺小角落。在沒有開山刀、食物、急救用品或頭燈的條件下，要存活超過數天的機率可以說是微乎其微。我們的身上甚至沒有指南針。在都市裡迷路，只會經歷短暫的不便；在世界上第二大雨林中迷路卻是嚴重堪慮的事。我們正在險境的邊緣徘徊，我試著保持冷靜、想方設法，但是情況卻不太妙，我越來越難壓抑內心的恐慌。夜幕降臨時被困在這裡，這種冒險是我和尼克都不想經歷的。這座森林裡到處都是大象和水牛。我們周遭大部分的樹木都被當作磨身體的柱子，沾滿深灰色的泥巴，這裡顯然是動物活動極為頻繁的地帶。

掃視四周的林木，我徒勞無功地尋找能夠幫助定位的線索，但是這座叢林實在太茂密了，我們在一座迷宮裡失去方向了。因此，我決定鋌而走險，在沒有繩索和吊帶的狀況下攀登到樹冠上，試圖重新找到所在方位。雖然親眼看到營地的機率是零，但是說不定我的運氣好，可以看見遠方從樹林間升起的裊裊輕煙，或甚至是一條河。無論多麼微不足道的任何地標，都會對我們的現況大有助益。我必須爬到高處，而且必須盡快。

眼前的這棵毒籽山欖樹是這一區最大的林木，從土壤中竄起，寬三公尺的深褐色垂直巨木，完美筆直的樹幹在頭上四十五公尺展開，形成寬闊的樹冠。我瞇著眼睛望向明亮的樹冠，能看見它高高聳立在周遭的森林之上。要是我能爬上去，一定能看見無雙美景，但是缺少繩子和吊帶，似乎沒有明顯的可行方式。第一根枝幹在很高的地方，而它龐大的主幹則是一面有生命的木牆，沒有任何可以抓握的地方。

然而，倒是有一根相當粗的木藤，或是稱為藤本植物，從樹枝一路垂落到地面上。它不屬於這棵樹的一部分，但或許是爬上樹木的一個途徑。我走近細看，它在土壤裡扎根，露出土壤的部

分平躺在枯枝落葉中，宛如一條吃飽的巨蟒，接著挺起身，進入毒籽山欖樹的樹冠層，最後拋出一條巨大的繩圈，繞過頭頂高處的樹枝。木藤非常強韌，和我的大腿一樣粗，不過卻很不穩固，因為我輕輕拉扯，它就像巨大的觸鬚一樣擺動。這肯定很不好攀爬，但是或許勉強堪用。

我脫掉礙手礙腳的濕雨鞋，赤腳踏在木藤上。木藤的表面扭曲成螺旋狀，宛如一艘巨船的纜繩，而這些木質繩股之間則是布滿青苔。粗糙的凸起很容易讓我的足尖踩穩，但是皮膚卻因為多年來穿著鞋子而變得嬌嫩，因此進度會很緩慢。我抬頭張望，覺得胃裡冒出了胃酸。竟然想要嘗試這種事，我是不是笨蛋？或許吧！但是我確定自己做得到，只要我慢慢來，每一步都想清楚。

前十五公尺真的很不好攀爬。木藤在遠離樹幹的半空中晃盪，就像是學校體育館的繩子一樣。當我還是十二歲時沒問題，但是現在的體力與重量和小時候不一樣了，而且也已經習慣有繩索與上升器輔助，無法相當熟練地攀爬一條垂在半空中的藤蔓。大猩猩轉眼間就能攀爬而上，但是我早已感到疲憊，腦海中有一個聲音警告我，不要太過自滿。我沒有安全繩索，想要在周遭森林之上看見遠處的景物，也還有很長一段要爬。

我往下看，就看到傑克靠在鄰近的一棵樹下坐著，警戒地看著四周。

雖然充滿風險，但是我依然十分享受不用裝備攀爬的無拘無束。將一切回歸本源，把肌肉的能量導入每個動作裡，讓自己完全沉浸在當下，這種感覺很棒。我用雙腿圈住木藤，這樣便能用兩腳牢牢夾住，同時把手移到更高的地方。接著，就能用雙臂力量把自己往上拉，再用雙腿夾緊木藤。雖然動作有些彆扭，但是似乎奏效了。藤蔓隨著我重心的移動搖擺起伏，充滿韻律。我必須善用每一分力量，完全聚精會神，才能避免墜落。不過，木藤的質地粗糙，所以很容易抓住，我在它扭曲的纖維裡感覺到強大的力量，讓我有自信能敏捷地往上攀爬。

離地十五公尺，木藤碰到毒籽山欖樹，一分為二，其中一條分枝顫顫巍巍地向外捲出，另外一條則是繼續沿著筆直的樹幹垂直向上長。我選擇後者的路線，繼續挺進，雙腳夾住毒籽山欖，一邊把自己往上拉。木藤晃來晃去，重重拍擊在樹幹上，塵土灑落在我的身上。儘管皮膚上爬滿螞蟻，但我還是不能冒險鬆手撥掉牠們。其中一隻螞蟻咬了我的左下眼瞼，然後就卡在那裡，細小的腳在眼珠的前方揮舞，最後我用手臂撥掉了牠。不過，雖然撥掉了軀體，但是頭還留在原處，我每次眨眼都能感覺到那尖尖的下顎。

筋疲力竭的尋路之旅

終於，滿身塵土、累得發抖的我，成功地攀爬到掛著藤蔓的巨大枝幹上。這裡特別棘手，我花了很大的力氣和平衡感，才抬起腿放上來。我已經攀登到三十六公尺左右的地方，到達自己能力所及的最高點。藤蔓在此翻越樹枝落下，在另一邊下方垂彎成巨大的圈圈。下一根枝幹位在上方的樹冠，無法碰觸到。這裡是木藤的終點，但是這樣的高度夠讓我看到什麼東西嗎？我深感失望，因為發現自己什麼也看不到。經過所有的努力和風險，我依舊處於森林繁茂的樹冠中。透過十公尺外糾結的蔓生植物簾幕，只能瞥見外部世界幾眼。

腎上腺素慢慢消退，我覺得很疲憊。來到讓人產生幽閉恐懼的狹小林地上方，雖然感覺很棒，但是繼續待下去也毫無意義，必須想辦法找到返回營地的路才行。於是，趁著還有力氣時，我抬腿越過面前的樹枝，扭動身體向下滑回木藤上。

就在此時，我聽見遠方傳來翅膀拍動聲，彷彿有一群水鳥沿著海岸突然展翅高飛。我伸長脖子，在樹冠的縫隙裡瞥見一抹猩紅。一大群非洲灰鸚鵡正在一．五公里外的樹梢盤旋。我只看過牠們成對飛行，在飛回夜間巢穴的路途中嘰嘰喳喳，發出哨音。因此，看見上千隻灰鸚鵡一同盤旋飛行時，真的是一幅振奮人心的景象，我把它當成一切都會平安無事的吉兆。當灰鸚鵡降落到樹木的高度之下時，我的心中燃起一絲希望，在牠們下方的說不定是一塊空地。我只有在空地見過這麼大量的灰鸚鵡聚集，牠們會降落到地面，啄食黏土中的礦物質。這就是我一直在尋找的線索，這群灰鸚鵡指引我們應該要走的方向。

我對傑克大喊著，然後指給他看，這樣他才會記得我們應該朝著哪一個方向前進。雙腿圈住粗糙的藤蔓，我以最快的速度往下滑落，接著降落到地面。我真的累壞了，肌肉無力顫抖著，全身滿是塵土，但是事情已經出現轉機。縱使那塊空地並不是我們早上出發尋找的那一個，但是傑克或許會認得，那塊空地也可能提供另一個線索，這一定是值得一試的方法。

我們快速穿越森林，一路上折斷樹枝做記號。我發覺要走過這一．五公里得花一個小時，再度迷路的機會很大。因此，我們不時停下腳步，瞇著眼睛回頭看被我們踩碎落葉的來時路，確保自己是直線前進。

我們很快發現自己站在樹蔭下，望向遠處一個陽光普照的地方。空氣蒸騰，一群群黃色蝴蝶在午後的炎熱中飛舞著。灰鸚鵡不見蹤影，但是空地遙遠的那一頭可以看見有一小群大象在吃草。一隻非常年幼的小象正在吸吮乳汁，緊靠在母親前腳之間的空隙。沒有喝奶時，牠便把象鼻如螺旋槳般旋轉了一圈又一圈。不超過幾個月大的牠，似乎著迷於這個附著在臉上下垂的東西。

不過，真正讓我們感興趣的是空地中央的一大群大猩猩。有十六隻大猩猩正慢慢走過草地，朝著我們的方向走來。牠們在空地上極度分散，全神貫注地吃著拔起的根莖植物。有好幾隻大猩猩泡在水深及胸的水裡，我看見一隻大猩猩寶寶爬上一片草叢，旋轉玩耍著，直到頭昏眼花才跌落而下。有兩隻成年母猩猩顯然懷有身孕；我看到銀背[5]龐大的身形獨自待在一旁。真的是一幅美好的恬靜景色，但是如果我們想在天黑前找到營地，就必須繼續前進。

空地遙遠的另一頭，水流進許多泥塘和小溪，因此我們沿著外圍穿越森林，直到發現注入的那條溪流。我們從這裡下溯，希望走到曼比利河（Mambili River），也就是我們當初為了進入公園而上溯的那條主要水道。即使我們出現在距離營地數公里的下游河岸，至少最終還是能夠返回營地。蒙幸運之神眷顧，就在天色開始變暗時，我們碰巧發現一條路徑。這有可能是蜿蜒穿越森林的上千條無名獸徑之一，但是在一條藤蔓上，我們發現一條剛剛被抓住的電鯰。牠蒼白的身軀被吊在齊頭的高度，要不是因為我們靠近時，牠一邊抽搐，一邊發出清晰的電流聲，我大概就會迎頭撞上了。肯定是其中一位團員在附近溪流裡抓到這條電鯰，然後留在這裡，打算晚一點來拿，幸好他忘了。確定總算走在正確的路徑上，我們解開電鯰，帶回去當晚餐。

美麗而嚴峻的極端國度

剛果是一個非常美麗、令人驚異的國度，不過也可能極為嚴峻，是一個讓人心情劇烈高低起伏的地方，而過了數週後的現在，長遍全身的可怕疹子正折磨著我。

5　譯注：大猩猩的社會結構嚴謹，一個群體通常只有一隻成年公猩猩領袖。公猩猩成年後（約十二歲），背上的毛會變成銀色，因此常以銀背稱呼大猩猩群體中的領袖。銀背負責所有的決策、調解成員衝突、決定群體動向、帶領群體到覓食地，並負責保障成員的安全。

尼克已經出發前往曼比利河更上游的地方尋找新的攝影點，我獨自留在原地，努力打點好自己。已經連續下了兩天的雨，我困在帳篷裡，就快要發瘋了，疹子變得又紅又腫，接著又變成通紅的膿瘡。我滿身都是瘡，總共有九十顆：腿上、胯下、上半身都是，頭上也有好幾顆。全部都是一碰就痛，而且每小時都在變大。

濕答答的攀樹吊帶掛在頭上的橫梁，因為帳篷超高的濕度而長霉。我原本打算再替尼克多架設一個樹冠平台，下週打道回府，但是現在連走路都很困難，更別說要爬樹了。很快就連穿衣服都很痛，所以我整天都只穿著內褲，當帳篷狹隘的空間變得太潮濕，讓人產生幽閉恐懼時，我就會爬到外面，躺在雨中。我的情形每況愈下，我知道自己必須到下游尋求醫療照護。可是沒有獨木舟，甚至連划槳也沒有，我真的面臨了困境。但是躺著自怨自艾也無濟於事，於是到了第三天，我決定找出在那些神祕的膿瘡底下究竟藏著什麼。

我選了大腿上一顆特別大的膿瘡，拿著消毒好的針筒，慢慢將長長的針頭刺進皮膚裡。那種痛真的讓人難以忍受，但是我下定決心找出可怕的膿瘡裡到底是什麼狀況，於是就把針更往裡面戳。我原本以為膿瘡會爆開，假定這是某種感染，可以清除乾淨，然後用消毒藥水治療。但是裡面似乎沒有任何東西，我還是完全不明就裡，而過了數小時後，整塊都發炎了，感染得一片通紅。我越弄越糟，於是只好加重抗生素劑量，決定等到膿瘡成熟，可以好好擠壓時再說。最後一定會有什麼東西跑出來的，就算只是膿。

雨下個不停，我躺在那裡，聽著雨打在帳篷上的聲音，天色漸漸黑了。幾個小時後，我頭皮的皮膚底下有東西在蠕動，吵醒了我。起初，我以為是在作夢。但是沒過多久，我又感覺到了，有東西在輕輕摩擦我的頭骨，在那裡動來動去。到了破曉時分，我已經能感覺到有數十隻不知道是什麼的東西在其他的膿瘡裡蠕動，疼痛變得更加難耐。我必須做些什麼，好解決這個瘋狂的局面，但是現在有更急迫的問題要處理，我剛剛從左邊的睪丸裡擠出兩條全身布滿刺的肥蛆。原來如此，是馬蠅。而這兩條蛆不過只是冰山一角，至少還有九十條小混球在我的體內，每個小時都在長大，我一點也不開心。

回想過去幾天的種種，我開始明白發生了什麼事。

未完待續的伏筆

我和尼克前一週在一塊森林空地裡拍攝大猩猩。我們在近處搭帳篷，因此不能生火，以免嚇跑動物。森林的下層林木相當陰暗潮濕，沒有營火可以烘乾，弄濕的東西自然還是濕的。我在攀爬某棵樹時，被困在暴風雨裡，整整三天全身濕透，滿身泥濘。一大群有著圓鼓鼓紅眼睛的黑色大蒼蠅在樹冠上發現我，圍繞著我不停嗡嗡叫，我則坐在平台上努力打蒼蠅。現在我明白了，牠們並不是想要咬我，而是在產卵，而那些卵肯定在我溫暖潮濕的衣物上孵化了，孵出小小的蛆，然後神不知、鬼不覺地鑽進我的皮膚。現在這些蛆在體內成長，靠著我的血肉越長越肥。生命是大自然讓肉保鮮的方法，我就和其他的動物一樣，不過就是一袋方便取用的蛋白質，準備被任何能刺穿我皮膚的東西充分利用。

於是，又服用了一劑抗生素後，我喝了一大口威士忌，打開急救箱。我已經受夠這些蛆一步步啃食所帶來的持續疼痛，現在知道牠們是什麼之後，要是繼續放任牠們長肥，我肯定會遭到天打雷劈。我決心正面迎戰，準備好要將牠們一一挖出來。

幾個小時後，我已經挖出四十條蛆了，並且浸泡在身旁的威士忌裡。我把針筒換成鑷子，用燭火消毒。有些蛆馬上就跑出來了，有些則要一點一點地拉扯出來，讓我痛得一臉抽搐，咬緊牙關。在我的背部和屁股還有數十條蛆抓不到，獨自一人的我就只能等牠們慢慢鑽出身體。牠們鑽來鑽去造成的痛苦，讓我覺得更加疼痛，無法成眠。最後一口威士忌已經喝光了，但是或許這樣也好。我所能做的，就是盤腿坐在雨中，瞪著河面，希望不久後就會有人划船經過。

那天下午，我聽見一艘電動船往上游駛來。一艘載著四個人的獨木舟出現在轉角，他們身上配備有卡拉什尼科夫步槍，我連忙蹲在草叢裡，直到確定他們是公園管理員，而非盜採象牙的人，才敢探出頭來。他們經過時，我在河岸上對著他們喊著。他們並沒有停下來，但是又有誰能責怪他們？這肯定是十分糟糕的景象：一個白皮膚的傢伙光著身子，全身布滿膿瘡，站在雨中，用拙劣的法文對著他們大喊。他們看起來很驚懼，但是其中一人說會派人過來協助，讓我放心不少。

隔天早上，我坐在河岸上，因為徹夜未眠而覺得十分悲慘，一名巴卡矮人步出森林，朝我走來。他穿著黃色泳褲和綠色膠鞋。起初，我以為自己出現幻覺，永遠失去理智了。但是對方不發一語地笑著，示意我站起來，接著打開一個裝有棕櫚油的小塑膠瓶，然後將橘色的液體塗抹在剩下的膿瘡上。有好幾個膿瘡已經出現小小的氣孔，我發現他是在封住孔洞，讓裡面的蛆窒息。塗完之後，他示意我等一等。我們盤腿坐在彼此的身旁，默默看著河面，彷彿經過好幾百年後，他才開始擠著我背上剩下的膿瘡。我聽見一條接著一條的蛆被擠出來的聲音，真是令人痛快，但是我卻因為太痛而高興不起來。我一次又一次地瑟縮著，眼冒金星。過了一個小時後，他擠完了，除了臀部上的那幾顆膿瘡以外，我現在身上差不多已經沒有蛆了。

那種輕鬆感真是棒透了，我的傷口仍然非常嬌嫩，一舉一動都疼痛不已，但是最糟糕的已經結束了。我猜對方是公園管理員派來的人，不停向他道謝。他露出大大的笑容，把那瓶棕櫚油給我，然後就離開了。五秒後就不見蹤影，一句話也沒有說，就融入森林之中。我從此再也未曾見過他，但是將永遠感恩他的幫助。

我在十天後回到英國，因為得了腦性瘧疾，躺在布里斯托皇家醫院（Bristol Royal Infirmary）

裡。看樣子，剛果把壓軸留到了最後。我的腦袋在四十二度的高燒中沸騰，躺在漿白的床單上，一直出現幻覺。對我而言，這就是最後一根稻草了，沒有任何東西可以再把我拖回中非。至少，我當時是這麼以為的。

步步驚心的暗夜黑影

現在是十月，距離我治癒瘧疾，誓言永遠不再返回剛果，已經過了六個月。然而，叢林的誘惑實在太大，況且我絕不可能拒絕在樹冠上拍攝大猩猩的機會。我受邀加入一支史寇略（Scorer）的小型團隊；史寇略是一家位於布里斯托的公司，為英國廣播公司拍攝紀錄片。團隊成員包括製片布萊恩、主要攝影師蓋文與助理雷夫，這是非常棒的成員組合。於是，我又回到雨林，熱愛每分每秒。

從手錶上發出的亮光告訴我，現在是凌晨剛過三點。我正努力吞下一碗「木斯里麥片」（muesli）[6]。上週的奶粉喝完了，所以我把水倒在麥片裡，攪一攪，然後開動。現在還太早了，我的胃還沒有準備好進食，但是我需要卡路里，才能在天亮前進入樹冠。那棵樹距離營地一個小時的路程，需要穿過茂密的森林，而我的攝影平台則在二十公尺高的樹枝上。我把平台架設在一棵很大的結果樹木對面，希望能引來我們一直在拍攝的那群大猩猩。其中的十九隻前一晚在樹下築巢，所以這天早上很有可能拍到牠們。我必須在早上五點，天色未亮前，帶著攝影機進入樹冠。

頭燈照在面前的粗糙木桌上，形成微弱的亮光。我用最快的速度挖著淡而無味的麥片下肚，手的影子就像是機器一樣上下動著。為了省電，我把頭燈關掉吃東西，接著望向外面的黑暗。營地沐浴在柔和的月光下，樹木在銀白色地面上投下長而俐落的影子，叢林充滿昆蟲輕柔的聲音。有人在附近的小屋裡輕輕打鼾，世界顯得平靜無比。黎明前的幾個小時向來是我最喜愛的時段，我靜坐片刻，享受著這種祥和。

我把背包甩到背上，踏進月光中，正要穿過空地，進入森林時，聽見獵豹深沉刺耳的叫聲，於是停下腳步。我轉過身，想要找到聲音的來源，發現那隻獵豹躲在營地另一頭的樹林裡，距離我不到六十公尺。渾厚的咆哮聲在森林中迴盪著，宛如來回鋸穿木材時的快速抽拉聲。我暴露在月光下，覺得十分脆弱，本能地移到最近一棵樹的陰影下。那隻獵豹一定知道我在那裡，也一定聽見我在營地周圍移動所發出的聲響，同時看見我在月光下朝著陰暗的樹牆走去時，頭燈所發出的亮光。我確定沒有什麼好怕的，但是我向來想像力豐富。我讀過很多關於大貓吃人的故事，很

---

6 譯注：一種源自瑞士的早餐食品，現今在英國也很常見。混合了燕麥、穀類、果乾、新鮮水果、堅果（通常加以磨碎或敲碎）和種子等，可以與牛奶或優格一起食用。

清楚獵豹能夠做些什麼。牠們時常抓住發育完全的黑猩猩，不久前，有一隻一百六十公斤的成年公大猩猩就在這裡被一隻獵豹殺死，還被吃掉。林徑追蹤師發現臟器消失無蹤的屍首，就位於一塊被壓平的林木中央，鮮血飛濺得到處都是。

最後一聲吼叫響遍空地，然後一切歸於寂靜，只聽得見昆蟲輕柔的唧唧聲。我一動也不動地站著，努力控制自己的想像力，一邊思考著該怎麼辦。一隻獵豹在附近潛行時走進森林，是愚蠢的舉動嗎？還是我太神經兮兮了？

就是因為獵豹的存在，所以大部分聰明的靈長類動物才會睡在高高的樹上。獵豹全身上下的一切都讓牠們可以在夜色的掩護下狩獵。同為靈長類的我，和黑猩猩或大猩猩一樣天生畏懼黑暗，我感覺到有一股強烈的渴望，想要盡快進入樹上的安全所在。

這是我第一隻聽見的獵豹，更別說看見了，但這並不代表牠們一直都不在我們附近，而是如同鬼魅般在林木間移動著。這些森林是全非洲獵豹密度最高的地方之一，我過去也有數次和牠們擦身而過的經驗，看過牠們的排遺、聞過牠們尿液的刺鼻味道。曾發現牠們在路徑上咳出的尚未消化完全的草，上面的唾液還在冒泡，是在我走到這裡的前幾秒才吐出來的。但是這些事全都發生在白天，從來不是夜晚。難怪許多個月前在瓜魯格看見的母黑猩猩會選擇一棵又高又瘦的樹，讓自己和孩子度過一晚。獵豹又嘶吼一聲，這一次是在更遠的地方，和我前進的方向相反。牠正慢慢遠離，但是我唯有進入樹冠裡，才會覺得放鬆許多。

樹下是全然黑暗，濃密的林木從兩側向內壓，在上空合攏，不見一絲月光的蹤跡。我打開頭燈，循著亮光走在面前的黑暗隧道。這裡的森林裡有我看過最茂密、最難以穿越的下層林木。巨大的樹木矗立著，樹下卻長滿著茂密的單一物種——大葉子的「祈禱花」[7]。大猩猩很愛這種植物，會食用嫩葉，但走在這片竹芋海中卻是一場夢魘，在四面八方的能見度都不到三公尺的情況下，很容易就會迎頭撞見大猩猩家族。這種突如其來的相遇可能會變得極為激烈，特別是當群體之中的銀背決定攻擊時。然而，那天晚上沒有任何大猩猩睡在這麼靠近營地的地方，所以我知道可以放心趕路，還得在天亮前爬上樹呢！

深深烙印在基因中的第六感

我跟著頭燈照射的亮光走著，沿著隧道前行，通過糾結不清的林葉時，它們好像在陰影中扭動。我很期盼安全地爬到樹上，想要盡可能安靜地走完這段路程。幸好，這是一條維護良好的路

7 譯注：即分類在竹芋屬底下的植物。由於其葉片白天時展開，傍晚便會收合，狀若祈禱，故得此別名。

徑，不太可能迷路，但我還是在每個路口停下來，三度確認自己仍在正確的路徑上。

然而，當我站在林徑的其中一個岔路口時，獵豹的聲音又出現了。這一次是從前方不到十五公尺處傳來的。我頓時僵在原地不動，睜大眼睛，努力想要看穿頭燈照射範圍外的那片漆黑。我已經走了半小時，距離營地超過一．五公里，和上一次聽見獵豹聲音的方向相反。難道是同一隻嗎？不可能聽得出來，但無論是不是同一隻，就在距離前方林徑上很近的地方有一隻大貓，而我知道牠能看見我站在光亮的地方。我脖子後方的汗毛直豎，在接下來數秒的寂靜中，心臟劇烈跳動著。

我看了一下手錶，現在是四點。在天亮前，我只剩下一個小時可以爬上樹，準備進行拍攝。本能要我關掉頭燈，悄悄溜走，躲在陰暗處。但是這麼做有什麼意義？獵豹可以看穿最暗的黑夜。我在情急之下，亮出小刀作為防衛工具。但會暴露自己的正面攻擊並不是獵豹的作風，牠們的攻擊並不會有任何預警。我想起那隻和小孩一起安睡在半空中的母黑猩猩。

緊張的幾分鐘過後，我又聽見獵豹在更遠的地方發出吼叫聲，這一次是從右邊茂密的樹林中傳出的。牠正繞著外圍行走，除非我是夾在兩隻獵豹中間。無論如何，我努力地保持鎮定，開始慢慢邁步向前。

又過了十五分鐘，平台的那棵樹已經出現在視線之中。我拿下頭燈，用手遮住光線。十九隻大猩猩就在附近某處的巢穴裡熟睡，我不想吵醒牠們。但是我也不想要在黑暗中撞見阿波羅（Apollo），也就是這個族群裡那隻重達一百八十公斤的銀背。因此，我只讓頭燈的一絲微光從指縫間流瀉，慢慢走完最後三十公尺。空氣中瀰漫著大猩猩甜甜的麝香味，表示牠們近在咫尺，於是我慢慢走著，避免在躡手躡腳前進時踩到樹枝。

來到樹下，我伸手抓取懸掛在面前的白色繩索。突然間，脖子後方的汗毛全部豎起，皮膚起了雞皮疙瘩。我立刻轉過身，眼角餘光看見一道低矮的黑色暗影悄悄走開。我繃緊身體，睜大雙眼想要看清楚那究竟是什麼。但是對方已經離開了，像油墨般融入遠處的黑暗裡。我的心臟跳到喉嚨，神經緊繃到快要斷裂了。我剛剛是真的看見牠了嗎？那隻獵豹真的跟隨我到這裡嗎？

我需要留意那隻獵豹，顧不得是否會被大猩猩發現，我隨即拿出頭燈，背對著樹幹，一邊照亮小徑，一邊匆匆拉上吊帶。恐懼讓我變得笨拙，一隻腳卡在腿環裡，差點絆倒。我奮力地把吊帶拉到腰部，鉤環頓時發出噹啷的聲響。我的心臟怦怦直跳，想像力正無遠弗屆地奔馳著。我勉強轉身面對樹幹，把自己扣在繩索上，盡快開始攀爬。

背對著黑暗，讓我感覺脆弱無助，但是來到樹上後，我馬上就覺得安全了。離地六公尺時，我開始放鬆，神經恢復正常。關掉頭燈，我往後坐在吊帶裡，深吸一口氣。

從這裡觀看，森林美得令人驚豔，是一片朦朧藍和淺綠的幻影世界。下弦月低垂在西方天際，月光斜照著樹冠，將整幅景象染上點點銀白。我向下望進黑暗裡，樹幹消失在茂密下層林木的陰影之中。可以脫離令人生畏的狹隘空間、遠離任何危險，讓人鬆一口氣。我可以確定，那隻獵豹之所以跟蹤我，純粹是出於好奇，並沒有任何惡意。我無法想像牠曾經看過任何人類晚上在森林裡遊蕩，也不認為牠意圖攻擊。不過，百萬年前流傳下來的本能是很難壓抑的，每個人今天之所以還能存活，都是因為我們的某位祖先在本能比一切都來得重要時，聽從自己的直覺。演化把這種無形的第六感嵌入我們的體內，絕對是有原因的。

停格記憶中的阿波羅

沿著樹幹往上看，能看見平台在高空中的方形剪影。就快要五點了，月亮正在落下。抵達平台後，我擠進隱匿處，把裝著攝影機的背包拉了上來。

五點十五分，我已經準備就緒，透過帆布的正面往外看向那棵結實纍纍的樹，它巨大的樹幹位於寬闊樹冠下的濃密陰影裡。幾分鐘後，我聽見微弱的枝葉斷裂聲，可以看見下方的茂密林木開始晃動，有著看不見的東西正穿梭其中。小寶寶的柔和尖叫與成年動物隨後出現的低沉咕噥聲，通知我大猩猩已經來了。十九隻全數移動中，正通過平台的正下方。不過，當牠們朝著結實纍纍的樹前進時，我只看見枝葉如波浪般移動。

霧氣開始上升，穿過樹冠，晨曦的光芒為畫面塗上色彩。第一隻從灌木叢現身的是母猩猩。牠爬上一根藤蔓，進入主幹頂端分成三個樹杈的果樹。牠繼續向上爬到樹冠層，身後緊緊跟著兩隻選擇同一條路線的大猩猩。在這兩隻大猩猩身後則是另一隻母猩猩，胸前抱著剛剛出生的小寶寶。接著，銀背阿波羅出現了。

銀背阿波羅的體型至少是母猩猩的兩倍，寬闊的背部在清晨的陽光下閃閃發亮。牠用巨大的手腳抓住藤蔓，非常小心緩慢地攀爬著。在用巨大的黑手臂輕而易舉地把自己往上拉時，阿波羅背部的肌肉會緊繃，如同波浪狀的鐵皮一般。牠的體重是成年公紅毛猩猩的兩倍以上，看見這麼龐大的一隻動物竟然能如此敏捷地攀爬，真的很不可思議。

這時候母猩猩已經爬得很高了，坐在霧濛濛的樹冠上，一邊讓陽光溫暖筋骨，一邊尋找果實吃。在阿波羅身後的是一對年幼的大猩猩，似乎認為在藤蔓上玩樂比起覓食更有趣。現在大約有一半的大猩猩都已經爬到樹上了，我注意到牠們在攀爬時都會彼此尊重。每隻大猩猩都會被讓出空間到想去的地方，母猩猩一直在變換位置，好讓其他的大猩猩安全通過。和黑猩猩展現的集體歇斯底里相比，大猩猩的覓食方式似乎異常有禮、秩序井然。

阿波羅太大又太重，無法碰觸到樹冠外圍的果實，所以牠便待在樹冠中心，然後折斷樹枝，讓果實靠近一點，方便摘取。牠會把樹枝放在大肚腩上，坐在那裡只挑最成熟的果實吃，然後就把樹枝丟掉，再抓另一根。樹上滿是祥和地吃著早餐的大猩猩。我唯一聽到的噪音，就是其中一隻母猩猩發出的短促尖叫聲，阿波羅在聽到後，四肢著地站起身來，擺出緊繃的表情，緊閉嘴脣，一臉不悅。但是幾秒後又重新坐下，繼續吃著早餐。一切再度恢復寧靜，只聽見心滿意足的打嗝聲和持續不斷的咂嘴聲所構成的輕柔合鳴。

大約半小時後，阿波羅開始爬下樹。其他的成員紛紛從較高的樹枝跟隨著牠往下爬，相當平和又有秩序，讓我再次對牠們文明的互動方式感到驚訝。膠捲平順地跑過相機的快門，齒輪轉動的聲音輕柔地傳進我的右耳。兩隻年幼的大猩猩回到茂密的下層林木時，膠捲正好捲完。樹枝上仍有不少果實，但是現在大猩猩暫時離開，去尋找別的食物。牠們的飲食顯然相當均衡，我在平台上待了一整天，卻沒有再看見牠們。

多虧西班牙籍的靈長類動物學家，同時也是西部低地大猩猩的世界權威瑪格達蓮娜・貝梅荷（Magdalena Bermejo），阿波羅的族群已經習慣人類的存在，而在此之前從未有人成功地讓低地大猩猩習慣人類。兩年後，伊波拉病毒爆發，肆虐這個地區的核心地帶。短短四個月，已知的一百四十三隻大猩猩中，就有一百三十隻死亡。阿波羅和牠的整個族群都罹難了，包括一隻名叫詹姆斯的新生猩猩。當我回想起曾和牠們一同在樹冠上度過的特殊時光時，便會湧起無限憐愛。貝梅荷與丈夫花費七年不懈的努力和決心，才得以結識這些大猩猩，我只能憑藉著想像，才能體悟他們在那可怕的四個月裡所經歷的心情。

因為病毒來襲，這個世界永遠失去一樣美好的事物。我不知道看著牠們覓食的那棵美麗大樹是什麼樹種，但是以阿波羅的名字作為紀念，似乎十分適切。

第四章

—哥斯大黎加—
飄浮的王國

這也是我進入的所有樹冠中，色彩最為繽紛的地方。
熱帶的紅與黃隨意潑灑，妝點著千種不同色調的斑綠。
就連這裡的動物和鳥類似乎也更有活力了。
非洲與亞洲的犀鳥被猩紅色的大型金剛鸚鵡所取代，
三三兩兩在空中巡邏著。

二〇〇一

我周遭的樹冠是一堆由蕨類、鳳梨科植物及蘭花所組成的叢生草花，它們彼此堆疊，就像是長在樹頂上的珊瑚礁。每根樹枝真的都洋溢著生命，如同一座巨大的空中花園，層層往上升，就好像一棟有生命的出租公寓。空出來的每一寸都被占據了：昆蟲、蜘蛛、蜥蜴、蛇及其他上百萬種生物，都在十五層樓高的地方生活著。即使雨勢從不停歇，我仍熱愛這裡的每分每秒。

全身濕透、滿身泥濘、被螞蟻咬、遭黃蜂螫，還有其他一切的一切，都是值得付出的代價，因為可以換來懸掛在離地四十五公尺的繩索上，被數十隻閃閃發光的蜂鳥所圍繞的體驗；牠們吸吮花蜜，懸停在距離臉龐僅僅數公分的半空中，凝視著你的雙眼。從一隻不過拇指大小的彩虹蜂鳥黑得發亮的眼眸，看見整片樹冠的倒影，是我所能祈願的最佳二十六歲生日禮物了。

濛濛灰霧下的雨林

當時是四月中旬，我在加勒比海低地的哥斯大黎加雨林裡。前一週一直在下大雨，下個沒完的暴雨只在午夜時分暫停幾個小時，每日清晨又開始下著。叢林完全飽和了，地面像是海綿般滲出水來，彷彿厚厚的枯枝落葉下藏有活泉，正不斷湧出水。持續落下的銀色珠簾打在葉片上的力道之大，不只讓水珠變成微粒，也讓樹冠充斥著難以消散的濛濛灰霧。

這是我第一次拜訪中美洲叢林，周遭的樹冠是我目前為止在任何地方看過最蒼翠繁茂的。這也是我頭一次和大衛・艾登堡（David Attenborough）爵士共事，一同製作英國廣播公司的《哺乳動物的生活》（*The Life of Mammals*）系列節目。對於要把他安全送上樹冠的這件事，我感到很緊張。

在主要成員抵達前，我們之中的三個人先行來到叢林生物站（La Selva Biological Station），花了十天在樹上架設平台。菲爾正在八百公尺外的另一棵樹上架設平台，助理製片西恩則負責協助把繩索與平台拉上樹就定位。

我之所以能進入這一行，菲爾功不可沒。在倫敦待了一年後，我到德比（Derby）念書，再次從都市中的樹冠尋求慰藉。我學到好多不同樹種的結構與強度，這些寶貴的攀樹經驗教我如何一眼讀懂一棵樹的肢體語言。但是，從最高的樹枝上卻只能看見維多利亞式的聯排房屋，再加上常被穿著反光背心的地方公務員咆哮，讓我慢慢感到厭倦，厭倦了繩子老是沾滿狗屎，厭倦了在當地公園老是得踏過吸膠者扔在樹下、裝滿強力膠的塑膠袋。當然，也有一些美麗的時光，但卻是極為稀少難得的。我很想念新森林的野生大樹，最渴望的就是在森林裡爬樹的那種獨特感受，鼻子聞到的只有泥土香，耳朵聽見的只有鳥囀、林木的嘎吱低語和吹過樹葉的風聲。舉目所及，只有環繞在身旁的其他樹木，感覺完全沉浸在它們的世界裡。

攀樹人生的新契機

永遠離開德比的前一年，我在位於布里斯托的英國廣播公司自然歷史總部參加一場演講，是關於艾登堡製作《植物的另類生活》（*The Private Life of Plants*）的過程。講座裡放了一張艾登堡在婆羅洲攀樹的照片，他就懸掛在距離林地六十公尺的繩索上，汗水浸濕他的藍色襯衫。我被引薦給菲爾，就是菲爾負責架設那張照片中的繩子，他原本是攀樹師，後來成為英國廣播公司的製片。

菲爾邀請我到英國廣播公司的員工餐廳共進午餐。能夠坐在那裡，深入野生動物頻道的核心，和他暢談叢林冒險故事，真的是太棒了。像菲爾這樣的人真的非常少見，他對熱帶野生生物和雨林樹冠的知識，無人能出其右。他對這一行有著真摯深切的熱愛，曾和艾登堡有多次的合作經驗，這對我產生莫大的影響。就在我認為這一天真是好到不能再好時，聽見一個耳熟的聲音喊著菲爾的名字，還沒回過神來，艾登堡本人就已經在我們的桌子旁坐下了。讓我印象極為深刻的是，他居然隨時隨地拿著一瓶午餐喝的啤酒。沒過多久，他和菲爾就一邊大口吃著起司醃黃瓜三明治，一邊熱絡地討論新喀里多尼亞烏鴉的行為特徵。我的腦袋天旋地轉，坐在那裡聽著他們說話，內心驚奇不已。

菲爾和我一直保持聯繫。幾年後，他突然打電話給我：

「你願不願意到婆羅洲六週，協助一支團隊到樹冠上攝影？」他問道。

我好不容易找回自己的聲音後，一次又一次向他道謝。

「這沒什麼，老弟。只不過你這輩子都欠我囉！」他哈哈大笑地答道。這句話真的說得再正確不過了，對我而言，那通電話改變了一切，讓任何事情化為可能。

我們在菲爾位於布里斯托的公寓碰面，聊聊這份工作。來自新幾內亞的弓箭懸掛在火爐上方，美麗的熱帶鳥類相片則掛滿牆面。

菲爾說：「你不能用一般的架繩技巧攀爬那些叢林巨怪，你看到的樹大部分都高達七十五公尺，而且有很多林木至少在前四十五公尺都不會有枝幹。你不可能像一直以來所做的那樣，只是把繩子往上拋，雙手並用就把自己拉到樹冠上，那樣只會害死自己。出發前好好訓練一下，因為你會需要用到這樣東西。」

菲爾說完後，就遞給我一把強力的十字弓。

接著菲爾從樓梯下拖出一個紅色大背包，倒出一堆攀爬上升器與鉤環。所有的東西看起來都和我習慣使用的不一樣，我懷疑是用於攀岩的裝備。就連吊帶看起來也很怪異，那還是我第一次看到頭盔，這些都要花費一些時間才能適應。我就要朝著未知的領域跨出很大的一步，而菲爾從旁幫助我摸索，經年累月，他就變成我的良師益友。

從那時候開始，我就花費三年的時間在雨林裡攀樹，但是仍然有很多東西要學習，而現在能在哥斯大黎加和菲爾一起工作的感覺很棒。知道艾登堡的安全不是全部落在我的肩膀上，也讓我覺得寬心。

樹頂的潛水之旅

可是到目前為止，事情不怎麼順利。這已經是我過去七天來在暴雨中攀爬的第八棵樹了，無法找到適合拍攝艾登堡的樹木，讓我越來越焦急。我和菲爾剛剛抵達時，面臨選項太多的窘境。每棵大樹在地面上看起來都十分完美，我們還以為運氣大好，輕輕鬆鬆就能架設好平台。殊不知隨著大雨降臨，我們不斷爬上爬下，選項一個接著一個減少。我們似乎就是無法找到對的林木，說得更正確一點，就是我們好像無法找到四棵對的樹，因為我和菲爾必須在樹冠層的高度上，各自用水平橫渡繩連接兩棵相鄰的樹木。

菲爾的任務是架設繩索，讓艾登堡可以一邊沿著繩索移動，一邊解說在樹冠上遇到的動植物；而我則是要在兩棵林木的樹冠間架設纜繩遙控攝影系統，從該處拍攝在樹上的艾登堡。

這兩種架繩都很大型也極具難度，這就是需要我們兩個人負責架設的原因。可憐的西恩大部分的時間都在我們下方的林地跑來跑去，拿繩子到這棵樹或那棵樹，努力在嘈雜的雨聲中聽清楚我們在大叫什麼。如果沒有他，我們無法成事，不過每天我們三人到研究站的餐廳吃午飯時，西恩都得忍受我和菲爾的不少牢騷。事情變得相當棘手，在艾登堡等成員抵達前很難達成任務，而我知道如果我們無法完成，暴雨並不能成為藉口。事實上，在剩下的成員到達時，大雨說不定已經下完了，不會有人明白我們在樹頂上潛水潛了十天。

最新的目標，也就是我找到的第九棵樹木，生長在一條狹窄、流速很快的河邊。雨水無情地拍打著混濁的河面，以這樣的速度來看，河水很快就會衝上河岸，淹沒整個區域。我的體重造成攀繩緊繃，擰出繩中的雨水，因此每當我將上升器往上推一點時，就會有一條泥水流沿著袖子滴落而下。我奮力爬過下層林木，朝著樹冠前進，在這段期間根本不可能往上看，因為那就像是在瀑布裡抬頭張望一樣，而我也無法一直睜大眼睛而不眨眼，所以無法好好看清楚任何事物。蛙鏡會是很理想的工具，但好笑的是，在為一個月的叢林之旅整理行囊時，我並沒有想到要帶蛙鏡。

閃耀的枝葉在這麼猛烈的雨勢下持續躍動著，蜂鳥從一朵花飛到另一朵，途中東躲西閃，想要避開最大的雨。雨水不斷從細長樹葉的末端落下，就像水龍頭流出的水一樣，所以我只要在樹葉下張開嘴，就能喝個夠。我從未看過這樣的雨，連在婆羅洲也沒有。然而，這種雨並非偶爾出現的暴風雨造成的；這裡的天氣就是如此，中美洲沿岸的低地叢林就是這樣。有人告訴我，每年這個地區都會降下四千毫米的雨，非常不可思議，只不過我以為大部分的雨都是下在季節分明的雨季。仔細回想，我現在終於懂了，導覽手冊是這麼描述這裡的季節：在「多雨」和「最多雨」兩種狀況之間交替。這對青蛙來說很不錯，但是對攀樹人而言就麻煩了。無論如何，我們現在已經來到這裡，對這個情勢束手無策。我用只有英國人才能辦得到的方式惦記著糟糕的天氣，接著努力不再去想，硬著頭皮繼續苦幹。縱使沒有別的好處，至少這場雨也能讓我保持清涼，更不用說還可以維持體內的水分了。

繽紛色彩裡的生命力

雨林雖然稱為雨林，但卻不見得總是處於恆濕的狀態。有些雨林有著很漫長的雨季，接著是相當劇烈的乾季，有些則是各季都很短，規律交替；有些森林在雨季之間會完全乾燥，有些則接連數個月努力掙扎著浮出水面；有些偶爾還下不夠，有些則是奮力甩掉過多的水量。我現在身處的叢林顯然屬於後者。這樣的攀樹條件確實很差，但是這麼多雨水帶來的好處，從蓬勃的生命力就顯而易見。鳳梨科植物大量生長，這些喇叭狀的植物會把雨水收集在中央，就像一座座小水塔，經常住著水棲幼蟲與昆蟲，有時甚至還有蝌蚪和青蛙。

這也是我進入的所有樹冠中，色彩最為繽紛的地方。熱帶的紅與黃隨意潑灑，妝點著千種不同色調的斑綠。就連這裡的動物和鳥類似乎也更有活力了。非洲與亞洲的犀鳥被猩紅色的大型金剛鸚鵡所取代，三三兩兩在空中巡邏著。我方才第一次見到了閃蝶，一隻巨大的七彩藍蝶像是尊貴的國王般飛過下方的下層林木，霓虹藍翅慵懶地開合，如同摩斯密碼般一閃即逝。

我將注意力移回繩子，繼續向上爬，朝著那根長滿植物的巨大樹枝移動。我對這棵樹有著很好的預感，漸漸相信或許已經找到用來架設纜繩遙控攝影系統的地點了。我現在離地四十五公尺左右，樹冠在周圍展開，顯現壯麗的景觀，而最重要的是，在對面有另一棵巨大的怪物矗立著。那是一棵有著雙主幹的巨樹，距離我九十公尺，高度約為五十公尺。龐大的樹枝上長著許多鳳梨科植物，但是覆蓋的程度並不像我正在攀爬的這棵樹，因此有不少好地點能讓艾登堡坐著，而攝影機在同一時間就能沿著纜繩朝他移動。

就在一切看起來很順利時，從後方短短幾公尺處傳來極大的噪音，讓我失去平衡。我在繩索上迅速轉身，立刻發現有兩隻公吼猴就在不到三公尺外的地方。牠們全身漆黑，大小、重量和高地梗犬差不多。兩隻公吼猴的身體都往前傾，對著我發出尖叫。牠們肯定遠遠就看到我，趁著我因為景觀而分神時，悄悄溜到我的身後看仔細。牠們張大的紅嘴和漆黑的臉龐形成強烈的對比，當我看著牠們時，又有三隻吼猴爬到樹枝上，加入這場喧鬧中。此刻的我面對五隻非常生氣的潑猴，全都在對著我大叫，要我滾出牠們的樹。

牠們發出的噪音真的可以用震耳欲聾來形容。吼猴進行這種宣示地盤的合鳴時，好幾公里外都能聽見。事實上，牠們是地球上音量最大的陸地動物，我的腦袋被吼得天旋地轉，就像站在重金屬演唱會的喇叭前一樣，我能感覺到耳朵嘶嘶作響。於是我滑下樹枝，垂吊在繩索上，準備撤退。在我這麼做的同時，牠們一起往前移動，收復失土，很快就有八隻吼猴在距離我不到一．五公尺的樹枝上排排站，對我氣憤地發出足以讓耳膜破裂的叫聲。

降落到下層林木前，我看見的最後一幅景象，是一張張怒氣沖沖的黑臉，以及隨著吼猴傾身向前對我大聲咆哮時，憤怒抖動的八對怪異白色睪丸。漆黑的身軀和亮白的陰囊，形成相當強烈的視覺衝擊。在牠們決定在對我撒尿前，我已逃離現場。

我降落到樹下的水窪裡，濺起水花，瞇著眼睛往上看，瞥見最後猴子們以勝利之姿，在高空中沿著樹枝昂首闊步的模樣。

然而，撇開潑猴不說，我很高興終於找到合適的地點，十分期待午餐後回到樹冠上，開始架設纜繩搖控攝影系統。當然，前提是當地的男聲合唱團已經離開了。

留下懸疑問號的神祕爪痕

遍布著蕨類又被吼猴占據的大樹，和我從其樹枝上看見的另一棵巨樹相距九十公尺，好似兩面巨大的書擋。它們面對面傲然站立，但是在這兩棵樹之間，是由較小棵的樹木所形成的密實樹冠與繁茂的林木，我得在這片不間斷的樹海上，拉緊一條六毫米粗的鋼索，讓攝影機沿著鋼索移動。要將鋼索往上拉，穿過下層林木是不可能的，所以我另有計畫。

吃完午餐後，我爬回樹上，吊帶後面掛著十字弓。這是一把很強大的十字弓，能讓一支載重的弩箭拖著魚線射到至少一百二十公尺外。我不是十字弓的極度愛用者，但是它們相當適合用在這種任務上，因為吊在半空中的繩索上扭來晃去時，幾乎不可能使用一般的弓或甚至是彈弓。

來到上層樹冠，我很高興地發現那些吼猴已經撤退了，便著手開始準備射擊。我又回到上次同樣的位置，離地大約四十五公尺，但是這一次卻注意到有些不對勁。這裡的樹幹上並沒有遍布植物，堅硬平滑的樹皮上出現又長又深的爪痕，我記得稍早時並未看到。這些痕跡是不久前某隻大型動物向上爬到樹冠時製造出來的，不過我對於可能會是什麼生物毫無頭緒。猴子的爪子並不像那樣，而且牠們通常會從隔壁林木的樹冠來到樹上；長鼻浣熊無法抓住這麼平滑的表面，通常會攀爬藤蔓，而非巨大的樹幹；哥斯大黎加沒有熊，我也不認為這會是貓科動物留下的痕跡。哥斯大黎加的確有會爬樹的貓科動物，長尾虎貓會花很多時間在樹冠上獵食，但似乎也不是牠們。這真是令人費解，不過我沒有時間可以深入探究了，於是便將注意力轉回手邊的工作上。

我拿出十字弓，仔細看著對面那棵樹，也就是我希望艾登堡會待得滿意的那棵樹。它真的很漂亮，暴露在翠綠的背景下，高大纖瘦的灰色樹幹在離地二十五公尺的地方分成兩根主幹。接著，這兩根就像孿生雙胞胎的樹幹又長高大約三十公尺，一路向兩邊伸出巨大而水平的樹枝。這些樹枝結滿植物的花彩和多葉蔓生植物的長鬚，它們從上層樹冠垂落而下，碰觸下方遙遠的下層林木。這是一棵宏偉的樹，當艾登堡高高坐在它的臂膀上，在鋼索另一端的下方對著攝影機講話時，肯定會自成一格。

選定合適的目標樹枝後，我將十字弓擺在膝蓋上方，扳好弓弦。細魚線早已繫在弩箭上，我把弩箭插入箭道，手指遠離固定在前握把下的魚線線軸，然後把十字弓舉到肩上，接著鬆開安全帶，等待繩索將我輕輕晃到正確的方向，就扣下扳機。槍托重擊我的肩膀，我拿好十字弓，同一時間，弩箭拖著細細的藍線飛過樹冠，最後掛在艾登堡那棵樹右側的第三根樹枝上。可能是射得好，也可能純粹是運氣不錯，魚線剛好落在我想要的位置。我鬆開線軸上的夾子，讓弩箭將魚線拖到樹木基部，消失在十五層樓下方的林地，而西恩就在下面的某個地方。幾分鐘後，我感覺到西恩取回弩箭時所造成的拉扯。又過了幾分鐘，他用力拉了三下，示意較粗的繩索已經綁好了。於是我將繩索穿越樹冠繞回身邊，並且在末端綁上一個鉤環，增加它的重量，然後往下放，讓它一邊旋轉，一邊穿過林木，落到遙遠下方的樹木基部。這下子，兩棵巨樹的樹冠就被一條高空橫渡繩索連接，總算漸漸成形了。而在經過短短的停歇後，天空再度下起雨，我開始垂降到地面。

這一天相當不錯，其他一切都可以等待隔天早上再完成。能讓事情停留在成功，而非失敗上，是一個很好的轉變。

生物專屬的飄浮王國

下降到一半左右的高度時，我瞥見有東西在一條藤蔓的低垂葉子下跳來跳去。我摘下另一片葉子，像報紙般捲起，利用它小心地翻起樹葉，想要看仔細。在滴著水的樹葉底下，慢慢跳向一株蘭花根部的，是我見過最小、最美麗的青蛙。牠的體色十分明亮，是接近金屬光澤的薄荷綠，上面還有著大黑點。我以前從未看過箭毒蛙，但這絕對就是了，牠是那麼地精緻，就像是一顆有生命的小小寶石，瞬間擄獲了我的心。此時，大雨滂沱，隨著午後轉為夜晚，森林漸漸變暗了，但是我的目光卻無法離開這隻迷你小生物，看著牠慢慢往樹冠上移動。

對這麼小的生物而言，這是一趟多麼宛如史詩般的旅程啊！當時的我不知道的是，倘若自己再湊近一些，或許運氣夠好，就會看到牠背上背著小小的蝌蚪。箭毒蛙經常會背著蝌蚪寶寶，爬到高高的樹冠上，然後把牠們放入盛滿水的鳳梨科植物內，等待牠們發育完成。有時會用跳的，有時會用爬的，無論如何，似乎沒有什麼能夠阻止得了牠們。就如同一個小小機器人，設定好要完成這趟旅程，即便可能在路途中徹底失敗。

我將吊帶藏在樹下的工具袋裡，抬頭望了最後高掛在半空的蒼翠花園一眼，我想起了唐・佩里（Don Perry）所說的話。佩里是現代樹冠探險的先驅，就是在叢林生物所在的這片森林裡完成極具開創性的樹頂研究。二十世紀早期，許多使用繩索進入熱帶樹冠的嘗試都宣告失敗，但佩里卻是真正辦到的第一人。一九七〇年代晚期，他設計完成名為「樹冠網」的結構，是一種相互連接、橫渡樹頂的繩索系統。利用這個系統，佩里不僅可以走到樹枝末端，還能進入不同樹冠之間的空間。他用一種非常實在的方法，向我們開啟這個生機蓬勃的領域，證明確實可能使用以繩索為基礎的攀爬系統，安全地進入完全無人探索過的高空地帶。

佩里發現熱帶樹冠是「地球上植物生態系統最多元的地方」。他將熱帶樹冠稱為「生物的飄浮王國」，而我在那天晚上入睡後，夢到自己再也不需要從樹上下來。

力不從心的無奈

隔天破曉時分，我們就回到森林裡。這是抑鬱陰沉的一天，雨下得特別大，能見度極低。在陰雨綿綿的天氣下，叢林似乎頹喪不已，彷彿已經放棄能再見到陽光的任何一絲希望。菲爾和西恩要將另一棵樹的架繩進行最後調整，於是我在林徑的岔路上與他們道別，朝著我的樹走去。除去樹蛙因為潮濕的天氣而歡欣鼓舞所發出的呱呱聲，任何地方都不見動物的蹤跡，沒有鳥在飛、沒有蜥蜴碎步奔逃，也沒有昆蟲，就只有雨、泥巴和滴水的樹葉。

在穿越森林的途中，我唯一看見的生物是一隻刺豚鼠。刺豚鼠是一種體型中等的褐色嚙齒目動物，比較像是長腿的天竺鼠。牠在一片大葉子下避雨，一群大蚊子聚集在牠的身上，讓牠不停發抖。真是可憐的動物，身上停了數百隻蚊子，牠的眼皮、耳朵上到處都是，整個身軀彷彿罩著一件令人毛骨悚然的閃爍斗篷。刺豚鼠似乎動彈不得，好像嚇到在原地呆住了，任憑蚊子吸血。

刺豚鼠蹣跚地走進雨中，向更遠的另一個草叢走去，當我接近時，牠用那雙巨大而驚恐的眼睛盯著我看。我試圖抓住牠，嚇走那些蚊子。可是，牠又迅速回到原本的大葉子下，我明白牠是不可能讓我靠近幫忙的，於是只好不情願地離開，讓牠繼續受到蚊子的折磨。那幅可憐的景象真是令人難受，讓我想起在剛果時，叢林把我變成馬蠅攝取蛋白質的便利來源，生命只是大自然的肉品保鮮方式。既然無法為這隻發抖的小生物做什麼，我只好繼續在泥地裡跋涉，前往艾登堡的那棵樹木。

地上有一圈鋼索，是西恩在前一天放置的。我將其中一端和從樹冠垂下來的繩索綁在一起，接著用開山刀做出一個粗略的輪軸，讓那捲鋼索在被拉動時能夠順利旋轉，而不會纏繞在一起。完成一切布置，覺得滿意之後，我便前往先前吼猴占據那棵樹。

我掀起藏在板根旁工具袋上的遮雨物，打開上層，接著伸手進去拿頭盔，但是才剛剛拿出來，卻又嚇得鬆手，因為有一條蛇正蜷縮在頭盔裡。一條豬鼻蝮蛇不知道是怎麼做到的，晚上從工具袋袋口溜了進去。看樣子，不是只有我受夠了這些雨。幸好，牠還十分遲鈍，昏昏欲睡，否則我早就會在不知情的狀況下被咬了，我的手剛剛離牠的「豬鼻」只有幾公釐。我的紅色頭盔還在地上，看得見那條蛇緊緊捲住固定下巴的帶子。牠顯然沒有意願要搬離乾爽的家，所以我只好用一根棍子輕輕趕走牠。掉到枯枝落葉上後，牠突然像是活了過來，迅雷不及掩耳地攻擊我的靴子一下，然後衝向一根腐木底下的黑暗地帶。

潮濕的天氣裡會有青蛙出沒，而有青蛙的地方就會有捕食牠們的蛇。有不少能讓我癱軟的恐懼事物，幸好蛇不是其中之一。不過，我也不想死，所以在心裡默默記住，以後打開工具袋時要更小心一點，還要避免把那條蛇鑽進去的腐木當成椅子來坐！

差點慘遭蛇吻，給了我很清楚的警告：一切都要十分謹慎。我相當疲憊、全身濕透，狀況不佳，而在叢林裡，這正是意外會發生，開始出現種種問題的時候。因此，我在攀爬前會特地全面檢查繩索一遍，格外注意位於上方固定點、經過樹枝的那部分，因為在地面通常是看不到這一公尺的尼龍繩。過去幾次經驗裡，這段繩子曾在晚上遭到動物啃咬，所以我把繩子繞成一圈，仔細檢查每一寸。這耗費了不少時間，但是也讓我充滿信心，覺得花費的每一分鐘都是值得的。

我小心翼翼地從工具袋裡拿出吊帶穿好，然後扣上繩子，接著拉出多餘的繩子。我往上踩，離開地面，開始攀爬，進入樹枝中。我希望從上方拉過鋼索，幫助纜繩通過由懸吊植物所構成的糾結簾幕。一切看起來都和前一天離開時一樣，但是當我接近三十公尺高的第一根樹枝時，卻又發現身旁樹幹一塊露出的部分有著許多神祕的深深爪痕。痕跡看起來很新，就像我先前在更高的地方所找到的，我又再次摸不著頭緒了，不知道究竟是什麼動物製造的，然後繼續向上爬。

樹冠上最尊榮的華麗訪客

獨自把沉重的鋼索拖上來是相當嚴峻的任務，等我把纜繩拖到這邊時，早已筋疲力盡，渾身塵土。不過，解決了最艱鉅部分的感覺很好，從這裡開始，要完成剩下的事應該會比較容易了。不過，攀繩現在變成掛在鋼索那邊，於是我往上爬到樹冠，重新架設好上方的固定點。

我先前不曾爬到這棵樹上這麼高的位置，在離地五十公尺處，我注意到就在一面茂密的藤蔓簾幕後，一根樹枝上隱約有著動靜。我把藤蔓撥到旁邊，立刻發現自己正對著一隻這輩子看過最大的鬣蜥。一隻長達兩公尺以上的巨大公蜥蜴正躺在鳳梨科植物和蘭花叢所做成的豪華大床上，身子伸得長長的。我真的猜不透，牠究竟跑到離地十七層樓的地方做什麼，而牠看見我時就和我看到牠一樣吃驚。我們彼此瞪大眼睛，時間似乎無止境地漫長。牠非常大，彷彿某種樹棲型的龍，愜意地躺在那裡，模樣華麗雄偉。樹幹上的爪痕已經不是謎團了，源頭就在這裡，看牠又長又彎的爪子和強壯發達的雙腿，就說明了一切。

牠祖母綠的皮膚上鑲滿如同寶石般的鱗片，又長又高的脊椎從背部延伸到長長的條紋尾巴。過了大約一分鐘，牠瞇著暗黃色的眼睛，緩緩抬頭，張開下顎的大垂肉。頭部快速擺動兩下，擺出昂首、肉垂向外展開的姿態，藐視地盯著我，雨珠滾落牠的鱗片。牠真的好漂亮，令人眩目，只能用華美來形容。我預期會在這麼高的樹冠上遇見靈長類和鳥類，但是從未想過竟然會碰見一隻兩公尺長的蜥蜴。我輕輕合上藤蔓簾幕，繼續向上爬，因為遇見樹冠上最尊榮的訪客之一而覺得心情愉悅。

下一根樹枝是另一隻鬣蜥的家，同樣很大，也很華麗。牠保持不動，黃色的眼珠在我爬過牠的身旁時，隨著我的動作而轉動著。這些動物如此愜意地懸掛在這麼高的樹枝上，能遇見牠們真的是太棒了。牠們在這些頂層豪華套房裡似乎完全舒適自在，我又再次對於這棵樹的生物豐富程度與多樣性驚嘆不已。

但是，我不能花太多時間逗留在那裡看牠們，因為只剩下一天可以完成架設工作了，還有很多要做的事。

體會萬物連結的朝聖之旅

三天後，我躺在營地床上，半夜兩點時被一隻蟑螂粗魯地吵醒，因此正努力再次入睡。當時，這隻蟑螂向前傾，想從我無意識張開的嘴裡喝口水，我感覺到長長的觸鬚碰觸到臉上。我飛快地下床開燈，過程中差點撞到廁所門，打昏自己。牠待在枕頭上看我，一邊若無其事地用著又長又多刺的前腳擦拭下顎，想必是在把我的口水舔乾淨。我蹲下來，頭燈的光芒照進床底下，立刻看見十幾隻蟑螂在爬，想等待我關燈，然後再次流下口水。我一點也不喜歡蟑螂，至少不喜歡牠們在我的嘴裡。因此，這是我十二歲以來第一次開燈睡覺。說真的，有時候睡帳篷還比較好。

可是，現在既然醒了，我不可能立刻再度入睡。艾登堡和其他成員在前一天抵達，已經開始拍攝樹冠。雨及時停了，我們在那天稍早已經完成菲爾的部分。艾登堡對著攝影機講解樹冠的生物多樣性，以及在雨林離地三十公尺的地方可能會發現的各種動物，包括樹懶、長鼻浣熊及猴子，他在鏡頭上看起來和聽起來都很棒。在這些看似毫不費力的影像背後，有菲爾十天來努力架設的成果、艾登堡不怕高的活潑表現，以及攝影師賈斯汀熟練操控攝影機的技巧。

現在輪到我了，我覺得很緊張。今天，我們要把艾登堡吊到四十五公尺的樹冠上，並且讓重達二十公斤的攝影機沿著一條九十公尺長的纜繩，以時速五十公里朝著他前進。無論系統裡有多少安全零件，我也能保證這些安全零件的數量極多，可是一想到要進行這件事，仍然令人神經緊張。我躺在那裡，看著蟑螂在地上亂竄，越來越沒有睡意。畢竟，他是艾登堡啊！姐姐在我離開英國前對我說了她典型的「安慰」話語，此時又重回腦海中揮之不去：「老天，拜託別讓他掉下去。」

水珠掛在鋼索上，在清晨的陽光中閃閃發亮，宛如一條長長的珍珠項鍊。我輕輕敲了一下纜繩，看著小水滴往下方的樹冠落下，形成一片珠簾。不久前雨停了，必須在再度下雨前完成拍攝的壓力也開始浮現。越過半空中看向另一棵樹，我能看見樹冠上有一道穿著藍色短袖襯衫的熟悉身影，正在纜繩的另一端下方垂掛著。我清楚意識到艾登堡現在已經待在上面半個小時了，耐心等候著我們準備拍攝。

懸吊在我身旁纜繩的是移動式攝影車上的攝影機，已經準備就緒了。攝影車有著很簡單的兩輪裝置，下面懸掛著攝影機，在重力作用下順著纜繩往前滑。唯一防止攝影機筆直撞上另一頭固定點的東西，就是一條牢固的拴繩，正小心翼翼地捲放在一個有開口的袋子裡，袋子則掛在我的吊帶上。我非常謹慎地測量這條繩子，確保攝影機會在撞到樹木的六公尺前就停下。我以前曾多次嘗試這個簡易卻很有效的系統，雖然我必須說，過去從未有過遠遠的彼端下方坐著一個人的額外壓力。

我示意艾登堡做好準備，心跳開始加速，膠捲靜靜捲過攝影機快門。我鬆開攝影車。攝影車無聲地滑下纜繩，離我越來越遠。起初移動的速度很慢，接著就越來越快。攝影機很快開始飛馳，上方的輪子帶出細緻的水霧。黃色安全繩索從袋子裡飛快抽出，形成一片模糊殘影。整條鋼索都在震動，伴隨高亢的嗖嗖聲。攝影機在高空樹冠上飛馳著，筆直地衝向艾登堡。我在腦海中倒數，握著繩索的手越來越用力，好讓攝影機能在接近時漸漸放慢速度。三、二、一，停。攝影機在半空中停下，距離艾登堡六公尺。我認為應該可以讓攝影機更靠近一點，安全繩索並不會讓任何人受傷，但是我真的不敢抓得這麼精準。現在的距離已經夠近，成效也相當好。就這樣，一切都結束了。十天的工作，只為了二十秒的鏡頭。艾登堡準備回到林地時，我用顫抖的雙手把攝影機拉了回來。

菲爾把艾登堡放下來，攝影機也安全回到穩固的地面後，我再次獨自留在樹冠上。要做的事還有很多，拆除架繩得花費好幾個小時，但是這些都可以等到明天再做。此刻的我只是盡情享受待在樹上的時光，拍攝的壓力全數消散，大部分的成員都趕在大雨來臨之前回到營地。肩膀上的沉重感消失了，我享受著單純坐在吊帶中，懸掛在樹冠上的感覺。黃昏將至，森林裡的氣氛隨即產生細微的變化，那種變化可以明顯感覺出來，也能夠聽得出來。晝行性動物準備交棒給夜行性動物，吼猴在遠處發出如同鬼魅般的吼叫，聽起來若有似無。有幾滴雨開始落下，我聽見一隻樹蛙鳴唱的高音音符，從附近樹冠的某個藏身處傳來。

離開這棵樹，一定會讓我十分難過。幾天後，我就要回家了，接著再前往厄瓜多。外面的世界肯定也有很棒的樹可以攀爬，但我最愛的樹木永遠都是當下身處的那一棵，而這一棵哥斯大黎加的巨樹，西班牙文稱為「árbol de la vida」的生命之樹，是如此地完美無瑕。猴子、鬣蜥、蜂鳥，以及其他將這棵樹木的樹冠當成家的驚奇生物，全都是活生生的證據，證明這類樹木就聳立在雨林的生命核心。這些優美的生物提醒了我們，萬物是相互連結的，而對於那些熱愛大自然的人來說，攀爬一棵樹真的就是一趟朝聖之旅。艾登堡是這麼說的：「森林真正的豐饒是在樹冠，在離地三十公尺以上的地方。」

那棵幾乎囊括了所有叢林生物的樹，似乎體現了當初誘使我進入樹冠的一切，是一個與眾不同的「飄浮王國」。

第五章

—祕魯—
卡絲塔娜的礦藏

數十個圓形的大果莢躲藏在茂密枝葉中，
每個含有多達三十顆為人所熟知的堅果。
每個果莢都差不多和葡萄柚一樣大，堅硬得有如石頭一樣，
重達兩公斤左右。它們就像炮彈般大小的聖誕彩球，
掛在上一個花季留下來的花穗末端，隨風搖曳。

二〇〇三

我將繩子的上升器往上推到不能再推為止，向後坐在吊帶裡，評估著目前的情況。我已經爬到繩子的頂端，表示正身處在離地約四十五公尺的樹冠上，就在地球上最大的雨林之中。對我而言，這是意義重大的一刻。這是我第一次來到亞馬遜，這裡的一切都如此讓我招架不住。我正努力理解著如此龐大的規模，也在努力尋找能夠看清這座叢林的視野。現在置身的樹冠非常茂密，必須再爬高一點，才能找到枝葉之間的空隙。我轉移到一條較短的繩索，脫離用來進入樹冠的主繩，開始一根接著一根樹枝地往樹頂上爬，希望能從樹冠的高度上初次瞭望這座不思議的森林。

亞馬遜真的是雨林的極致，它占據全球現存熱帶叢林的一半，橫跨九國，涵蓋五百四十萬平方公里以上的面積。整個區域是剛果的兩倍大，相當於婆羅洲島的七倍、英國的二十六倍。亞馬遜估計有四千億棵樹，而我正在攀爬的這棵大樹是其中的一棵。也就是說，今日存活的人類中，每人平均可分得五十棵樹左右；或者用另一種方式來說明：古今往來所有存活的人類總數，只是亞馬遜樹木總數的四分之一。

亞馬遜孕育了地球上一〇%的物種，包括所有已知鳥類和魚類的二〇%。估計約有兩百五十萬種昆蟲、四百二十七種哺乳類、三百七十八種爬蟲類，以及超過四百種的兩棲類動物共同生活

於此，這一切都多到讓人暈頭轉向。

不過，除去動物不談，統治任何一座叢林的當然是植物。亞馬遜約莫有四萬種植物。如果放大來看，婆羅洲有一萬五千種植物，剛果則有一萬種。在這四萬種植物中，還有一萬六千種屬於原生樹種，英國卻只有四十五種左右，形成強烈的對比，而且那還是在最佳狀況下。

亞馬遜的生物多樣性無可比擬，由於這些有機體絕大多數的棲地都在樹上，探索這些樹冠確實能讓人感受到自我的渺小。然而，為了看見大局，有時候最好要從小處著手。

交織著複雜與驚奇的亞馬遜雨林

唯有仔細觀察有機體之間的關係，才能真正體認到一座雨林的驚奇之處，地球上最精妙多元的亞馬遜雨林自然也是如此。正是基於這個原因，我才會在這裡穿越樹枝往上爬。我正在尋找一種非常特別的花，在林地上曾瞥見這種花，它有著成串的米黃色花朵，十分筆直，就像是馬栗樹開的花。的確，我在攀爬的這種樹，它當地的西班牙文名稱「卡絲塔娜」（castaña）就是栗樹的意思，不過卡絲塔娜指的其實是它聞名於世的果實，也就是我們所說的巴西堅果。

巴西堅果樹只仰賴一種蜜蜂進行授粉，而身為攝影團隊的其中一員，我來到這裡希望拍攝到的，正是花朵與昆蟲之間這種微妙的關係。這是一個非常迷人的故事，有可能釐清亞馬遜複雜生態結構的一部分。

但是我先得找到那些花，現在都已經爬到上面了，卻見不到任何一朵。花朵似乎是長在樹枝的最末端，位於像是一把蓬亂大傘將我罩住的濃密樹冠之外。我得再爬高一點，沿著其中一根樹枝向外走，才能近看。

我將繩索拋過頭上那根向外伸展過整棵樹的巨大樹枝，扣上繩子，然後一盪，接著懸掛在樹枝下的半空中。俯瞰整座森林的景觀仍然被枝葉遮蔽著，但是我剛剛瞥見一些誘人的黃色花瓣，於是便繼續挺進。陽光在上方較細的樹枝上舞動著，表示有空隙，我立刻朝著那個方向爬去。

我轉身進入陽光，從樹葉之間的一扇小窗往外看。我攀爬的這棵樹位於高原的邊緣，此時迎接我的那片雨林，其展望是如此遼闊，讓人敬畏。令人屏息的不只是森林的規模，或是無垠樹海湧入天邊的景色，更多的是這些樹木多樣的形狀、大小、形態與顏色。我的目光立刻被八百公尺外，一棵花朵盛開的巨大突出林木所吸引。整個樹冠上開滿鮮豔的粉紅花朵，整棵樹就如同烽火一般，在綠色的森林裡閃耀著。在左邊較遠的地方，也有兩棵樹是相同的情況。事實上，整座森林被好幾棵同樣的樹種點綴著。我驚奇地想著，這些樹木全都被無形的線綁在一起，由昆蟲和鳥類居中傳播遺傳物質。

和我現在身處的這棵樹木相仿，呈現圓頂狀的高大林木分布在各個地方，矗立其他的樹種之上，沐浴在貨真價實的熱帶陽光下。有些樹木正在結果，樹葉早已掉光，露出垂掛在光禿禿枝椏上的數千個果莢。我認出這些樹是吉貝木棉，是新世界裡真正的巨木，龐大的枝幹向外伸展，上達蒼穹，狀似祈禱。吉貝木棉是角鵰最喜歡築巢的地方；在全世界的猛禽中，角鵰是最神出鬼沒，也最強大的，雖然我樂觀地希望能在開闊的樹冠裡看見牠們，卻未能如願。

有些部落會使用吉貝木棉種子裡毛茸茸的「絲棉」來填充吹箭，這讓我突然想到，現在俯視的這座森林也由於許多數量未知的原住民族群而出名，他們都未曾與外界接觸。這個事實遠比其他事情更讓我感到驚奇不已，暗示亞馬遜真的是一片難以穿透的廣大荒野。此時此刻，我不禁想著，在這片地景深處的某個地方，是不是有一群人過著狂放不羈的生活，數千年來始終如一？

地平線上，被雪覆蓋的山脈形成一條長線，彷彿另一個世界般遠遠地飄浮在一切之外，這是安地斯山脈。光是看見那些清晰的峰頂，便足以驅散最後一絲不愉快的記憶，忘卻在五十公尺之下林地潛伏的窒息潮濕感。

我正在以角鵰的視野欣賞著亞馬遜所有的壯觀景色。對攀樹人來說，沒有什麼會比這更棒的。但同樣叫人興奮的是，在我前方不到三公尺處，是我從英國遠道而來，希望找到的那種花。它是位於樹冠外好幾朵花裡的其中一朵，因為那裡的陽光最強。

造物主恩賜的天然寶藏

認識巴西堅果，或稱卡絲塔娜的這種樹木，首先要知道的第一件事就是它們美得驚人；它們通常是森林的突出林木，比亞馬遜的其他樹木高出一個頭，可以長到六十公尺高，而且就我所知，也是少數幾種能與婆羅洲龍腦香科樹木的自然優美和形態匹敵的新世界熱帶樹種之一。它們的樹幹高大筆直，木材強韌，樹冠寬闊。事實上，從攀樹人的觀點來說，它們差不多可以稱得上是完美了，而我身處的這一棵就是典型的例子，展現它們會隨著樹齡增長而變得越來越美。這棵樹很有可能存活六、七個世紀了，在哥倫布發現新大陸之前就已經存在了。

下方的森林酷熱難當，溫度高達攝氏三十五度，但是在樹上，卡絲塔娜長長綠葉形成的樹冠保護我免於陽光照射。數十個圓形的大果莢躲藏在茂密枝葉中，每個含有多達三十顆為人所熟知的堅果。每個果莢都差不多和葡萄柚一樣大，堅硬得有如石頭一樣，重達兩公斤左右。它們就像炮彈般大小的聖誕彩球，掛在上一個花季留下來的花穗末端，隨風搖曳。果實還要幾個月的時間才會成熟落下，但是即便如此，我仍然很高興地戴著頭盔。雖然如果真的直接被命中，我不曉得頭盔會有多大的幫助。儘管有這個潛在威脅，但能來到世界上最宏偉的其中一棵雨林樹木，還是很棒的體驗。

然而，從許多方面來說，最神祕的莫過於卡絲塔娜的蠟黃色花朵。因為如果真的能找到形容雨林精妙生態系的最適切譬喻，肯定就是卡絲塔娜與蜜蜂、蘭花和大型地鼠之間的關係所譜成的非凡故事了。然而，要好好訴說這個故事，首先得拍攝到蜜蜂為花朵授粉的影片。

午後的天空雖然萬里無雲，卻傳來沉悶的隆隆雷聲，警告大雨將至。這些花朵不會長腳跑掉，再加上目前沒有任何覓食的昆蟲，因此我決定隔天早上再回來，看看能不能捕捉到授粉的過程。終於找到這些花了，感覺很好。因此，看了它們和外界引人入勝的景色最後一眼，我垂降回到充滿令人窒息陰鬱的下層林木中，回去營地和團隊的其他成員分享好消息。

看見那些山脈，讓我想起前來此地途中所經歷的精采旅程。我們從利馬（Lima）往東飛越安地斯山，降落在庫斯科（Cusco）一會兒，那裡的空氣稀薄到讓我可以感覺心臟正在狂跳。我從機艙的窗戶向外看，第一次見到祕魯的亞馬遜叢林，當時的飛行高度正在下降，飛越山麓的丘陵。即使從六千公尺的高空觀看，森林仍從四面八方綿延到天際。下一個降落的地點是叢林河港馬爾多納多港（Puerto Maldonado），它位於炎熱的熱帶低地，空氣悶到就像是一碗氧氣濃湯。我們從馬爾多納多港乘船，沿著馬德雷德迪奧斯河（Madre de Dios River）而上，五個小時後總算抵達朋友生物站（Los Amigos Biological Station）。生物站周圍一共有十四萬公頃受保護的亞馬遜原生林，而這不過是祕魯東南部這個偏遠地區受保護的八百萬公頃叢林中的一小部分。

那時正值十月，旱季早已到了尾聲，雖然這表示花期進入高峰，但我剛剛攀爬的那棵卡絲塔娜卻是我們找到的第一棵已開花樹木。過去一週以來，我和當地的一位生物學家米爾科在叢林裡漫無目的地尋覓合適的樹木。卡絲塔娜通常會生長在同一區域，所以我們肯定看了上百棵樹，但是挫折感卻與日俱增。有些長了尚未盛開的綠色花苞，有些顯然在許多天前就已經開完了。這一次的計畫是要我架設好繩索，讓攝影師凱文能往上升，到史密森尼熱帶研究中心（Smithsonian Tropical Research Institute）生態學者大衛的身旁就定位，並由大衛向國內的觀眾解說生態。

落英繽紛的花瓣之雨

幾天前，我們以為找到合適的樹木了。那棵樹很大，甚至比我剛剛攀爬的那棵林木更大。從地面上看起來很完美，上層樹冠有許多花朵垂下。因此，我把繩索射入巨大的樹枝之間，開始往上爬，可是爬到一半時，卻發現有一個蜂窩藏在那裡。幸好牠們不是蜜蜂，而是當地一種不會螫人的品種，但是牠們有著強大的鉗狀下顎，起初因為不會被螫到而感受到的安心頓時轉為恐慌，數千隻蜂包圍著我，接著狠狠地咬了我。

牠們緊緊咬住我的嘴脣、鼻子和眼皮，讓我疼痛不已，而且牠們還四處蠕動，在我的皮膚上分泌一種黏黏的奇怪樹脂。牠們鑽進背部的衣服裡、耳朵和頭髮，一瞬間就把我淹沒了。等我感覺到牠們嗡嗡地爬上雙腿時，早就已經受夠了，立刻迅速垂降回到林地上。牠們跟著我到了下

方，於是米爾科也慘遭滅頂，粗俗的西班牙髒話不絕於耳。

攀爬另一棵卡絲塔娜到一半時，有一隻四公分長的子彈蟻爬上我的臉頰，這就沒有那麼好笑了。我吊在離地三十公尺的地方時，牠叮了我的左臉兩下。痛楚迅速來襲，而且極為劇烈，就像是被一根雪茄燙傷了皮膚，讓左臉頰整個發麻，嘴唇也感到刺痛不已。隨之而來的頭痛，就算是一隻犀牛也無法招架，丟臉的印記就這樣維持了兩天。子彈蟻是所有昆蟲中毒素最強的，在施密特刺痛指數（Schmidt Sting Pain Index）上排名第一，甚至比毒蛛蜂幾乎會令人昏厥的螫針更令人疼痛，我可以作證，因為我在蘇門答臘時曾被一隻毒蛛蜂螫到額頭。子彈蟻看起來像是沒有翅膀的可怕黑色大黃蜂，叮咬我的那隻子彈蟻後來爬進襯衫前領，我設法把牠彈開，但是卻再次彈到米爾科那裡，米爾科馬上對我破口大罵，揚言要割斷我的繩子。

像是在傷口上灑鹽似的，我原本以為樹上的花朵才剛剛綻放不久，結果其實已經枯萎了，不過短短幾天，我們就錯失良機。

這時候問題來了，卡絲塔娜的花期相當短，很難找到一棵開滿花朵的。我們曾數次看見掉落的花瓣遍布在一大片的枯枝落葉之上，蹲下來觀看一支切葉蟻隊伍扛著花瓣的碎屑回去蟻窩。在雨林裡，沒有任何東西會被浪費，但是切葉蟻的故事雖然精采，卻不是我們在找的那一個，因此我們只好繼續搜尋。

然後就在前天，我們終於撞見了這棵樹。爬上樹確認花朵的狀況，並且對著那幅景象發出讚嘆後，我剛剛回到營地，隆隆雷聲兌現了它的諾言，蒼穹大開。天空轉暗，滂沱大雨下了一整夜。那天晚上入睡前，我的最後一個念頭是：這麼嬌貴的花朵，不曉得能不能度過這麼猛烈的雨勢？

整整兩天，暴風雨就在生物站正上方的雲層裡雷電交加。我們正要脫離旱季，而這場雨是數週來襲擊這個地區的第一場大雨。像是要彌補沒有下雨的時期似的，每當一陣猛烈的強風掃過，比上一陣更大力的狂風重擊森林時，在卡絲塔娜上找到完好花朵的希望就越來越渺茫。照這樣下去，整座森林如果有留下任何一朵花讓我們拍攝，就已經很幸運了。

蘭花蜜蜂精采的授粉表演

兩天後的凌晨三點，雨終於停了。凌晨四點半，我已經帶著攀爬裝備走出營地。我獨自一人，希望充分利用大雨的中場休息，到樹上好好看一看還剩下多少花。穿越潮濕陰暗森林的我很快就大汗淋漓，必須把頭燈握在手上，以免會咬人的小小蚊蚋受到光的吸引而來。途中，我注意到有一個橘色光點沿著路徑朝著自己飛來。我一動也不動地站著，欣喜地看著一隻甲蟲飛過臉旁，胸口頂著綠色頭燈，腹部則有紅色尾燈，這是我唯一想得到的形容。我從未看過這樣的東西，好像一艘迷你太空船。

來到卡絲塔娜的樹下，我將留在那裡的攀繩繞成一圈檢查，確認沒有被鼠類或螞蟻啃咬後，接著穿上吊帶。天色漸亮，但是還有半小時左右，太陽才會升起，我希望屆時已經能在樹上就定位，睜大雙眼注意是否有昆蟲來拜訪花朵。大衛早已向我描述要尋找一種蘭花蜜蜂。假如我看見牠們在周遭嗡嗡叫，就可以架起繩索，明天讓他和凱文到樹冠上拍攝授粉。不過要注意的是，到了這個節骨眼，我比較擔心是否真的能找到任何倖存的花朵。因為樹下的枯枝落葉上散落著一地殘缺的花瓣，數量之多讓人十分擔憂。

幸好，樹上的花大多完好無缺。有這麼多的花倖存，真是奇蹟；雖然有不少看起來嚴重殘破，也有許多花梗空蕩蕩的，整束花穗遭到強風扯掉。我繼續爬向先前看到第一朵花的地方，靠近樹頂。抵達上層樹冠時，剛好看見太陽正從亞馬遜叢林中升起。

馬德雷德迪奧斯河就在遙遠的下方，濃霧消散，揭露叢林的面貌，被暴風雨洗淨的空氣中，一切似乎都在閃閃發亮。數對藍黃相間的金剛鸚鵡飛過，對著彼此嘎嘎叫，而在下方的林地裡，我聽到一群僧面猴發出松鼠般的吱吱聲，牠們正在穿越樹冠，尋覓早餐。

不久後，有一隻綠色金屬光澤的小蜂現身了，落在數十公分外的黃色花朵上。牠顯然是一隻蘭花蜜蜂，雖然不像大衛描述的品種，不過牠肯定是在尋找花蜜，於是我密切地觀察，看牠努力擠過花瓣。然而，這朵花還不想把珍貴的貨品交給任何蜜蜂，在無法擠進蜜腺的情況下，牠最後只好放棄，飛到別的地方碰運氣。好吧！窺探亞馬遜運作方式的稀有時機尚未到來。不過，既然蜜蜂對氣味的敏感度是我們的百萬倍，希望不久後合適的授粉蜜蜂就會出現。因此，我舒舒服服地待在樹枝上，再次俯瞰叢林許久。遠方，安地斯山脈白雪皚皚的坡面，在新的一天出現的第一道曙光照射下，散發出柔和的粉紅光澤。

半小時後，一隻體型很大的黃色蜜蜂降落在同一朵花上，拉回了我的注意力。我之前並沒有看到這種蜜蜂。牠的體型是先前那隻金屬綠蜜蜂的兩倍，似乎完全符合大衛的描述。牠十分清楚究竟該做什麼，很快著手準備接近這朵花的祕寶。牠把頭胸強行擠入一個小洞，並將圍住的花瓣撥到一邊，動作完全不馬虎。牠健壯的後腳上堆滿橘色花粉，又扒又擠地把身體推進花朵深處。花瓣捲了回去，在蜜蜂的身後閉合，遮住了牠的身影，雖然我依然聽得見牠在裡面嗡嗡叫。幾秒後，牠重新出現，全身沾滿卡絲塔娜珍貴的花粉，更享受了一頓花蜜能量飲。牠只停頓了一下，用前腳撥了撥觸鬚，然後就飛快地穿越樹冠，尋找下一餐。我目睹了叢林裡最不受注目，卻又最重要的互動之一。該吃早餐了，於是我垂降到林地上，返回營地，準備好其他的架繩器具，打算隔天早上把凱文和大衛送上樹冠拍攝影片。

接下來兩天，我們成功拍攝到大衛垂掛在卡絲塔娜的樹冠上，蜜蜂就在他的身旁。這是一個好的開始，可是另外兩種與卡絲塔娜的生命週期有關的生物——蘭花和地鼠呢？

為這些花朵授粉的蘭花蜜蜂，只是少數力氣夠大，能夠通過花瓣防禦的品種之一，就連雄蜂也因為太弱小而無法進入花朵內部，因此卡絲塔娜的授粉必須由雌蜂完成。然而，雄蜂仍然有著自己的任務，為了吸引雌蜂交配，雄蜂必須讓自己全身沾滿特殊蘭花的香水，而這種蘭花就生長在樹冠的其他地方。這又和卡絲塔娜有什麼關係呢？沒有蘭花，就沒有交配；沒有交配，就沒有雌蜂替這些花朵授粉，也就沒有巴西堅果了。卡絲塔娜終究必須仰賴蘭花雌蜂挑選的香水，才能進行繁衍，而年產值將近四千萬英鎊的巴西堅果貿易市場也是如此。

那麼，地鼠又會在何時登場呢？要訴說故事的後半段，就必須在幾個月後重返祕魯，卡絲塔娜的炮彈果莢屆時才會成熟，並且掉落到林地上。

二〇〇四

回到馬爾多納多港，巨大的反差令人驚愕。上一次來到這裡，我覺得天氣相當沉悶，但現在是一月，時值雨季的高峰期，濕度平均為九〇%，氣溫維持在炎熱的攝氏三十二度上下。這種天氣在海灘度假很棒，但若是要攀樹就很辛苦了。我們離開英國時，英國正下著暴雪，在高速公路上看見一輛汽車打滑，在一片白茫茫中差點撞到一輛聯結車的記憶，彷彿已是遙遠的夢境，此時的我流著汗躺在旅館的床上，咒罵著天花板的電風扇為什麼轉得這麼慢。外面的街道上正在冒著熱氣。雨剛停不久，雨水在太陽的熱力下蒸散。房間開始晃動，於是我從二樓房間窗戶欄杆間探頭望去，就看見一輛巨大的伐木卡車在下方街道上搖搖晃晃地前進，掀起一陣柴油廢氣。剛剛砍下的原生桃花心木綁在拖車上，在巨大車輪後的泥地上則拖著一條條長長的樹皮。這幅景象有如醍醐灌頂，提醒了我這個地方面臨的環境壓力問題。

馬爾多納多港是（或者應該說過去是）典型的叢林邊城。它在橡膠潮的全盛期建立，是一個大熔爐，橡膠園大地主、礦工、伐木工、毒梟、娼妓全都混雜在此。如今周遭地區的林木已經完全被砍光了，但違法的金礦開採活動仍是一大問題，簡直可以說是環境災難，因為每天都有好幾公升的液態水銀被倒入馬德雷德迪奧斯河裡。諷刺的是，生態觀光在今天卻是一個很大的產業。不過，在十三年前還買得到摻有金粉的飲料，看得到為了防止金粉飛揚，油罐車將原油倒在泥巴路上，今日卻不復見。我等不及出城，回到樹上了。

凱文會和製片魯伯特一起回去朋友生物站拍攝，米爾科與我則會往馬德雷德迪奧斯河的另一個方向上溯。我們的目的地是瓦倫西亞湖（Lago Valencia），這是一座位於玻利維亞邊境的牛軛湖。米爾科向我保證，湖畔四周的原始林有數以百計的卡絲塔娜，因此我打算在所能找到最大棵的卡絲塔娜樹冠上，架設纜繩遙控攝影系統，拍攝果莢掛在枝頭等待掉落的景象。

船的引擎只有十二匹馬力，驅動船隻的速度勉強比水流快上一些，米爾科和我在高溫下被烘烤著，船身緩緩划過停泊在河道中央的金礦礦工水上棚屋。每間堪用的棚屋都有自己的柴油驅動輸送帶，篩出珍貴的金粉後，便會將爛泥和水銀倒回馬德雷德迪奧斯河。

五個小時後，舵手將船頭轉進旁邊的一條小水道，主河道被我們拋在後方。林木在頭上閉攏，我們緩緩溯溪而上，看著河中樹葉的倒影泛起波紋。翠鳥用我們的船玩起跳蛙遊戲，牠們飛在前面，但是在我們經過時，又穿越樹林回返。終於，我們來到一個搖搖欲墜的檢查哨。那是建立在沼澤地的一間水泥小屋，三個沒有穿上衣的警察坐在門廊，滿身大汗，他們是玻利維亞的邊境警察。他們隨意地對我們揮揮手，示意我們繼續往前，幾分鐘後，我們就走出樹林，來到廣闊的湖泊。主河道的漩渦與奔流現在由質地粗糙的點畫取而代之，彷彿水面上的指紋，賦予這座湖泊一種縈繞不去的靜謐。湖岸住著五十戶人家，位於森林邊緣。他們在一年中，有一半的時間在捕捉一種能直接呼吸空氣、重達兩百公斤的巨骨舌魚，另一半的時間則會收穫野生的巴西堅果。我望向森林，已經看得見高大的卡絲塔娜典型的穹頂樹冠，真是等不及近距離好好看看它們了。

夢境與現實交織的傳說

第一天，我們在濃密的叢林之中跋涉，盡可能地尋訪卡絲塔娜林。許多樹木下方都堆滿大量的腐敗空果莢，是去年收穫後留下的殘骸。每個果莢都用開山刀劈開，拋棄的空殼現在已經積滿水，形成數百個小小的池塘，是孳生蚊蟲的理想地點。

雖然我們看了數十棵樹，但卻沒找到一棵適合拍攝的。徒步走了六個小時、背著二十五公斤的背包、爬上樹冠一次，再加上那些汗蜂和嗜血的蚊子，全部結合在一起，讓我筋疲力盡。等回到湖畔的營地時，我已經累壞了。幸好，凱蒂用一大罐果汁來迎接我們。我們借住在漁夫家中，凱蒂正是漁夫之女。果汁正是我需要的，但是我上床睡覺時仍然覺得頭昏眼花，蠟燭散發出黃色和綠色的雙重光圈，在床邊搖曳著。

我疲憊不堪，陷入焦躁的睡眠裡，滿腦子都是混亂的夢境。隔天一早，我坐在湖畔的一棵樹旁，手裡拿著一杯咖啡，看著縷縷霧氣從如同鏡子般的水面升起。米爾科漫步走來，說他聽見我整夜在睡眠中輾轉反側。我描述了自己的夢境，結果他和凱蒂也都作了類似的夢，夢到在糾結的森林裡拚命地追逐。接著，米爾科告訴我，在四十五年前，這裡發生了雙屍謀殺案，有兩個人被搶走黃金後慘遭滅口。他還告訴我瓦倫西亞湖名稱的由來。二十五年前，一個名叫瓦倫西亞的男子在馬爾多納多港用開山刀殺死了自己的妻子，而後往馬德雷德迪奧斯河上游逃跑，撞見這座隱密的牛軛湖，於是便躲在這裡，直到妻子的家人找到他，並且殺了他。據米爾科所言，這裡因為揮之不去的夢魘而惡名昭彰，沉重的氛圍也讓它臭名在外。這裡確實有一段黑暗的歷史，但是話說回來，只要回溯得夠久遠，大部分的地方其實都是如此。

那天接下來的一切，就從當時開始走下坡的。我真的不明白，這裡有這麼多卡絲塔娜，我們應該會有一堆選擇才對。可是大部分樹木的果莢都已經掉落了，早晨過了一半時，我已經受夠像這樣漫無目的地四處遊蕩著，於是架繩攀爬上另一棵樹，尋找俯瞰整片樹冠的絕佳展望點。爬到樹頂後，我看見四周至少有十多棵卡絲塔娜，雖然有一部分仍有幾個成熟的果莢高掛在樹冠上，但是大部分看起來都沒有什麼果實。我們需要的是長滿果莢的樹冠，否則攝影機在一定的距離外無法拍攝出來。我拿出指南針，為看起來是最佳選項的一棵樹判別方位。那是一棵在四百公尺外的大樹，有著少少的幾個果莢。我垂降回到地面，前去尋找那棵樹。

我和米爾科在叢林中披荊斬棘，依據我的判斷，朝著那棵樹應該所在的方向前進，但是過了兩小時後，我們發現錯過它了。森林實在太過茂密，幾乎從哪一個方向都不可能看到十五公尺外的地方，因此即便只是誤差幾度，也會讓我們渾然未知地錯過一棵六十公尺高的樹。一切越來越荒謬，令人氣惱不已。因此，當我們撞見一條迂迴穿越森林的窄路時，我已經準備要好好休息了，於是卸下背包後就躺在地上。米爾科靠著附近一棵樹，陷入沉思中，一邊悠閒地用開山刀輕拍著樹枝。

過了幾分鐘後，我聽見有人背著重物朝著我們的方向快速走來的聲音。米爾科起身面對山徑，不一會兒，只見當地的一名巴西堅果採收工人出現在轉角。他的紅襯衫被汗水浸濕了，背上背著一個裝滿巴西堅果的黑色大袋子。一條織帶綁住袋子，套在他的額頭上，他的雙手在脖子後交叉，提供額外的支撐。他的身體向前傾，正沿著山徑半走半跑，用很快的速度閃避藤蔓與樹根。那個袋子肯定和我一樣重，這是非常辛苦的工作。我站起身，但純粹是出自對這名採收工人的敬意。他抬頭看我們，接著放慢速度，停下腳步，然後把袋子滑落到地面上，發出砰的一聲。這位巴西堅果採收工人認識米爾科，他坐在沉重的袋子上，點了一根菸，用一口金牙對著我們兩人微笑。我猜，他大概四十幾歲，非常強悍，但也非常友善。

米爾科和對方用西班牙語交談一陣子，接著男子就解開袋子的一角，拿出兩顆現採的巴西堅果，一顆拿給米爾科，另一顆則遞給我。我取出刀子，卻被告知只要用牙齒就行了。聖誕節時，巴西堅果總是留到最後才吃是有原因的，因此光用臼齒咬破巴西堅果的想法並不怎麼討喜。然而，我試了一下，驚訝地發現外殼十分柔軟，就像橘子皮一樣很輕易就咬開了，裡面的堅果則完全不像在英國商店買到的那種像水泥一樣硬的進口產品。它有著新鮮椰子的乳狀質地，很容易就剝落成一片片柔軟的果肉，嘗起來非常美味，無疑是我吃過最美味的巴西堅果。原來為了遵守國際貿易的規定，所有的巴西堅果在離開這個國家前都要完全烘乾，消除發霉的風險。聽起來很有道理，但還是很可惜，因為我方才吃下的那顆巴西堅果真的太美味了，真希望英國能有更多的人有機會品嘗到它們的天然滋味，那是陽光的滋味。

動身前，巴西堅果採收工人建議我們繼續沿著山徑走，去看看那裡的卡絲塔娜林。他今天在那裡待了一整天，但是仍有許多果莢在二十層樓高的微風中搖曳，隨時準備掉落。我們向他表示感謝，幫他提起沉重的袋子。他深吸一口氣，把頭帶滑到額頭上，身體向前傾，繼續沿著山徑，以穩健的步伐朝著湖岸走去。那天下午，我們已經沒有時間拜訪那片樹林了，但是決定隔天早上天一亮就馬上出發。

巴西堅果寶礦帶來的靈機一動

掛在我面前的果莢和一顆大葡萄柚差不多大，呈現巧克力色，至少有兩公斤重。我用指關節輕敲一下，它就在果梗上輕輕晃動著，果莢堅硬如鐵。我稍微拉了一下，開心地發現它仍然牢牢附著在樹枝上。這麼大的果莢（當地人稱為可可果）從地面上非常難以發現。我雖然曾看到幾顆，但是卡絲塔娜的樹冠實在太茂密了，深綠色的樹葉又大又密集，我得爬到這棵巨樹五十公尺高的樹頂上，才有辦法確定是不是找到了適合的樹。就和去年在朋友生物站上很難看清楚花朵的狀況一樣，我剛剛花了一個小時，手腳並用地攀爬巨大的樹枝，試著掌握掛在這裡的果莢數量有多少，能否讓我們進行拍攝。

既然果莢是從授粉的花朵發育而來，而花朵只長在樹枝的最外緣，自然也要在那裡才能找到絕大多數的果莢。此時，看看四周，我看見數十個果莢掛在亮白天空下的剪影。附近其他樹木的茂密枝葉間也有數百個果莢依偎在一起。基於某種原因，這片卡絲塔娜林的生長，落後靠近湖邊的那些卡絲塔娜林數週的時間，甚至還有幾串枯萎的花穗尚未掉落。這些樹永遠讓我驚奇連連，周圍的這些果莢至少花費一年的時間生長、成熟。這對任何樹木來說，都投注了相當大量的時間與精力。想到這棵樹年復一年地完成這項壯舉，便覺得非凡無比。

在林地上尋覓、跋涉多日後，能回到樹冠上的感覺真棒。我和米爾科在那天早上拂曉時分便離開營地，對於能夠找到什麼東西所抱持的希望幾乎隻字未提，免得說出口反而會招來厄運。然而，一個小時後來到巴西堅果採收工人所說的卡絲塔娜林，我們都露出放心的笑容，然後丟下背包，抬頭望向茂密的下層林木，看看應該先攀爬哪一棵巨樹。兩堆剛剛被打開的果莢，點出了我們的朋友昨天待在哪裡採收，堅果在果莢裡排列的方式就如同橘瓣一般。巴西堅果採收工人不會爬上樹木採收，而是會收集那些已經落地的果莢。由於這一天幾乎沒有什麼風吹過上方的那些枝葉，我研判在果莢底下往樹冠爬，應該安全無虞。即便如此，我還是貼緊樹幹攀爬，遠離垂掛著果莢的樹冠外緣。無論是否戴上頭盔，每年都有人被這些果莢砸死，硬得像石頭的果莢重達兩公斤，從四十五公尺的高度掉下來，是毫不留情的。

因此，挖到這座巴西堅果寶礦後，我和米爾科就開始著手架設纜繩遙控攝影系統，以便拍攝在樹冠高度穿梭於卡絲塔娜林的推軌鏡頭。今日，類似的鏡頭會使用遙控的空拍機來完成，但是在當年那個使用底片的年代裡，我們並沒有空拍機，攝影機本身就重達五公斤，所以狀況不太一樣。將近傍晚時分，我已經滿身大汗，疲憊不堪。不過，纜繩兩端的樹木都架設好了，鋼索也已經拉到離地四十五公尺的地方，在兩棵樹之間就定位。

正當我要為架設繩索進行最後加強時，有一道鋒面來襲，東方的天空變得越來越暗，我正準備回到樹下，一陣強風吹過整片樹林。並不是非常猛烈的強風，而是一道緩衝氣流，後面是接踵而至的大雨。但這已經足以吹落果莢了，第一個果莢掉落而下，發出咚的一聲，響徹樹林。米爾科隨即大喊一聲，以示警告。果莢差幾公尺就要打中他了，他連忙跑到我的正下方，緊貼卡絲塔娜的樹幹，叫我趕快下來，我們必須盡快離開那裡。風勢越來越強，咚咚聲也越來越頻繁，一個果莢掉下，擊中三公尺外的樹枝，接著朝著樹冠外彈出，往三十公尺下的林地掉落。我大叫一聲，警告米爾科，並加快速度垂降而下。

等我回到地面時，頭上的樹冠已經晃動得十分劇烈了，聽得見大雨步步進逼。我盡量靠近樹幹，但是當俯身拿起背包，準備把繩索捲好，放在這裡一晚時，突然有一陣氣流襲捲而來，一個大小和重量跟炮彈差不多的果莢隨即擊中地面，距離我不到一公尺。它掉落的力道之大，先是把落葉震到一旁，接著嵌進泥土裡，只看得見上半部。這下子，我們兩人都受夠了，我顧不得吊帶還穿在身上，就跟在米爾科身後，用最快的速度在山徑上奔逃，每一次聽見後面傳來更多果莢重擊地面的聲音時，都不由得瑟縮一下。

最巨大的渺小，最細微的浩瀚

雨下了一整晚，但是在黎明就停了。太陽探出頭來，叢林的熱氣開始蒸散。回到卡絲塔娜林進行拍攝的路上，我們差點踩到一根美麗的羽毛，因為它就落在山徑中央的枯枝落葉上。米爾科彎下腰撿起來，笑著拿給我看，道：「送給你，這是pluma de águila arpía。」一隻角鵰的胸羽，多棒的禮物啊！它很美，從象牙色到灰色的漸層，帶有黑炭條紋。「牠今天早上來過這裡。」米爾科一邊說，一邊四處張望，彷彿期待會在頭頂的樹枝上看見牠。「有可能是在狩獵刺豚鼠。」

刺豚鼠就是卡絲塔娜故事中遺漏的一環，牠是溫和膽小的嚙齒目動物，有一點像大型的褐色天竺鼠。曾讓我看得最清楚的刺豚鼠，就是在哥斯大黎加看見的那隻全身都是蚊子的可憐小生物。然而，這種卑微的生物卻是整座亞馬遜叢林裡，少數幾種牙齒銳利到足以鑿穿巴西堅果的外殼，取得裡面核果的哺乳類動物。此外，由於嚙齒目動物有一個習性，就是會未雨綢繆地把東西藏好，因此刺豚鼠會帶走沒有吃完的巴西堅果，然後埋起來。而牠們也和大多數嚙齒目動物一樣，常常會忘記自己把東西藏在哪裡（要不然就是牠們真的被角鵰逮到了），無法再回去挖掘出來。無論原因為何，下一代的卡絲塔娜就這樣萌芽，故事圓滿落幕。

像是要證明這一點似的，米爾科在我們的卡絲塔娜樹下方，發現一顆剛剛被打開的巴西堅果，這是前一天掉落的其中一顆。現在果莢只剩下空殼，旁邊有一個剛剛鑿開的洞，刺豚鼠便是從那裡一顆又一顆地取出堅果仁。這隻刺豚鼠顯然忙了一晚，因為就在附近某處，有數十顆巴西堅果被埋進枯枝落葉裡，注定日後被吃掉，或是留在原地發芽。卡絲塔娜還有最後一個讓人覺得驚奇的地方，就是倘若堅果仁真的發芽了，可以維持在幼苗的狀態數年，甚至是數十年，靜靜等待上方樹冠出現縫隙，讓重要的陽光照射進來。因此，三十公分高的幼樹很有可能已經三十歲了，就等著在陽光中占有一席之地的時機來臨。

最後一天的攝影工作進行得十分順利，米爾科和我拍到了需要的鏡頭，和凱文與魯伯特的長鏡頭結合，卡絲塔娜精采的故事就說完了。而這又是一個怎樣的故事？叢林巨木將自己的生存託付給蜜蜂對蘭花香氣的品味，以及刺豚鼠健忘的個性。對我來說，這些壯麗大樹的一切，似乎都全心全意地體現了亞馬遜——這座地球上最偉大又複雜的雨林。

第六章

—澳洲—
須臾的永恆

我環顧四周的森林，看起來是如此古老而永垂不朽。
和其他許多長壽的樹木相比，三百歲算是年輕的，
看著矗立在上方的巨大桉樹，
我很難接受這個轉瞬即逝生態系的短暫本質。
仔細一瞧，很容易就看出這樣的環境真的很動盪，
就像弩上之箭，隨時一觸即發。

二〇〇八

那是位於東南澳修謨高原（Hume Plateau）溫帶雨林的一個溫暖秋日。午後高溫將水分從桉樹的樹葉逼出，讓空氣中瀰漫著濃濃的尤加利精油香氣[8]。水氣形成一股淡藍色的霧靄，輕輕飄過林木，讓森林的呼吸變得有形可見。我靠著一棵巨大的倒木，深深吸氣，盡可能多吸一些芳香氣味到肺裡。我吐出氣，心跳漸漸趨於平緩。此時的我感覺平靜放鬆，經過英國到墨爾本的長途飛行後，伸展雙腿的感覺很棒。

真是累人的飛行，困在七四七機艙後側將近二十四個小時，身邊有一群醉醺醺的孩子全都要去度過他們的空檔年（gap-year）。但是，我現在已經在這裡了，沒有時間可以浪費。我們只有三天的時間可以拍攝一支半小時的影片，攀爬南半球最高大的樹木之一，並且在它的枝頭上過夜。只要一切按照計畫進行，三天剛好能夠拍完。可是，除了緊湊的時程以外，主持人蓋伊從來不曾攀樹。還真的是遇到大難題了，他必須迅速學會繩索的相關技巧，這是當然的。但是我對此卻不太擔心，因為他看起來滿靈巧的，也很樂於接受挑戰。等蓋伊明天加入時，可以訓練他一下。同一時間，我們必須找到合適的樹，否則其他的事都免談，而這部分一如往常，說比做還容易。

幸好，和我一起參與這場冒險的同伴，包括兩位澳洲最優秀的大樹專家。湯姆和布雷特共同發現、攀爬並測量這個國家裡大部分的菁英樹[9]，而我身旁的這棵倒木便證實了，澳洲真的擁有一些非常高大的樹木。

杏仁桉是地球上第二高的樹種，在高度上僅次於加州的海岸紅杉。目前發現最高的杏仁桉是有著一百公尺高的活生生摩天大樓，名叫百夫長（Centurion），生長在塔斯馬尼亞。緊追在後的是奧勒岡州的一棵花旗松，和海岸紅杉一樣也是松柏樹種。事實上，排名第四和第五的最高樹種也是原生於太平洋西北地區的松柏科。由此可見，澳洲的杏仁桉真的是特別卓越的樹種，是目前全球最高大的被子植物（也就是開花植物），而且肯定是南半球最高大的生物。

其實，許多人（不只是澳洲人）都認為，杏仁桉在過去也曾是地球上最高大的樹種。一百三十公尺高的巨樹傳說，隱約浮現在十九世紀的迷霧中。不過，這種事就交給植物學的老學究鑽研好了。我們從墨爾本往北方前進時，坐在四輪傳動的汽車後座，讓我看得心癢不已的那些九十公尺高樹木，是我看過最高大的生物，這才是重點。

8 譯注：桉樹即是尤加利樹，同為桉屬植物。

9 譯注：champion tree，指的是一個樹種當中最高大的一棵。世界各地的專家學者都在持續尋找每個樹種裡最高大的個體。

不記得有多久了，我一直非常渴望造訪這些神聖的森林。對愛樹人而言，它們是傳奇。在身旁的龐大枯枝只是更加深了我的執念，讓我迫切地想要盡快親近活生生的杏仁桉，與它建立更緊密的關係。

遺世獨立的雍容

湯姆和布雷特在前方穩健地穿越森林，亂七八糟的蕨葉簾幕在他們經過時隨之擺動，茂密的灌木叢讓他們隱沒在視線之外。我想要等一會兒再追上他們，因為現在身旁的這棵倒木讓我有些不安。我爬上它龐大的軀幹，望向六十公尺外遠遠的那一頭，整體呈現出根株不平整的輪廓。這棵樹是在離地沒有很高的地方攔腰折斷的。我轉過身，看向倒木的另一頭，想要推估它活著時究竟有多高，但是這根巨大木柱，在六公尺外便隱沒於一團斷枝和糾結的灌木叢中。也就是說，光是這棵樹的樹幹就有六十六公尺長，而在這之上則是樹冠的部分，因此這棵樹在倒下之前，很可能將近三十層樓高。在我的腳下，一條條長長的扭曲樹皮脫落了，露出堅硬的灰色木材，因為撞擊地面而形成鋸齒般的裂縫。它掉下來的時候，肯定給了地面重重一擊。從這裡來看，根株似乎是實心的，但是外表有可能會騙人，於是我湊近一看，發現它果然幾乎是空心的，裡面已經腐朽了。我對杏仁桉一無所知，以前從未看過杏仁桉，當然更沒有爬過杏仁桉，而眼前的情況讓我禁不住想問：要怎麼知道自己在攀爬的那棵樹內部是不是已經腐朽了？

我跳下倒木，跟隨在湯姆和布雷特後方，繼續深入森林。在蕨叢中挺進，我能感覺到蕨葉的鋸齒邊緣磨擦著我的臉頰。第一眼見到這些葉子時，會覺得它們看似柔軟嬌嫩，但是它們卻用觸覺提醒我，一切都不像外表看到的那樣；植物必須堅硬且帶有韌性，才能在此生存。

穿過蕨葉，來到一片開闊的下層林木，可以見到銀荊和黑荊幼樹遍布青苔的纖細樹幹。這些小樹將樹枝伸展成一把又一把由纖弱樹葉組成的陽傘，離地六到九公尺左右。在這些樹木之間有著更多的蕨類植物，黯淡鱗片狀的樹幹支撐著低垂長葉，在黃昏的光線下散發出祖母綠的光輝。它們的存在賦予這座森林一種古老的氛圍，這些從史前便存活至今的生物，早在桉樹演化前就已經出現了。

林地上鋪了一層糾結的樹皮碎片，又長又細的條狀樹皮散落成一張厚毯，好似削鉛筆時被削下的巨大薄片。我彎腰拾起一塊，非常乾燥易脆。我用掌心壓碎它，兩指揉成粉末。聞起來既辛香又苦澀，就和瀰漫在溫暖空氣中的芳香一樣。偶爾會有一大片樹皮倒在其他的枯枝落葉上。這些巨大的牛皮卷軸，來自於那些聳立在一切之上的杏仁桉。

正當我思索著要往哪裡走時，左前方遠處傳來一聲歡呼，接著又有另一聲回應。我在一棵巨木呈喇叭狀的樹下追上了布雷特。他正瞇著眼，用傾斜儀往上望向樹頂，反覆檢查數值，試著算出約略的高度。我對這棵樹的第一印象是，以這麼極端的高度而言，它實在是太瘦了，看起來很不合比例。如果其他的樹種有這樣的高度，體積通常會龐大許多，更粗大也更壯觀。不過，這棵樹雖然不夠大，但是它的雍容與優美卻大大彌補了這一點。

樹木的基部往外展開成星形，一塊塊乾燥的薄苔覆在上面，用手一拂就化為粉末。青苔底下是光滑的樹皮，表面稍有褶皺，摻雜著茶褐色與象牙色，摸起來堅固硬實，就像骨頭一樣。

離地十五公尺，長而細的樹皮正從樹幹上剝落垂下，如同彩帶一般，彷彿這棵樹是一隻巨大的爬蟲類或昆蟲，正在脫殼蛻皮。在此之上，新長出的樹皮是銀色的，看起來平滑新鮮，好像剛剛破繭而出。這根枝幹就這樣一直向上延伸了六十公尺左右，十分筆直，沒有任何枝幹。最低的那些樹枝充其量不過是腐朽的斷枝殘幹，突出在我們頭上二十層樓高的地方。第一批夠粗、夠堅固又未腐朽的樹枝，還要再向上十公尺才會出現。以這麼大的一棵樹而言，它的樹枝算是滿小的。有些樹枝十分筆直，有些則扭曲多瘤，但是我從這些樹枝與樹幹開闊的連接處可以得知，這種樹木非常堅韌乾淨。「除非它布滿了看不見的腐朽和空洞。」我警告自己，想起方才看到那根攔腰折斷的倒木。

強風吹襲下的堅忍求生

布雷特放開掛在頸上的傾斜儀鏡片，雙手開始忙碌著，敲打著一台古老計算機的鍵盤，十指瘋狂地計算。布雷特真是一個聰明的傢伙，他非常擅長數學，負責為我們找到新的菁英樹，讓我們爬上去拍攝。湯姆則負責指導蓋伊攀樹，我會垂吊在他們的身邊，拍攝他們向上攀的過程，以及在樹冠上過夜的經歷。接著，我們隔天早上會全部一起續攀到樹冠的最頂端，拍攝湯姆和布雷特測量這棵樹。布雷特最初在地面測出的數字會給我們一個約略值，但是即使在現今這個衛星和雷射的時代，要完全確定一棵樹的高度，唯一的方法仍是使用捲尺。這種老派與低科技的做法帶給人一種安心感，我很喜歡。

布雷特仍然沉浸在三角測量法中，從他的表情裡看不出任何線索，因此我又瞇著眼睛，抬頭望向眩目的陽光，細看這棵樹的樹冠。樹枝撐起一座由狀似羽毛的樹葉所組成的開闊樹冠，但是這座樹冠其實非常小。上方的綠葉數量看起來並不足以為這麼高的一棵樹木提供能量。我之前在婆羅洲等地就已經注意到這個現象了，有些最高大的樹木看起來似乎只依靠著異常稀疏的枝葉就能存活。我猜想是由於生長在經常遭受強風吹襲的地區，大樹因而演化出這種生存技能。開闊的樹冠風阻較小，可以將風帆效應（sail effect）降到最低。我的直覺是，這座森林必須和非常惡劣的天氣搏鬥，而散落一地的斷枝殘葉，以及在頭上數十公尺處的樹冠顫顫巍巍垂落的大量枯枝，進一步證實了我的猜測。這些枯枝的斷枝鬆鬆地垂著，看起來搖搖欲墜，似乎下一陣風就能吹落。在這種枯枝的正下方攀爬，等於是在挑戰命運。即使無風無雨，攀繩還是非常容易把鬆垮垮的物體弄斷，一根五十公斤的標槍以時速九十五公里沿著繩子落下，是攀樹人最不想要遇到的事。

往好的方面想，這些樹木非常開闊，應該很容易看到垂掛的枯枝，可以避開在枯枝正下方攀爬的風險。然而不幸的是，正是因為這樣的開闊性，攀爬過程也會有極大的威脅感與暴露感。我們要面對的是十分極端的高度，攀爬的前七十五公尺沒有任何樹枝，將會讓人神經非常緊繃。

世界上那些真的非常高大的樹木，大部分都是松柏。攀樹人攀爬紅杉、冷杉、雲杉等樹時，會發現自己被包覆在感覺安心的枝葉網絡中。真實的地平線會縮小，帶來安全的錯覺，尚未抵達樹頂之前，很容易就忘記自己置身在多高的地方。地球上已知最高大的一棵樹，是生長在加州的一棵海岸紅杉「亥伯龍」（Hyperion）。它的高度驚人，共一百一十五公尺，讓人不禁望而卻步，茂密的樹冠像皮草大衣般將攀樹人包覆在內。三十八層樓依然是很長的一段路程，如果墜落也要花費整整五秒的時間，非常恐怖。但重點是，攀爬像亥伯龍這樣的林木，由於自身處境的危險本質被阻隔在視線之外，因此是可以讓人更加放鬆享受的體驗，不會讓你的心臟一直快要跳出來，頻頻回頭張望。

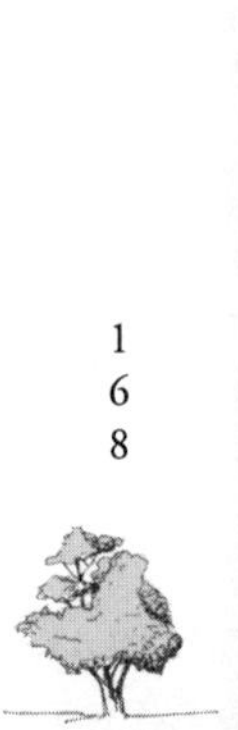

浴火鳳凰般的薪火相傳

現在眼前的這棵樹，樹冠穿的衣服就好比是一件網眼背心，而非皮草大衣，赤裸又毫不讓步。我在腦海中想像自己懸掛在六十公尺高的地方，連第一根樹枝都還沒有爬到，會是什麼感覺？我笑了笑，因為過不了多久就會知道答案了。我的心跳加速，感覺腎上腺素熟悉的刺癢感滲入肌肉之中。

附近的灌木叢裡有著另一棵倒木。湯姆出現了，沿著倒木向我們走來。他的雙手遮擋在眼睛上方，抬頭凝視著樹冠，接著跳到布雷特的身旁。

湯姆問道：「你覺得怎麼樣？」

布雷特回答道：「可能有九十公尺，或許再矮一點。」

高於八十七公尺的，都有可能是菁英樹，也就是澳洲大陸最高的其中一棵樹。但是，我們無法肯定確切的高度，必須爬到樹上拿出捲尺來測量才會知道。第一印象很少會是可靠的，湯姆和布雷特的經驗豐富，很明白這一點。因此，除了布雷特的三角測量法，他們還想要做最後一項確認，再讓我們真正開始攀爬這棵樹⋯⋯

我之前就在想，像這樣的一座森林，所有的成樹看起來都如此相像，要找出只比其他樹高一點的那棵個體一定非常不容易。這些樹有可能只差幾公分，要清楚而筆直地從地面上一路看到最頂端的枝條，實在是太困難了。樹冠通常呈現拱形，對任何從遙遠下方往上看的人來說，常會出現許多登山者口中的「假山頂」。因此，誰敢說我們右邊的那一棵樹，不會比面前的這一棵高了十五公分呢？我們沒有時間全部下注，同時攀爬好幾棵不同的樹，因此我猜想湯姆和布雷特應該會有解決這個難題的妙計。我問湯姆，他叫我等著看就是了。

湯姆說：「一切都會真相大白。」

白晝漸漸消逝，陰影像手指般慢慢溜上銀白樹幹。我們三個坐在倒木上舒適地等待，暮色漸濃，我問布雷特，為什麼周遭的杏仁桉大小都差不多，肯定一直都有較年輕的樹木從下層林木裡長出來才對。

布雷特回答道：「這是一個火成極盛相（fire-climax）的生態系。每隔數百年，就會出現十分猛烈的野火，橫掃整座森林，消滅途經的一切。然而，即便樹木在烈焰中死亡，火焰的熱力卻會烤乾果莢，等大火熄滅後，這些果莢就會裂開，讓數百萬顆種子撒在厚厚的肥沃灰燼層。於是，播種了下一代，像鳳凰般在烈焰中誕生。」

我問道：「所以這些巨樹並不像外表看起來這麼老嗎？」

布雷特指著我們目前最鍾愛的那棵樹，說道：「這邊這一棵大概只有三百歲，這一整群的杏仁桉推測是在一七〇〇年代初期的一場大火之後萌芽的。它渴望燃燒，才是可怕的。」

「這些樹長得很快。」他繼續說道：「它們在生長速度上投入許多能量，剩下的能量很少，無法對付最終可能會讓它們倒下的腐朽和腐爛所形成的樹洞……就像這一棵。」他輕輕拍了一下我們坐著的這棵倒木。「我們周遭的這些傢伙現在已經接近自然生命的尾聲，它們已經開始崩壞。如果在下一場大火來臨前，在還能發育的種子有機會掉落前，它們就先老死了，杏仁桉很有可能就會在這裡消失了。」

湯姆補充道：「遲早會有一場大火燒光這裡，這是無可避免的。那會是極為炙熱的一天，整座森林會燃起熊熊大火，一切在一、兩個小時內就會結束。就是那樣，森林會消失。」

我環顧四周的森林，看起來是如此古老而永垂不朽。和其他許多長壽的樹木相比，三百歲算是年輕的，看著矗立在上方的巨大桉樹，我很難接受這個轉瞬即逝生態系的短暫本質。仔細一瞧，很容易就看出這樣的環境真的很動盪，就像弩上之箭，隨時一觸即發。地面、空氣、身旁的一切，全都非常乾燥，沒有任何一絲水氣，炎熱的空氣中瀰漫著易燃的桉樹油，就連浸滿精油的細長樹皮也開始變得不祥，彷彿從樹上垂下的燭芯。這些巨樹能像汽油彈般爆炸，要讓它們著火只需要一道閃電或一根隨意丟棄的菸蒂。這是四大元素之一的土地，完全受到地、火、風、水之間的危險關係所擺布，是隨時會燃燒的巨大易燃物。

夜色越來越深，有許多樹木此時已經完全被陰影籠罩了。不過，一些較高的樹，包括我們頭上的這一棵，最頂端的枝葉依然沐浴在美麗的落日餘暉中。最終，樹木一一被越升越高的陰影遮住了，宛如一根接著一根的蠟燭被掐熄，最後終於只剩下布雷特所選的那棵樹，仍被夕陽的最後幾絲光芒點亮著，它顯然比鄰近的樹木高了至少幾十公分。所以，就這麼確定了，我們找到了要攀爬的樹木。

攀爬閃閃發光的高空樹冠

隔天早上，導演梅爾和主持人蓋伊來了。前一天，我們善用時間，於是今天就直接前往選中的那棵樹。我將眾多工具袋的其中一個甩到背上，接著彎腰拿起攝影機。我對時差發生了反應，從午夜時分就沒有闔眼。現在才剛過六點，我已經喝下三杯咖啡了，這幾天肯定會十分漫長。我心裡的盤算是，一旦開始攀爬，咖啡因就會轉化為腎上腺素。

前往那棵樹的路上，沿途的景觀很美，森林閃閃發光。剛剛升起的太陽，所碰觸到的一切似乎都變得更加鮮明。剛剛舒展開來的蕨類，漩渦形嫩葉上的纖毛如光環般發亮，細微的塵埃在光線中輕輕飄動著；斜照的陽光在高大的銀色樹幹上映出有如老虎般的金色斑紋，我們頭上的高空樹冠則在微風中閃爍。真是一座華美的森林，可是布雷特的一席話卻言猶在耳，揮之不去，這座森林的大限將至。

我們的計畫是由湯姆先爬上樹，幫我和蓋伊在一根較高的樹枝上架設幾條繩子。我會在蓋伊的身旁攀爬著，專心拍攝他攀樹的過程。我也要負責蓋伊的安全：他會和兩條不同的繩索相連，我會一直待在他的附近，萬一他陷入困境，我就可以立刻出手相救。梅爾會待在地面上，從下方拍攝，她會用無線電與我們保持聯繫。

我靠著那棵巨大的倒木往後仰，讓沉重的背包滑下肩膀。自從我們抵達後，都還沒有打開背包，因此裡面的繩索依舊冰冰的，仍然和在一萬公尺的高空待了二十四小時之後一樣。我用雙手一寸寸地檢查，同一時間整齊地纏繞繩索，讓它落在身旁的地上。繩子的狀況良好，和全新的一樣，所以沒有必要檢查，但是我覺得在使用前讓繩子滑過雙手的這個動作，是讓我自己準備好要進行重大攀登時十分重要的一部分。

強大的十字弓發出緊繃的聲響，讓我抬起頭來。只見湯姆站在十五公尺外，十字弓還高舉在肩膀上。我的視線追隨著弩箭，直到它消失在高空中藍綠色的薄霧裡。魚線咻咻地飛離線軸，發出尖銳的嘶嘶聲，在半空中拖曳著，形成一圈圈霓虹色的螺旋。弩箭到達頂點時停頓一下，懸浮在那裡，顯然拿不定主意，緊接著地心引力就占了上風，它發出越來越快的嗖嗖聲，高速往下掉落。湯姆讓弩箭像魚一般移動，輕輕捲起多餘的繩段，讓它不被樹枝卡住。我瞇著眼睛，目光越過蓬亂的蕨叢，注視著魚線，卻仍在二十五層樓高的刺眼薄霧中失去它的蹤影。太陽現在高掛空中，天空以帶有冷冽的飽和色澤燃燒著，那是一片赤裸裸、幾乎呈現金屬光澤的藍，彷彿充滿紫外線。魚線在微風中輕輕翻騰，一陣陣的反射光在細線上上下下奔跑著。弩箭現在懸掛在樹的另一側，離地一．五公尺，在魚線上緩緩旋轉著。一陣微風吹過高空中的樹冠，讓弩箭上升幾公分，接著又掉落而下，繼續轉動著。

我問湯姆道：「你看得見它在哪一根樹枝上嗎？」

他回答道：「不確定，希望是最上面右邊的那根樹杈。」

湯姆指的樹枝，是那對在樹頂上像鹿角般樹杈的右邊那一根。可以把魚線拉過幾個小斷枝，讓它往下掉幾公尺的距離，卡在那對鹿角的中間位置，但令我驚訝的是，湯姆卻直接把攀繩綁在線上。不需要調整，他十分滿意魚線的位置，接著迫不及待地開始攀爬。湯姆轉動線軸的把手，一條紅色細繩立刻沿著魚線而上，宛如印度的憑空爬繩魔術。繩子升到那根最高的樹枝時，湯姆戴著手套抓住魚線，把它拉過樹枝，然後回到林地。那條攀繩的直徑是八毫米，以延展性低、抗拉性高的克維拉纖維所製成，負重能力與粗上許多的標準尼龍繩相仿，但是細得就如同鞋帶一樣。我通常會用直徑十毫米的繩索攀樹，相信我，多出來的兩毫米真的有助於你在高空中放鬆。

攀樹好手的華麗技巧

湯姆把繩端繞住我們身旁的倒木，接著將自己拉離地面，測試上方那根樹枝的強度。我看見鹿角彎曲了，像釣到魚的魚竿那樣沉了一下。樹枝撐住了，並沒有斷裂，所以他又重複測試，還加上了布雷特的體重。雖然樹枝變得更彎了，但是依然撐住了。如果在離地一．五公尺的地方可以支撐住兩個人的重量，在九十公尺的高空就能撐得住湯姆。這個邏輯沒有問題，但我還是覺得十分不安，視線沿著細繩往上，越過高空那根和手腕差不多粗細的樹枝。因為繩子是從我們這一側越過樹枝的，而湯姆會在另外一側攀爬，倘若樹枝真的斷了，繩子將會掉到三公尺下的樹杈基部後卡住。他不會重重摔落九十公尺，但是即使只掉落三公尺，在沒有彈性可以吸收衝擊力的單繩上墜落仍是相當可怕的。

我絕對不可能用一條這麼細的繩子，綁在這麼纖細孤立的樹枝上來攀爬。但是，以我對湯姆的了解，我知道他做事一向比我來得有膽量，我從來沒看過他在壓力之下驚慌失措。在二〇〇五年的一趟婆羅洲之旅中，我第一次看見湯姆攀樹，當時的情景仍然歷歷在目。我們當時參與國家地理學會（National Geographic Society）的一次探險，要尋找世界上最高大的熱帶闊葉樹。我當時只是扮演協助的角色，但是身為團隊中最重要的攀樹師，湯姆率先找到方法，爬上一棵巨樹的最頂端，結果那棵樹真的破了世界紀錄。湯姆的攀爬風格非常迅速流暢，他常常會在樹枝上奔跑，接著跳入半空中，再以體操選手般的完美姿態降落到十公尺外的另一根樹枝上。我從很久以前就學會，別在意觀看湯姆攀樹時可能會產生的不當焦慮感，因此現在也提醒自己，只要好好享受在全世界最厲害的一位攀樹師身邊攀爬的體驗就好了。

湯姆準備妥當，我把攝影機拿來。他戴上頭盔，把褲管塞進襪子裡，然後把胸口和手部的夾鉗扣在紅色細繩上。他往後坐在吊帶裡，抬起膝蓋，開始攀登，一寸寸在半空中快速往上爬。他從下層林木冒出頭，進入上方的開闊空間，所有人的目光都盯著他。他垂掛在距離樹幹四・五公尺的地方，一邊攀爬，一邊輕輕轉動。上方的繩子很緊繃，下方的繩子則像是紅色能量的螺旋般瘋狂舞動著。

鉤環的噹啷聲和繩索輕柔的磨擦，穿透了反常的寂靜，飄揚到我們的耳邊。整座森林都在注意，變得十分安靜，沒有任何動靜，沉思的靜默讓最微小的聲響彷彿都產生了回音。

布雷特面帶微笑地看著湯姆攀爬，蓋伊則是雙手環抱在胸前，靜靜地站立觀看。蓋伊睜大眼睛，我知道他在想什麼。湯姆出現在樹上，讓整個畫面有了比例尺，巨大的樹木讓湯姆變得好小。我了解蓋伊的惶恐，但是也知道要消除這種恐懼的唯一方法，就是親自上場。

克維拉繩索的低延展性，讓湯姆可以快速朝著天空移動，所以他很快就到達上層樹冠。遠方傳來鉤環敲擊空心木材的聲音，笑翠鳥馬上發出刺耳的叫聲作為回應。湯姆放下一條細細的投擲繩，把我們的攀繩拉了上去。他把攀繩固定在一根樹枝上，接著往後靠，一邊欣賞著眼前的景致，一邊等我們爬上去加入他的行列。蓋伊剛剛才短暫練習一下攀爬，現在已經在離地六公尺的地方等我了。我把攝影機扛在肩上，爬上樹旁的倒木，將繩索卡進攀爬上升器裡，上升器立刻應聲扣上。這下子，繩子吊著我，我和這棵巨木繫在一起了。一切感覺都拉緊了，準備就緒，於是我在倒木上一蹬，接著向外盪出，開始攀登。隨著我盡可能地把上升器往上推，感覺脈搏越來越快。我出發了，接下來的二十四小時，這棵森林巨樹就是我的家。

與蕨類和銀荊相伴的樹冠營地

蓋伊和我仍置身在下層林木，但是環顧四周，看得出來我們一旦突破蕨類的遮蔽，進入上方的空間，應該就能看見周遭數十公尺。我們繼續挺進，肩並著肩，並且不時停下來拍攝蓋伊的攀樹感言。

現在我們和從上方剝落的幾片巨大樹皮末端一樣高了。將其中一片樹皮拉向自己，我驚訝地發現它很沉重。我隨即鬆開手，樹皮砰的一聲就重重打到主幹，一小陣塵土和殘遺接著掉落到地面上。我抬頭看見樹皮在頭上十公尺處與主幹相連，整棵主幹到處都垂落著類似的樹皮，好比剝皮剝了一半的大香蕉。乾枯的樹皮又厚又粗，就像曬乾的皮革，並不像樹，反而帶著獸性。

我之前並不曉得，居然會有這麼多沉重的樹皮，一條條垂落在我們的頭上。我把左手伸到樹的另一邊，輕拉其中一條樹皮，發現十分牢固。於是我用力一拉，預期它會脫落，像弄濕的壁紙一樣掉落到樹下，但是它卻文風不動。這讓我對於接下來十公尺都要掛在它們正下方的狀況感到比較安心一些，但我還是決定盡快往上推進。

我們繼續攀爬。我會先將條狀樹皮推到一旁，再把腳伸進條狀樹皮之間，踩在底下堅固的主幹上。正當這麼做時，我打擾到一隻扁平的大蜘蛛，牠飛快爬過我的靴子，馬上消失在陰影之中。垂掛的樹皮底下，肯定住著看不見的完整生態系。我真的很想多了解一點那裡有些什麼，卻無意多加干涉。我之前還在納悶，為什麼湯姆開始攀爬前要把褲管塞進襪子裡，現在終於知道了，於是也跟著照辦。樹皮底下的昆蟲生物也說明湯姆戴手套的原因，但是如果戴著手套，我就無法操作攝影機，所以只好繼續讓手套掛在我的吊帶後面。

幾分鐘後，我爬到條狀樹皮的頂端，也就是樹皮彎曲，垂下長長三角旗的地方。大樹就在這裡蛻去老舊的皮膚，露出光鮮亮麗的新皮。然而，從遠處看來是均勻的銀色，原來是許多深淺不一的色調綜合而成的蒙太奇拼貼，我用手指輕撫著，覺得摸起來更像是人類的皮膚，而非樹皮。

先前因為一心只想趕快爬到垂掛樹皮的上方，讓我分心了，現在我在繩子上轉過身，才第一次受到眼前的景觀衝擊，不禁屏息讚嘆。我在上層林木，垂吊在高於蕨類和銀荊的開闊空間裡，但是仍距上層樹冠十分遙遠。巨大的銀色樹幹向四面八方綿延，進入遠方的藍色霧靄中，彷彿穿透深海的光柱般閃爍不已。間隔一致的林木所產生的整體效果十分壯觀，縹緲之美簡直帶有禪意，我從未看過如此優雅的森林。

目光從這片景色轉移，我發現我們還有很多的事要做，時間正在快速流逝。現在已經過了中午，我必須繼續拍攝蓋伊攀樹的過程。在天黑前，還要建好樹冠營地，但是蓋伊像著迷似地懸吊在那裡，盯著眼前的景觀。我沒有那麼鐵石心腸地打斷他，因此等他準備好了，才說我們應該繼續挺進，盡快與湯姆會合。

離地三十公尺，我們差不多爬到一半了，要抵達開闊的過渡地帶，如今唯一的選擇就是繼續向上爬。仍被繩索吊著的我彈跳離開樹幹，伸長脖子看看仍在高處的樹冠。我們的繩索似乎永無止盡地向上延伸，在天空中看不見的某處匯聚成一點。從這裡，我可以看見遙遠的下方有著數以百計的鮮綠蕨類。當我們終於爬到樹冠時，湯姆正在一根大樹枝上等著我們。我們距離樹頂還有十公尺左右，但是較低矮的這些樹枝非常適合架設吊床，我們可以睡在這裡。蓋伊慢慢往後移，把重心輕輕轉移到身旁的樹枝上。我把一條可調式短繩的末端拋到頭上三公尺的一根樹杈上，將重心從那條把我和七十五公尺以下的林地連結在一起的長繩移開。現在吊著我的短繩帶來較大的彈性，可以在樹枝間快速移動，拍攝湯姆和蓋伊閒聊的畫面，而它也讓我更能仔細觀看這棵樹的結構。我們將在樹上度過二十個小時，所以不如花點時間好好認識我的新家。

在離地二十五層樓的高度搖曳入夢

這裡鬆垂的條狀樹皮較少，露出的木材很光滑，擁有象牙般的細緻紋理。稀疏的樹冠完全暴露出這棵樹的整體架構。它的骨架赤裸裸地呈現在眼前，我發現這種開誠布公的結構並不像叢林闊葉林裡那些被殘遺掩埋的髒臭樹枝，是令人耳目一新的變化。我用掌心輕撫一根樹枝，可以感受木材的流動與紋理，感受著樹枝旋繞過主幹的裂縫和坑洞。我注意到一些細微的地方，例如：樹枝基部的褶皺宛如沙地中的波紋，並且開始明白，憑著數十年在這些森林裡攀爬的經歷，湯姆是如何看待這些樹木的，他肯定一眼就看出木材的強度。湯姆架設在鹿角右邊樹杈的固定點仍在頭上很高的地方，並不比我的手臂來得粗，但是他憑藉著無數小時的攀樹經驗，決定將自己的生命交付在這根樹枝上；這樣的決定源於與生俱來對樹木生長方式的認識。

即使在這麼高的地方，主幹仍然有幾公尺粗。望向下方的虛空，我猜我們大約在八十公尺高的地方，比歌利亞高了整整三十公尺。樹幹上有好幾個坑洞。有些洞完全敞開，我再次壓抑著想要伸手進去摸一摸的本能，因為在二十六層樓高的樹上被蜘蛛咬到絕對不是好事。其他坑洞裡塞滿扭曲斷裂的螺旋枯枝，是腐朽樹枝的殘遺。整棵樹充滿隱蔽處與裂縫，是很棒的棲息之所，無疑讓許多不同的生物得以在此生存，我很好奇天黑之後會有什麼東西爬出來。

下方用來進入樹冠的主要繩索開始伸縮，我知道布雷特正爬上來與我們會合。午後的時光過了一半，正是架設過夜營地的時機。要找到足夠的固定點，將數張吊床並排在一起，是相當棘手的事。每張吊床的前後都需要一個固定點，如果不小心，整張吊床還有可能會纏繞在一起，變成一團糾結的尼龍網。湯姆著手架設他和布雷特的吊床，我則開始來處理自己與蓋伊的部分。我希望晚上時能在舒適的吊床上用紅外線攝影機來拍攝蓋伊，因此意圖將兩張吊床的距離架設得很近。湯姆很快就開始忙碌著，在樹冠上到處翻轉，活像伊斯蘭教托缽僧在跳旋轉舞蹈，而我也拍到幾個蓋伊觀看湯姆工作的鏡頭。等我們架設吊床完畢，已經接近傍晚時分了，下方遙遠的林地陷入陰影之中。我讓蓋伊繼續繫在垂降裝置上，這樣一來，如果我們半夜必須從樹上撤離，他就能以最少的麻煩回到地面上，只需要翻出吊床，壓住握把即可。

膠捲還有幾個小時就要拍完了，於是我打開睡袋，爬到吊床裡，接著伸伸懶腰。腿部的血液重新流回身體，我將吊帶的腿環鬆開一點，讓自己舒適一些。其他人正在輕聲閒聊，我用手肘撐起身體，往外望向整座森林。

離林地八十公尺高的地方，是我至今為止睡過最高的樹。我從吊床邊緣往下看，沿著越來越細的樹幹直直望向遙遠下方的林地，突然覺得待在這麼高的地方真是可笑，居然刻意選擇睡在一張離地二十五層樓高的帆布床上。一滴刺骨的汗水刺痛前額，我隨即覺得自己短暫地失去平衡。我讓自己沉浸在這種感覺裡，直到它漸漸消退。陶醉在墜落所帶來的淨化感受，知道自己正安安全全地繫在樹上，除非整棵樹倒下，否則我不會掉落到任何地方。在這麼一個平靜祥和的夜晚，是不會有這種危險的。

色彩漸漸從周遭的景色流失，直到一切變成藍與紫的水墨畫。其他樹木的銀柱是最後融入夜色的事物，一個接著一個像是鬼魅般消融。此刻，一切既黑暗又沉靜。我翻身仰躺，看著上方的樹枝。攀爬的疲憊感發揮作用，我陷入夢鄉之中。

驚天動地的暗夜鬼魅

數小時後我醒來了，空氣十分沉悶、寂靜而漆黑。我本能地摸索著繩子，然後拉一拉，確認自己還繫在繩子上。某種東西讓我驚醒，但會是什麼呢？我躺在黑暗中，等待答案揭曉。有一種鬱結的氛圍，開始吹起一陣微風，我聽見周遭的黑暗裡傳來木頭嘎吱作響的不祥聲音。風勢增強，遠方很快也傳來砰砰聲和沉悶的撞擊聲，響徹整座森林，沉重的條狀樹皮轉來轉去，像是巨大的風鈴。有什麼東西正在醞釀，我躺在那裡，感覺突如其來的一陣上升氣流讓吊床左右搖擺。

暴風在凌晨兩點左右來襲，一陣溫暖氣流在黑暗中出現，打落枯枝，樹上下起木頭雨，擊中地面時發出帶有回音的轟隆聲。木頭在張力下發出哀鳴，整棵樹開始鼓起，就像是帆船的主桅。頭上的樹枝在黑暗裡上下晃動，我也隨之感覺到繩索的拉扯。我打開頭燈，從吊床的邊緣探出頭，但是卻又迅速縮回，因為有一陣旋轉飛舞的樹葉從黑夜裡吹到我的臉上。我無法看穿這片黑暗，因此關上頭燈，轉而專注在我能聽見的東西上。我的世界現在是看不見的一片混亂，充滿呼嘯聲，我們所在的這一棵又高又瘦的樹木正在亂晃。我忍不住想著，狀況會變得有多糟？我們應不應該撤退？腐朽倒木的影像再度浮上我的心頭，我不禁納悶著我們所在的樹木是否也充滿空洞，正在悄悄蛀蝕它的強度。

我繼續關著頭燈，透過攝影機的紅外線模式觀看四周的景象。蓋伊在睡袋裡動來動去，我不知道他到底是不是醒著。湯姆和布雷特的吊床在樹幹的另外一側，為了看看他們是否還在睡，我犯下大錯，在吊床裡站起來，一陣狂風恰好就在此時擊中我們所在的樹木。我立刻失去平衡，身上繫著繩子被吹了出去，在黑暗中翻轉掉落。我把自己拉回樹上，抵擋著強風，雙腳平貼在巨大的樹幹上。狂風瞬間像火車般掃過樹冠，所有的一切都朝著我歪斜而來，我空蕩蕩的吊床就像是風帆一樣被強風橫掃，睡袋和睡墊都被甩入虛無之中。

蓋伊這時候醒了，盯著黑暗，右手緊緊抓著頭上的繩子，但是湯姆和布雷特則是一動也不動，他們在睡袋裡，彷彿什麼事也沒有發生。他們不可能不被吵醒，而他們還沒有撤退的這一點給了我信心。我放鬆了一些，就像綁在繩子上的一顆果實，認命地接受在繩索上被風亂吹的感覺。垂掛在旋轉的氣流中，就好像高空跳傘一般。

破紀錄的八十八公尺冒險

終於，狂暴的強風趨於緩和，變得較為平靜，於是我回到吊床裡，躺著聆聽遠方的隆隆聲和其他樹木在周遭黑暗裡舞動的嗖嗖聲。就在天亮前，風完全平息了。當我醒來時，全身覆滿樹枝與落葉，往下看向森林，但卻完全找不到我的睡袋。空氣十分沉靜，風暴宛如暗夜的鬼魅，已經遠離了。

太陽尚未升起，空氣中飄浮著塵埃，黎明前的微光帶著一種令人稍稍作嘔的昏黃色調。湯姆站起來，像泰山一樣盪過來，降落在蓋伊身旁的樹枝上。蓋伊迎接他，說：「茶或咖啡就可以了，謝謝你，湯姆。不需要一頓熟食早餐。」蓋伊表現得滿好的，畢竟這是他第一次在樹上過夜。昨晚是辛苦的一夜。

我們拆下吊床，由布雷特把它們送下樹。在我們的頭頂上方還有不少樹要爬，湯姆率先開始攀爬最後的一段。主幹很快就變窄了，此時直徑只有六十公分，而且看起來完全是空心的。我看向其中一個空洞，立刻就看見陽光從另一邊射入。這一次，我忍不住把整隻手伸進樹幹裡。我們正在攀爬一根空心的管子，而且頭上還有六公尺要爬。

我抬頭看了湯姆一眼，他露出大大的笑容，回答我尚未說出口的疑問：「別擔心，這個傢伙很強壯的，沒有心材也能活得很好。」

然而，三個人在上層樹枝攀爬，加總的重量會不會成為最後一根稻草，造成枝幹斷裂的災難？有可能，但是我們已經在這裡了，於是我把這些念頭逐出腦海，繼續挺進。湯姆這時候來到主幹的頂端，坐在一根大樹杈上，兩根樹枝呈現對角向上生長，這就是我們在下面看到的鹿角，終於成功來到距離這棵樹最頂端的幾公尺處。我們正要與湯姆會合時，他快速評估一下哪一根樹杈較高，然後就把一捆繩索拋過一根纖細的樹枝，接著又蹦又跳地爬上去，大型捲尺在吊帶背後彈來彈去。我們現在離地約莫八十五公尺，湯姆正在攀爬的那根樹枝並不比我的前臂來得粗。看起來真的非常危險，但是我必須相信他知道自己在做什麼。

又開始起風了，強風間歇性地襲來。每吹來一陣風，支撐我們重量的樹枝就會承受更大的壓力。雖然木頭天生就能承受這些自然力量，可是這些樹枝並不粗大。湯姆在鹿角的右樹杈上被風吹打，當他放下捲尺時，捲尺被吹成巨大的白色弧線。線軸不斷轉動，發出尖銳的聲響，載重的末端加速垂落半空。彷彿過了無止盡的時間後，我們聽見遠方傳來咚一聲的回音，湯姆的無線電劈里啪啦地發出聲音。布雷特拿到捲尺，現在正站在樹下：

他說：「好，把它繞緊。停，就是這樣……好，讀數。」

湯姆綳緊捲尺，仔細觀看上面的數字。「八十八公尺又十八公分。」他對著無線電說道。

風勢真的越來越大了，湯姆回到下方，降落在蓋伊身旁的一根腐朽斷枝，兩人對著攝影機握手。這棵樹比塔斯馬尼亞的百夫長矮了十一公尺，比澳洲大陸最高的杏仁桉，名叫「大個子」（Big Ash One）的巨木矮了四公尺；大個子就生長在同一座森林裡，距離我們不到一公里。大個子高達九十二公尺，和自由女神像的高度差不多，因此以顯著的差距保住了寶座。然而，任何高於八十七公尺的樹都是相當罕見特殊的，值得獲得認可。因此，我們所在的樹可以自豪地名列在澳洲大陸前十二高的樹木中。

湯姆的無線電又發出劈里啪啦的聲音。「我幫她想好了名字。」布雷特說：「咆哮瑪格。」「咆哮」是因為我們晚上經歷的那一場呼嘯暴風，但是「瑪格」呢？就只有布雷特才會知道答案了，不過這個名字似乎非常適合這棵樹。

蓋伊和湯姆開始進行回到地面的漫長垂降，但是我想要花一點時間回顧一下我們的成就，因此繼續待在樹上，看著周遭的樹冠在微風中舞動。這一次的攀爬十分成功，咆哮瑪格或許不是最高大的，但真的是一個美人，而且我們在樹枝上過夜時，還經歷了一場精采的冒險。我也打破個人紀錄，有生以來第一次在樹上攀爬超過八十七公尺的高度。

如果我知道不久後會發生什麼事，一定會在樹上待得更久，花時間好好品味這千載難逢的機緣，但是我很快開始進行垂降，與那個按表操課和長途飛行的世界重逢。瑪格是我唯一爬過的杏仁桉，而我也打算繼續維持這個狀態，畢竟要超越這個紀錄是很困難的。

火光寂滅處的無常

咆哮瑪格在我們拜訪後不到一年就死亡了。二〇〇九年二月，澳洲史上最嚴重的野火肆虐維多利亞省。二月七日，墨爾本的氣溫飆高到攝氏四十六度，時速一百二十五公里的西北風橫掃全省，吹垮了修謨高原西邊的電線。接踵而來的大火延燒一片草原，大火燒毀一塊松木造林地，接著往東南方穿越住宅區和國家公園，五個小時後抵達國王湖鎮（Kinglake）。後來被稱為國王湖複合大火的野火就這樣持續燃燒一個月，三月初才終於受到控制。那時候，已經有三十三萬公頃的土地被火舌吞噬。

瑪格就位於國王湖國家公園裡的小袋鼠溪（Wallaby Creek）集水區，就在大火延燒的路徑上。最近，我再次和布雷特聯絡時，他說：「小袋鼠溪現在肯定已經面目全非，一片八到十五公尺高的新生樹苗，上方矗立著一群高達八十公尺，數量越來越少的淺灰色枯枝。」

現在最高大的杏仁桉只生長在塔斯馬尼亞島。但是誰知道呢？說不定再過兩、三百年，會有一棵攜帶著瑪格基因的巨木矗立在原本的位置。

國王湖大火只是一系列大火的其中之一，這些大火有些會匯聚成更大的火勢、有些則會分裂得更小，在二〇〇九年肆虐墨爾本東北部的整個地區，總共造成超過四十萬公頃的土地被摧毀、一千兩百棟房屋遭到燒毀，四百十四人受傷，一百七十三人身亡。

面對這麼可怕悲慘的人類痛苦與傷亡，很難去哀悼一棵樹或甚至一整座森林的消逝。就某方面而言，這場大火對這些樹其實無關緊要，它們還能再長回來。它們已經開始重新生長，森林將會回復。然而，真正讓我心裡淌血的，是想起在二〇〇八年前往森林路上短暫經過的當地社區，在不到一年之後的那幾週恐怖時期所必須忍受的一切。

第七章

—加彭—
蜂群來襲

牠會到處走動，用象鼻一一撿起地上的果實，
小心放進嘴裡，就像是在吃糖果似的。
牠肯定感覺到有人在窺探，立刻就以驚人的速度轉身面對我，
片刻後便靜靜大步走入黑暗之中，頭顱高高昂起，
象牙在晨光中散發出黃色的光芒，
舉手投足都和我記得的牠一樣宏偉。

二〇〇八

我穿上吊帶，仔細研究即將攀爬的這棵樹。樹幹有很深的溝紋和凹槽，在基部展開，就像是一隻龐然大物的腳。大部分的板根都有看得出來絕對是被大象破壞的傷疤，這是象牙深鑿後留下的痕跡，現在正在慢慢結痂。深褐色的樹汁慢慢凝結，好似糖蜜，用來保護底下的活組織，樹的右半邊滿是深灰色的泥巴，是大象用來磨蹭身體的地方。在此之上，樹木扭曲的樹幹是紅褐色的，大片鬆脫的樹皮讓它有著蓬亂的外表。我撕下位置較低的一片樹皮，露出底下一塊顏色較淡的新生樹皮。撕下的樹皮很脆，像是焦掉的吐司，聞起來帶有霉味和辛辣味，這座森林的一切聞起來都是如此。空氣中瀰漫著腐敗植物、惡臭沼澤與絕對是大象麝香的濃烈氣味，縈繞不散。我不時會感覺到沉悶的空氣稍稍流動，可以聞到海水的味道。遠方隱約傳來波濤打在岸邊的隆隆聲，不斷提醒著我，這不是一座尋常的森林。

這裡是剛果茂密的森林終於綿延到大西洋海岸的地方。沿著海岸橫亙數百公里的一道細長白沙，將樹的世界與水的世界區隔開來。那塊荒蕪的無人地帶散落著被太陽曬乾的無數倒木枯枝。大西洋的滔天巨浪帶著漫不經心的輕蔑神氣，將重達數噸的巨木拋到海灘上。剛果棋逢敵手，整塊區域彷彿充斥著一股不安寧的休戰氛圍，就好像森林正在等著哪一天海水終於上升，沖走一切。

在野生林搭建樹屋的難題

我將攀繩扣在胸前的夾鉗上，拉出多餘的繩段，接著一腳蹬離地面。這棵樹生長在一座內陸巨大潟湖的邊緣，我在繩索末端向外溢出，垂掛在距離黑水一．五公尺的地方。有很多大鱷魚就埋伏在湖裡，我反射性地快速往上攀爬幾公尺，拉開自己與黑色水面之間的距離。這棵樹的主幹在離地四．五公尺的地方，分成三根垂直的枝幹。這些枝幹繼續向上生長，最後在上方三十公尺處擴展成一座樹枝繁多的巨大樹冠。這是中非地區的典型闊葉樹種之一，當地稱為「ozouga」[10]，是多瘤的山怪，木材比鋼鐵還要堅硬。

等我爬到十公尺高的地方時，已經確定這就是我需要的完美樹木。過去這三天來，我穿梭在森林之中，尋找具有足夠強度與大小的樹，現在終於找到了，讓我頓時鬆了一口氣。

一家電視節目製片公司與我簽約，請我設計並建造一座有著泰山風格的終極叢林樹屋。製片團隊挑選加彭偏遠海岸的這一塊野生林，第一眼看來，這個地點似乎確實十分完美。這裡完全無人居住，是由森林、大草原及內陸潟湖組成的原始馬賽克拼貼，有大象、大猩猩、黑猩猩、水

10　譯注：即加彭硬鐵木，學名為 Sacoglottis gabonensis。

牛、犀牛和鱷魚在其中棲息。然而，細看之下，才發現能選擇的樹木少之又少。

這是一趟場勘之旅，我需要找到一棵夠宏偉、夠有存在感，本身就十分具有自我特色的樹木。我需要一棵叢林巨木，能夠提供完美的視覺背景，襯托將在樹上居住一個月的三位電視節目主持人，同時這棵樹也必須非常穩固、健康才行。然而，這座狹長的森林夾在海洋和潟湖之間，數百年來遭受無情的海岸氣候摧殘，變成一團由扭曲的藤本植物和殘破樹木所組成的茂密糾結亂樹林。每當有一棵樹比其他樹木來得高時，就會被大西洋掃來的狂風暴雨打回低矮的原形。樹冠上垂落許多的枯枝，有很多較大的樹木都是以十分危險的角度傾斜著，努力抓牢鬆軟的沙地。

我現在攀爬的這棵硬鐵木是一大例外。難怪這棵樹會盡可能長在離海越遠越好的地方，就在潟湖湖岸的最邊緣，西邊有八百公尺的森林保護，而且想吸取多少水就有多少水。這棵樹高達四十五公尺，雖然並沒有很高，但是它龐大的型態卻大大彌補這個缺點，三根巨大的中心枝幹能為樹屋的主要底板提供足夠的支撐。我可以設計量身打造的結構，包住這些巨大的枝幹，這棵樹木的木材絕對夠穩固，能支撐好幾噸的桁梁與木板。事情有了不錯的進展，於是我對著詹姆斯（節目製片）和約瑟夫（我們的森林嚮導）這兩位夥伴大喊，讓他們知道可以留我獨自待在這裡一段時間。他們一邊聊天，一邊走進森林裡閒晃，我則繼續攀爬，來到十五公尺高的地方。

在這個高度，三根枝幹像是巨大的手指一樣分開，我拿出筆記本，記下幾個想法和可能的設計，一切都結合得相當好。接下來兩天，我可以好好測量這棵樹，繪製平面圖，作為建造樹屋的堅固基礎。我垂在吊帶裡，想像著樹屋正在建設，在我的四周成形。

毫不留情的蜂群突襲

我的繩子在正上方穿過一層薄薄的樹葉。我穿透枝葉，進入上方的開闊樹冠。離地二十公尺，我被一片由巨大的水平樹枝組成的雜亂網絡所圍繞，其中有好幾根樹枝的直徑超過一公尺，看起來非常穩固。它們朝著四面八方延伸，提供幾乎無限多的設計可能。我發現上方三公尺處有一根折斷的殘枝，看起來可能是空心的，於是決定靠近一點查看，免得樹木中心會有尚未發現的腐朽情況。

就在此時，一隻落單的蜜蜂飛來，盤旋在我的臉前方一公尺處。牠開始憤怒地左右迅速飛動，我還沒有時間搞清楚狀況，牠就飛過來螫了我的右眉毛。我連忙趕走牠，在牠飛走後，留下了螫針。我試圖拔出來，但笨拙的手指卻只是反而擠壓到附著的毒囊，讓更多毒液流入體內。非洲蜜蜂螫得真用力，我的指尖隨即流出鮮血。可是，牠們並不會沒來由就螫人，我發現自己一定是不小心碰到蜂窩了。我連忙看了上面那根空心的殘枝一眼，證實了心中的擔憂。現在那裡冒出一大片黑壓壓的小點。那隻垂死的蜜蜂把螫針留在我身上後，就直接飛回蜂窩，留下牠憤怒的費洛蒙痕跡，讓下一批保衛大軍得以追蹤。幾秒後，援軍來到，直接發動攻勢。第一隻螫中我的左眼皮，同時又有另一隻爬進我的鼻孔，螫了左鼻孔。我感覺得到有好幾隻蜜蜂想要鑽進嘴裡。每隻蜜蜂在螫完我之後，都會回到蜂窩裡，叫來更多的支援，整個狀況頓時一發不可收拾，我在離地二十公尺的地方，雙手不停亂揮。

其中有一隻蜜蜂硬是擠進我緊閉的嘴脣，螫了左臉頰內側。我用牙齒把牠咬碎吐出，但是又有三隻蜜蜂飛進來做出同樣的事。我立刻感覺喉嚨腫脹，並且開始過度換氣。腎上腺素像電波般竄流全身，心跳瘋狂加速。如果出現過敏反應，我的喉嚨將會腫脹，並且堵住氣管，接著眼前很快就會一片漆黑，我將會失去意識，掛在繩索上。這時候，數十隻蜜蜂爬進背後的襯衫裡，還有其他蜜蜂鑽進頭盔的通氣孔，不斷螫著我的頭皮。我的頭部充滿毒素，周邊視覺漸漸渙散。我眼冒金星，知道繼續待下去就只有死路一條。

我必須回到樹下，但卻仍吊掛在七層樓高的地方，像被細線操縱的木偶一樣亂揮亂踢。然而，要換到垂降裝置，就表示我的手在忙著做這件事時會讓臉露出來，無法受到保護。我無法清楚思考，正在逐漸失去意識，但是雙手卻熟悉整個流程，將繩索送入垂降裝置中、踏上足鐙、解開胸口夾鉗、往後坐、移除手部夾鉗，開始下降！

即將陷入昏厥之際，我用盡力氣按壓垂降裝置的握把，滑下繩子的速度跟自由墜落沒有兩樣。蜜蜂跟著我飛下樹，於是我盪到湖岸邊，匆忙地將吊帶滑下臀部，把它留在繩子上，接著跳入潟湖，尋求庇護。鱷魚們一定很吃驚。我全身沉入水中，不敢相信居然還繼續被幾隻頑強的蜜蜂所螫。我摘下頭盔，把那些還卡在頭髮和耳朵裡的蜜蜂壓扁。我努力憋氣，直到無法撐不住為止，然後沿著樹木彎彎曲曲的長樹根爬回岸上。主要的進攻已經結束了，但是我當然不會繼續逗留，引來更多的攻擊，於是就跌跌撞撞地衝進森林裡，盡可能離那群憤怒的蜜蜂越遠越好。

幾分鐘後，我停下來喘口氣。我出現耳鳴的狀況，聽覺模糊，彷彿還待在水面下。沒有再聽見憤怒的嗡嗡聲，讓我鬆了一口氣，但是我的呼吸不順，還很微弱。我感覺自己好像剛剛灌下一瓶威士忌，有一種想要嘔吐的衝動，但是卻因為沒有任何東西可吐，所以就只是乾嘔著，這個動作讓我努力吸進空氣。唯一還跟著我的蜜蜂，是那些卡在我衣服皺摺的，牠們緩慢而痛苦地扭曲著，身後流下黃色的內臟。空氣中充斥著毒液的苦澀味道，毒素造成的可怕紅疹蔓延我的整隻手背。我正在出現過敏反應，可是手邊卻沒有治療的藥物，只好專心調整氣息，緩慢地深呼吸，試圖放慢心跳，阻止毒素擴散全身。我迫切需要一劑抗組織胺，因此在揮開最後幾隻垂死的蜜蜂後，我開始往一．五公里外的營地走去。我東倒西歪，踉蹌前進，像是一個醉漢。剛開始湧入全身的腎上腺素已經消退了，讓我感覺非常疲憊、困惑、意識混亂，還不停顫抖著，我的狀況非常糟糕。

遠離死神的那一刻

數小時後，我在營地的床上醒來。周遭漆黑涼爽，我聽見外面有雨聲，遠方偶爾會傳來雷聲，棲息在小屋上方木椽的蝙蝠發出一陣興奮尖銳的吱吱聲。我摸出枕頭下的頭燈，立刻就因為周圍白色蚊帳反射的光線而感到刺眼。一切都不像是真的，我花費一段時間才認清自己身在何處，還有發生了什麼事。我痛苦的大叫和示警的呼喊傳進森林裡，詹姆斯和約瑟夫聽見動靜，因此連忙跑回硬鐵木。當他們抵達現場時，我早已離開潟湖，慌亂中與他們擦身而過。約瑟夫明白發生了什麼事，快速帶著詹姆斯遠離危險地帶，走了一條捷徑，在遠離獸徑的安全距離找到我。他們協助我返回營地，施打一劑抗組織胺，然後送我上床休息。

感謝老天，我的喉嚨已經完全消腫了，但卻依然覺得頭昏眼花，迷惑不已。我現在還感覺得到身上的每根螫針，光是頭、手就數了至少四十根，有好幾根讓我覺得是針上針。我的下唇腫大，自從念書時嘴角被揍了一拳後，就不曾再經歷這種狀況。同時右耳十分灼熱，枕頭上有幾處乾涸的血跡，我感覺到眼窩邊緣和手背都有嚴重的瘀青，因為這些部位的骨頭與皮膚之間沒有什麼肉，無法緩衝螫針的力道。總而言之，我覺得自己好像剛剛和重量級拳擊手比劃了三回合。但是我還活著，到頭來這才是最重要的，那真的是生與死都有可能發生的狀況。

整個經歷可以說是一場夢魘。然而，還有別的事讓我煩惱。那些蜜蜂的行為不太對勁，牠們是直接螫我的臉。這些以前從未看過人類的蜜蜂，不知道為什麼竟然會知道眼睛、嘴巴、鼻子是應該全力攻擊的部位，這種與生俱來的集體智慧讓我有些惴惴不安。不過，我想這在演化上是有道理的，因為牠們習慣防衛自己的寶貴蜂蜜，以免被愛吃甜食的大型靈長類吃光。黑猩猩、大猩猩、人類……我猜，我們對蜜蜂來說都長得一樣。

我關上頭燈，繼續躺在令人安心的黑暗裡。撫慰人心的雨聲夾雜著遠處海灘上的海潮聲，有助於放鬆，我躺在那裡，而在即將入睡之際，責怪自己沒有把急救箱帶在身邊，攀爬前也沒有察覺有蜂窩存在的跡象。在把繩子射到樹上前，我就應該多花一些時間仔細檢查那棵樹。我平常會這麼做，但是由於花費這麼多時間找尋適合的樹木，終於找到一棵不錯的之後，實在讓我大大鬆了一口氣，因此才會控制不住興奮之情。我因為太過安逸，卸下防備。我閉上雙眼，沉入輕柔泡沫的浪花中，陷入深沉的睡眠。

幸運之神眷顧下的新選擇

我在隔天清晨四點半醒來。在床上躺了一個小時左右，等待日出，然後拿著一杯熱茶走到湖邊，看著太陽從迷霧中升起。我的關節十分僵硬，全身痠痛，但是毒素已經消散，腦袋也變得清晰了。

我一點也不急著回到森林，更別說回去拿吊帶了，但是我們只剩下兩天可以尋找合適的樹木。和約瑟夫溜回去，將繩索從硬鐵木上取下，感覺像是某種療法，就像是重新經歷過去的創傷或重返犯罪現場一樣，但我想這對我來說是好的。我沒有看見或聽見任何活生生的蜜蜂，但是像這樣的好天氣，蜂群一定非常活躍。我發現吊帶仍然扣在繩子上，無精打采地垂落在樹下。吊帶上爬滿螞蟻，忙著收拾蜜蜂扭曲的屍體；這些蜜蜂犧牲了自己，保衛蜂窩。我看了原本應該非常完美的這棵樹最後一眼，然後回到森林裡，繼續尋覓。

蒙幸運之神眷顧，兩個小時後，我們站在另一棵很有希望的樹木旁，它同樣生長在湖岸邊。約瑟夫用開山刀的刀面輕拍樹木，說：「伊巴納（ebana）。」我用以前在學校學過的一點點法文，詢問他這是不是很穩固的好樹種。他的臉頓時一亮，咧嘴笑道：「對，這是很好的樹。很穩固，沒問題的。」

約瑟夫是當地塞泰卡馬（Sette Cama）村長的兒子。他和我一樣高，但是肩膀較寬，有著奇怪的幽默感。我第一次見到他時，就一起到潟湖游泳。他消失在黑暗的水面下，接著抓住我的腿，把我往下拉，然後對著我驚恐的表情歇斯底里地大笑著。而後他很嚴厲地警告我，這裡有很大隻的鱷魚，當時我們正在距離湖岸邊一百公尺的地方涉水。為什麼我們還在乾燥的陸地時，他不告訴我這件事，讓我完全無法理解，但是他顯然覺得這很好笑，我立刻就喜歡上他了。

雖然同樣生長在湖岸邊，但是現在矗立在約瑟夫和我面前的這棵樹，與前一天的硬鐵木非常不同，「蜜蜂樹」的外表粗重魁梧，但是這棵伊巴納卻十分優雅，幾乎可以說是精美。它的樹皮是斑駁的灰色，有點粗糙，摸起來像是舊砂紙被磨平的表面。這棵樹也經常被大象磨蹭，樹幹上覆滿層層泥巴，有些還是濕的，呈現黑色。它在離地五公尺的地方，分出三根樹幹，每根樹幹則又分出更多枝椏。上層樹冠在我們頭頂上方三十公尺處隨風搖擺，它的本身就是一座茂密的樹林。整體而言，這棵樹讓我想起被修去樹梢的古老山毛櫸，也就是我在新森林非常熟知的那種樹。我用望遠鏡仔細觀查，沒有看見任何坑洞或損壞，於是射出繩子後架好。吊帶上殘留不去的輕微蜜蜂毒液氣味讓我心跳加快，於是我深呼吸，試著專注在眼前的工作上。

把繩子架在可以讓我往上爬過樹的中心位置，超越主幹後，我垂掛在一排美麗開放的枝幹列柱中，隨著我向上攀升，枝幹的數量越來越多，也越來越細。我盪過樹木的中心區域，抓住位於樹冠另一頭的一根枝幹。我的重量讓它彎曲，接著放手後盪開，它又彈了回去，輕輕撞上鄰近的枝幹。接近樹頂時，我從枝葉間瞥見潟湖。我的繩子已經用完了，但是頭上還有六公尺的樹冠要攀爬，於是我換成挽索，繼續向上。在這個高度上，樹冠橫跨大約十五公尺的距離，有許多枝幹從我的右邊向外延展，就像是教堂迴廊的列柱一般，接著繞了一圈，又回到我的左邊。我可以清楚看見遙遠下方的潟湖，水面在炙熱的非洲太陽下發出如同鑽石般的光芒，但是在上方的樹冠裡，空氣十分輕盈、滿是生機又涼爽。我已經離開了汙濁的下層林木，清新的微風中有著鹹鹹的海潮味。風一吹，整棵樹便輕柔晃動，枝幹也跟著繞圈，然後越繞越大，直到彼此輕輕撞在一起，宛如帶著一絲歉意，好比在舞池裡翩翩起舞的人們。我往下望向樹木的中心，看向下方二十五公尺的主幹，巨大的枝幹緩緩起落，就像大章魚或海葵的觸手。我閉上眼睛，感受周遭的一切起伏流動，馨香的空氣吹乾我的汗水，我知道我們終於找到了想要的樹。

與公象的近距離接觸

兩天後，詹姆斯和我回到英國，把所有的事情準備好。又過了十天，我回到加彭，帶著好幾箱工具和一大堆攀爬器材。詹姆斯待在英國寫完腳本，我這一次則有尼克相伴。尼克是英國的攀樹同行，懂得如何攀樹，也很了解樹木結構，我們將會一起搭建樹屋。在我不在的這段期間，約瑟夫從他的村莊裡募集一支人數雖少但陣容堅強的團隊來幫忙。我們有三週的時間，要在聖誕節前盡可能做好越多的事。時間並不充裕，而且我繪製的樹屋設計圖還滿有野心的，不過只要訂購的木材送到，就能開始搭建。

木材並沒有送來。我們在甘巴（Gamba）的一間小伐木場購買木材，這是距離我們最近的一座夠大規模的城鎮，從潟湖的另一邊要搭四個小時的船才能到達。看來伐木場老闆已經有好幾天不見人影，似乎從地球表面上消失了。我們的時程很急迫，一共只有二十二天可以搭建樹屋，隨著每一個杳無音信的日子流逝，我變得越來越焦躁不安。我告訴自己，一切都會沒事的，這只是小小的延遲，一切都會順利完成。然而，中非時常把最好的計畫當成笑話來看待。六天後，我的樂觀似乎越來越沒有根據，而這還是委婉的說法。就算木材在明天送到了，也只剩下兩週能夠搭建樹屋。我們都很沮喪，於是尼克和我決定到海灘跑一跑，再到海裡游泳，反正就是離開營地，燃燒一些精力，免得我們都要發瘋了。我們就像是觀光客，拎著毛巾和夾腳拖鞋，前往荒涼的海岸。

白沙在我們的眼前綿延形成長長的圓弧，消失在北方地平線的低矮浪霧中。海浪湧上海灘，慢慢崩裂成永無止盡的巨大碎浪，被陽光曬得退成白色的倒木遺骸有一半埋在沙中，就像是恐龍化石。在我們右側的森林，像是一面由高大植物形成的厚牆，偶爾會有一棵樹往前傾，遮住漲潮最高點的位置，而樹蔭底下實在太暗了，無論我多麼努力瞇著雙眼，都無法看穿樹下的幽暗。

我把毛巾放在一根倒木上，慢慢走去那排森林小解。正當摸索著要脫下短褲時，我瞄到樹林裡有動靜，抬頭一看，只見前方的茂密叢林被某個龐然大物踐踏破壞，而且牠的移動速度非常快。幾秒後，一頭巨大的公象就從隱蔽處衝了出來，筆直地朝著我全力衝刺而來。牠的黑色大耳向外張開，象鼻憤怒地緊緊捲起，但真正引起我注意的是牠長達兩公尺的象牙，正以驚人的速度逼近。或許牠只是想要嚇唬我，但牠看起來真的不像是在開玩笑，沒有警告，沒有吼叫，就只是秉持著可怕而沉默的意念，伴隨著重達五噸的身軀穿過樹幹和灌木叢時（宛如穿越草叢般輕鬆），所產生的不祥枝葉斷裂聲。牠現在距離我十五公尺遠，用著很快就能追上的速度。我立刻轉身，以最快的速度赤腳往海灘奔逃，一邊跑著，還一邊拉上短褲。我對著尼克大喊，在經過他身邊時，還拍拍他的背：「有大象！快跑！」尼克立刻就明白發生了什麼事，馬上全速衝刺，跟我一起跳入海中。

公象追到海邊，牠原本已經快要追到我們了，但是海灘在這裡出現陡峭的傾斜，因此牠只能停在六公尺外的沙地，對著我們怒吼。吼叫聲震耳欲聾，比海浪聲還要來得大。那是無法如願的原始怒吼，即使我在水深及腰的浪沫中，也能感覺胸口隨之震動。當牠把象鼻舉高，發出大吼時，我可以清楚地看進牠張開的粉紅大嘴。牠將鼻子往外甩了一下，表達無能為力的憤怒，接著低下頭，張開被荊棘劃傷的大耳，好像想要直接衝入海裡。

我和尼克又後退幾步，所以牠打消主意，換成用腳踢了我們一身的沙。牠非常的生氣，對我們的存在憤怒不已。但是我也察覺到，牠現在站在那裡左右甩頭，其實帶著一絲孩子氣的驕傲。猛烈的波濤開始拖著我們，與海灘平行移動著。從公象的肢體語言中，可以看出牠相當得意，趾高氣揚地跟在我們旁邊走著，偶爾斜眼瞥向我們，確實清楚傳達這是牠的地盤。尾隨我們一段時間後，牠漫步走回森林，我們則是半涉水、半游泳地回到營地。我惱怒地想著，看來我們還是有跑到步、游到泳。

尼克和我偷偷溜回小屋，全身濕透，好像受到懲罰的小孩。幸好我們沒有撞見約瑟夫，否則肯定會被當成笑柄說個沒完。我倒了一點藥酒，與尼克並肩坐著，望向潟湖，靜靜地想著事情。

「手冊裡沒有寫到這一點，對吧？」尼克喃喃說道。

緊鑼密鼓的趕工行程

隔天早上六點，我捧著一杯熱茶，慵懶地坐著看織布鳥在水邊撿拾草葉。這些黑紅相間的小鳥不停飛到屋子上方的棕櫚樹，身後拖著長長的草片，宛如派對上的彩帶。每棵樹上都掛著數十個鳥巢，就像聖誕彩球一樣，彷彿一座掛滿迷你樹屋的空中花園，個個型態完美，每棵棕櫚樹上都十分熱鬧。我羨慕地看著牠們築巢，這時候的我早該在選定的那棵樹上搭建樹屋了。我剛剛把注意力轉移到升起的太陽，就聽見遠處傳來引擎的低鳴聲。尼克這時候也走了過來，一艘藍色汽艇從潟湖的那一頭出現，像幻影般從清晨的薄霧中現身。船上堆得高高的木材，船體吃水很深。木板和桁梁橫跨船舷堆疊著，突出船舷三公尺。約瑟夫坐在這一堆木材上，大聲指揮著舵手。汽艇掠過湖面，形成一個大弧，駛向潟湖湖岸。約瑟夫咧嘴而笑，我們跑上前指引船頭靠岸。

我們浪費了七天，等的就是這一刻。搭建時間消失了三分之一，只剩下兩週可以搭建樹屋。

雪上加霜的是，我此時發現第一批送來的只有屋頂的建材，而目前迫切需要的是主結構的桁梁。但是我已經不在乎了，只覺得如釋重負，接著就把所有的東西卸載到草地上。其餘的木材抵達時，這一天剩下的時間可能已經過了，但是至少開始送到了。木材商信守承諾，我鬆了一口氣，知道隔天早上總算可以爬上樹，進行我們來這裡要完成的任務。

電鋸粗暴地劃破清晨的安寧和靜謐。這個怪物機械是在甘巴租的，型式老舊，刀片超過一．二公尺長，完全沒有任何安全裝置。電鋸清了幾次嗓子之後才活過來，發出巨吼，打著赤腳負責操作的歐賓，馬上就淹沒在排放出來的藍綠色廢氣裡。他不斷發動引擎，直到電鋸發出尖銳的聲響為止，接著將鋸子放在一塊木板上，讓它空轉，直到彈到枯枝落葉上停止運轉為止。我的耳朵嗡嗡叫，化學物質的焦味在空氣中消散不去，與周圍環境的寧靜很不協調。

我們站在伊巴納旁一塊剛剛清理出來的空地上，頭上的樹葉因為昨晚下雨，所以還在滴水，所有的一切都背著光，在清晨的陽光下散發祖母綠的光輝。湖面折射的光圈閃閃發亮，沿著伊巴納的銀色樹幹上下浮動。一隻翠鳥飛過我們身邊，抄捷徑穿越森林，潟湖的高空上，則有一群白鷺鷥滑翔飛過平靜明亮如鏡的水面。製造出這麼吵鬧的喧囂，感覺好像有違天理，但是沒有其他的辦法。我們的手鋸無法鋸斷用熱帶硬木做成的主結構桁梁，只能完全仰賴那個像是得了狂犬病般的機器，它正躺在歐賓腳下的枯枝落葉上冒著煙。

第一件工作是要爬上樹，對著下面喊出長、寬、高等數字，讓塞泰卡馬團隊把桁梁修成正確的大小。我們能夠找到這些人真的是撿到寶了，其中一位名叫賈斯汀的人是很有天分的木工。他擔任領班的角色，尼克和我在樹枝間跳來跳去時，他就在地面負責讓一切順利運作。

我穿上吊帶，再次細看眼前的這棵樹，然後將攀繩拋過樹枝，把自己拉上去，往內盪向沾滿泥巴的樹幹。我的目光跟著舞動的樹幹水波倒影往上看，望向高處的樹木結構。我突然有種出乎預料的罪惡感，這棵樹和周遭環境完美協調，雖然我不知道它存活多少年了，但是在此之前，它一直平靜地生活在這座森林裡屬於它的安靜角落，注定應該會順著天意慢慢變老，然後死去。可是現在為了拍攝電視節目，它的命運即將永遠改變。我搖搖頭，誓言無論發生什麼事，建造的樹屋一定不可以傷害這棵樹。我很有把握，不需要釘釘子就可以建好支撐的平台，但是我們仍然會加諸許多額外的負擔在這棵樹身上，因此必須分散重量，讓伊巴納可以在安全範圍內承受重量。此外，在為電視節目付出後，它還必須繼續長久過著有用的「樹」生。總而言之，我不想把這件事搞砸，成為毀了這麼美麗生物的禍首。

於是，我這輩子最充實的兩週開始了。每天早上，團隊成員會在天亮時開船來到我和尼克位於湖畔的小屋接我們。我們會直接到那棵樹下，爬上繩子，在前幾個小時內盡量完成越多的工作，直到熱力將我們悶得像糖蜜一般，迫使一切戛然而止。我把樹屋設計成使用鋼纜垂吊著，鋼纜則固定在高空樹冠的樹杈上。第一件事就是要先做好這些。因此，第一天早上六點時，尼克和我早就在將近二十五公尺高的樹枝間盪來盪去，讓鋼纜像鐵藤般垂下，在距離林地六公尺的地方掛著，準備用來繞在主要負責承重的桁梁兩端。

主要底板很快就成形了。鐵鎚和鑿子無止盡的敲擊聲伴隨著電鋸的巨響，每個人都全力以赴地工作，全心投入。這種工作需要花費很大的精力，如何讓身體獲得足夠的食物補給，很快就成為重要的問題。我們沒有時間每天回到營地吃午餐，因此每天早上九點，就會有一位不同的成員停下工作，獨自坐船離開，過了幾個小時回來後，水桶裡總是一定會裝著五、六條新鮮的魚。塞泰卡馬的小夥子個個都是捕魚高手，當我和尼克在高空晃來盪去，地面團隊切割木頭，再把木頭拉上樹給我們時，其中一位成員就會生火，準備美味無比的燜魚。

午餐時間很快就成為一天之中最重要的時光。尼克和我早就吃光小屋的存糧，知道不會有晚餐吃，所以總會趁著午餐時多吃一點，吃到動彈不得為止。我們會狼吞虎嚥，然後爬到陰涼處打盹一個小時。兩點時，我們會氣喘吁吁地回到樹上，繼續釘著木板。不過，到了三點，熱力終於散去時，我們的活力就會達到巔峰，進度飛快。我們會在樹上盪來盪去，瘋狂工作，裝釘木板和桁梁的速度之快，常常讓地面團隊來不及鋸好木頭。我們每天都在樹上工作，直到天色漸暗為止。午後的金黃陽光會沿著優雅的銀色樹幹進一步退到更上方，直到整棵樹被西邊林木落下的陰影遮蔽為止。熱帶地區的黃昏時分很短暫，會吞沒周遭環境的顏色，鐵鎚和電鋸變得安靜無聲。每天晚上，當我們把東西收好，走到船上時，就會聽見遠方傳來樹枝的斷裂聲，接著是大象低沉的呼喚，牠們開始穿越森林，前往湖岸覓食。

雪上加霜的惡劣環境

仰躺在黑暗中，頭上的木椽某處傳來一隻老鼠被蛇生吞活剝的淒厲慘叫聲，吵醒了我。尖銳的叫聲似乎永無止盡，我聽得到蛇捲成一圈所發出的輕微喀嚓聲，以及老鼠的爪子死命亂扒亂抓的聲音，最後牠終於無法逃避地屈服了。並不是非常令人感到愉悅的早起鬧鐘聲，不管對我還是那隻老鼠都是如此。不過，還有另一種更深沉的聲音吵醒了我。我感覺到小屋外的黑暗裡，從某處傳來沉重的聲響。現在一切又恢復寧靜，但是當我翻身準備再次入睡時，那道聲音又來了。隱隱約約的重擊聲撼動著小屋的地基，有許多小東西跟著掉落，就像是樹上的蘋果。我看看手錶，現在是早上五點。反正再過半小時就得起床了，於是我乾脆爬下床，看看到底是怎麼一回事。我小心翼翼地走出去，天色才剛亮，有一道巨大的土灰色陰影站在十五公尺外的樹下。是那頭公象，牠用頭大力撞擊每棵棕櫚樹，每次都撞落許多成熟的果實。牠會到處走動，用象鼻一一撿起地上的果實，小心放進嘴裡，就像是在吃糖果似的。牠肯定感覺到有人在窺探，立刻就以驚人的速度轉身面對我，片刻後便靜靜大步走入黑暗之中，頭顱高高昂起，象牙在晨光中散發出黃色的光芒，舉手投足都和我記得的牠一樣宏偉。

「是我們的老朋友嗎？」尼克走過來輕聲問道。他站在那裡，看起來憔悴疲憊。緊繃的時程、不足的食物，都對我們造成不好的影響，而我看起來也好不到哪去。過去一週來，我們緩慢卻持續穩定地墮落成一副骯髒邋遢的模樣。從天亮到日落不停地努力工作，一天只吃一餐，沒有空閒時間可以坐很久的船，到甘巴購買更多的補給品。反正我們也沒有足夠的燃料可以到那裡，更沒有錢買食物。

沒有多餘的時間和力氣洗衣服或打掃小屋，讓一切變得非常髒亂。冰涼清澈的湖水值得稱道，但是在晚上藉著頭燈的光線沐浴，一邊還要注意鱷魚，也說不上是多放鬆的事。除了飢餓、疲憊與骯髒之外，我的皮膚還受到了感染，一邊臉頰上長滿流膿的疹子，這是一種利用動物排遺進行傳播的寄生蟲造成的。除此之外，尼克和我還都罹患嚴重的股癬與恙蟲病。恙蟲病是由小型沙蚤引起的，牠們會鑽進足部皮膚，通常是在趾甲附近，接著會在皮下產卵，等蟲卵慢慢成熟孵化之後，再讓成年的沙蚤回到沙地。我的腳趾之間有好幾個地方正在慢慢化膿，等到膿瘡成熟時，我就會用燙熱的針挖出這些蟲，接著洗淨傷口。「手冊上也沒有寫到這一點，對吧？」我再次被中非擺了一道，到底是什麼東西一直召喚我回到這個地區？

那天早上稍晚，我們下船走進森林裡，濃濃的大象氣味撲鼻而來。牠們的麝香味飄盪在伊巴納附近，空地中央的木材堆旁有一大坨新鮮的糞便，一加侖的尿液浸濕了象糞周圍的沙土，讓沙土的顏色變深了，已經引來一小群輕快飛舞的黃色蝴蝶。放在樹旁的一些木板裡，有一片木板上印著三個非常渾圓的巨大泥巴腳印，四周的泥土也印了數十個，而伊巴納的樹幹在不久前被塗上一層濕泥巴。我真不敢相信，我們在白天製造這麼多的噪音，大象晚上居然還會來到這裡。天知道這裡的味道對牠們來說聞起來像是什麼，人類的汗臭、尿液及汽油混合而成的刺鼻氣味，應該會讓牠們敬而遠之才對。不過，大象是非常聰明而好奇的，我猜牠們可能只是想親自看看那些噪音的來源。沒有東西遭到破壞。那一定是一幅魔幻般的景象，牠們站在斑駁的銀白月光下，一邊彼此低聲叫喚，一邊思量著頭上那個怪異的木造結構。

我花了幾分鐘的時間抬頭看著樹屋，規劃一天的工作。主要底板已經完成了。它是一個長九公尺的三角形，延伸到潟湖的水面上，就像一艘船的船頭。上方光影斑斑的樹冠遮蔽了太陽直射的熱力，因此這裡成為我最喜愛的午休地點，我會仰躺著，大樹則在周圍輕輕搖晃。

到了第二十天，也就是開工的第十三天，較小的上層平台也搭建完成了。主要底板架著一把梯子，爬上梯子就可以到達上層。平台飄浮在樹冠中段的開放空間，有好幾根巨大的樹枝穿過平台地板向上延伸。

我們在聖誕節過後會再回來蓋好屋頂，並且在鄰近的一棵樹上搭建另一個較小的平台，但是現階段的工作已經完成了。當天晚上，我們站在樹上平台，宛如飄浮在鏡子般的湖面上空時，我看見圍繞在身邊的團隊成員臉上，也反映出與我相同的內斂的自豪。不到兩週的時間，我們完成驚人的工作量。我只希望在一個月後回來時，所有的東西仍然完好如初。

最後的大自然考驗

英國的新年來了又走，不知不覺中，我又回到了樹屋，在黑暗中坐在木頭地板上，背靠著樹幹。晚間舒適的空氣裡充滿蟋蟀的歌唱，錘頭果蝠鼻音很重的怪異叫聲從上方傳來。下方的湖水輕拍岸邊，整間樹屋在微風裡輕搖著，像一艘停泊船隻下錨時發出的安心咯吱聲，真是一個迷人的地方。我又喝了一口威士忌，然後往前挪，在粗糙的木板上伸展全身。我長長地吐出一口氣，感覺自己融入當下這一刻。

那是二月五日晚上十點，樹屋大功告成，它甚至還有一個簡易的廚房，遠征用的糧食堆在我的周圍。三位主持人預計明天就會入住。其中包含蓋伊（我上一次見到他，是在澳洲一起攀爬咆哮瑪格時），和靈長類動物學家茱莉。我的朋友蓋文也會加入，一起出現在螢光幕上；蓋文是一位攝影師，我過去時常和他一起共事。在接下來的六週，這裡會是他們的家，但是今晚他們都不在這裡，我用自己知道最棒的方式慶祝，就是自己在樹上待一晚。建造的整間樹屋都讓我一人獨享，我很快地就進入沉睡中。

當我在幾個小時後醒來時，氣流變換，海面出現變化，一陣平穩的冷風把掛在頭頂木椽上的鍋子吹得乒乓作響。我站起身，靠著欄杆，凝視著黑暗。森林安靜得很可疑，就連蟋蟀也不叫了。天際出現閃電，大滴雨水重重打在頭上的茅草屋頂。風勢漸漸增強，最後整間樹屋開始嘎吱作響，彷彿正在努力掙脫繫住它的纜繩。對樹屋而言，最大的威脅來自於伊巴納本身。幾分鐘後，我感覺到頭上巨大的樹枝在黑暗裡重擊樹木時所產生的顛簸和晃動。一道氣流在主要風暴之前率先抵達，其中一個鍋子噹啷掉下木地板，落在我的身後。氣壓驟降，正上方的天空中迸發紫白閃光。冷風刺痛，雷聲隆隆，大雨從平台開放的四面打落。我跑過木地板，放下防暴風雨的簾子，但是狂暴的氣流隨即捲起帆布，在黑暗中四處亂飛，讓它毫無用武之地，平台完全被淋濕了。每道閃電都照出一片混亂，鍋具、衣服、水桶都被強風捲到木地板上東翻西滾。

此時整個平台都在左右搖動，伴隨著令人反胃的撞擊。有時候震動大力搖晃著整個結構，我實在很擔心會有東西斷裂，所有的一切都將掉落到地面上，連同我在內。我幾乎招架不住想要撤離此地的衝動，可是我又能逃到哪裡呢？在狂亂暴風雨來襲的夜晚，一座到處都是大象的森林並不是適合避難的地方。更何況像這樣的暴風雨一直都在預料之中，這是給樹屋的終極考驗，我覺得自己必須和樹屋一同經歷這件不可或缺的「人生」大事。我在猛烈的雨勢中躺回地板上，完全把自己交到暴風雨的手中，最後陷入精疲力竭的睡眠裡。過了一陣子，雨勢趨緩，我知道已經度過最大的危險。雖然這趟暴風雨之旅一路顛簸，但我的設計是有用的。

再度來訪的龐然大物

六週後，到了回家的時刻。拍攝工作十分成功地完成了，樹屋的所有權也正式移交給加彭的世界自然基金會（World Wide Fund for Nature）。最後一晚的殺青派對是讓大家稍微發洩一下內心情感，跳舞跳一整夜的機會。我的生理和情感都已經精疲力盡，雖然能被這麼多新朋友的快樂臉孔圍繞著，是很美妙的一件事，不過到了晚上十點就完全沒有力氣了。派對仍然如火如荼地進行，大家都在巨大漂流木營火的陰影裡跳舞旋轉，我經過他們的身邊，走入夜色中，前往營地邊緣的一間無人小屋。我掛好蚊帳，躺在陽台上睡覺。望著星星，看著棕櫚樹在熒熒的火光下閃爍的剪影，陷入寧靜的睡眠。

數小時後，胸腔出現低沉的隆隆聲，喚醒了我，那種聲音就像教堂管風琴奏出的持續聲音。我睜開雙眼，但是眼前一片漆黑。頭上的星星被一道位於正上方的巨大陰影所遮蔽，兩根巨大的黃色象牙尖端就在我頭上一公尺處徘徊。我一動也不動地躺著，公象輕輕地用鼻尖碰觸蚊帳，距離我的臉只有幾公分。牠深吸一口氣，我聽見牠龐大胸腔裡的巨肺在上方膨脹，膨脹到我以為要爆炸了。牠嗅聞我的時候，我真的可以感覺到空氣被牠用象鼻吸走了。我幾乎沒有時間弄清楚發生了什麼事，牠又吐出一陣氣流，迫使我閉上雙眼。蚊帳裡充斥著牠肺裡的潮濕空氣，可以聞得到在牠胃裡發酵的青草味。

感謝老天爺，牠的心情比初次見面時還好。牠肯定一直在森林邊緣窺探，等到派對結束，營火熄滅後才走到空地，在棕櫚樹下覓食。牠撞見沉睡中的我，決定湊近一點瞧瞧。雖然躺在重達五噸的大象下方，但是我卻意外地覺得平靜。要是牠真的想傷害我，早在我沉睡時就會把我踩扁了，況且我也無處可逃。如果說牠占了上風，還只是含蓄的說法。牠又發出一聲低沉的叫聲，讓我全身一震，而後就悄悄溜回夜色之中，我覺得自己好像通過了某種考驗。星星重新出現，我注意到潟湖外的地平線上有著微弱的光芒。新的一天開始了，而我該離開中非，就在我才剛剛覺得被當地居民接納時。

第八章

—巴布亞新幾內亞—
科羅威戰士的領地

巴布亞並沒有靈長類動物，
除了害羞的特有有袋類動物以外，哺乳類非常少。
因此，鳥類主宰一切，繁衍興盛，幾乎占據所有的生態區位。
各種稀奇古怪的尖叫、吠叫或嗥叫都是來自於某種鳥類。
這座森林少了大型的哺乳類動物，
卻完全沒有空盪盪的感覺，反倒溢滿生機。

二〇〇九

我從胸前的口袋裡拿出一個小鉛錘，緊貼在彈弓的豆袋上。我已經把彈弓接在一根二．七公尺長的竿子頂端，接著將黑色粗橡皮筋一路拉到底，它發出輕柔的咯吱聲，被拉到了極限，我迅速瞥了布滿凹痕的老舊橡皮筋一眼，知道不可以拖太久的時間。於是緩緩吐氣，等到瞄準之後便鬆開手。橡皮筋啪的一聲彈了回來，魚線飛快地衝出線軸，發出咻咻聲。我鬆了一口氣，因為正中目標，鉛錘輕輕鬆鬆就越過四十五公尺高的樹枝，接著重重落下，嵌入厚厚的叢林枯枝落葉裡。鉛錘剛剛落地，站在我旁邊的一個年輕小夥子就衝過去要拿回來，幾秒後找到鉛錘時，立刻發出勝利的大喊。

我轉過身，迎面而來的是大大的笑容和一陣喃喃的讚許。一小群科羅威（Korowai）戰士聚集在這裡觀看這個奇怪的儀式，就連部落的兩位長者阿利翁和阿儂也暫時卸下嚴峻的表情，用閃爍的眼神對我咧嘴微笑。我第一次就射中目標，自己也和他們一樣驚訝，不過觀眾造成的一點壓力是很有用的，我很高興自己表現得不錯。其中一位較年輕的男子納西在原地跳上跳下地慶祝著，發出尖銳的高呼聲，狀似犀鳥喙嘴的陽具護套也跟著彈來彈去。每個人都笑著，我想起三天前抵達這個村落後，整個部落就一直非常歡迎我們。

好幾位科羅威人帶著長弓，雖然他們以前從未看過彈弓，但卻立刻就理解我在做什麼。他們全都靠了過來，仔細檢視著彈弓，放在手中翻轉著，試著拉一下強而有力的橡皮筋。我們能夠彼此理解，即使有語言隔閡還是能夠溝通，這種感覺很棒。我把彈弓遞給阿儂，而後走進森林，開始把攀繩拉上去。當我笨手笨腳地用不靈活的手指想要解開鉛錘時，年輕的科羅威小夥子靠近看著，然後拿走鉛錘，幾秒就熟練地解開繩結，再放回我的手心，對我露齒微笑。

雖然科羅威人有著神祕，甚至令人害怕的名聲，但他們其實是一群好人。我回頭看看其他人，他們正坐在一根木頭上聊天，分享一根菸斗。阿利翁從耳後拿出一球菸草（這是他平常藏菸草的地方），接著把菸草塞進竹製長菸斗的末端。然後用卡在一根樹杈中間的殘火點燃菸斗，接著傳下去，一群人開始熱烈地討論。他們的對話非常有禮貌又有分寸，每個人都可以發言，說完之後就會保持安靜，讓下一個人能夠好好說出自己的想法。

阿儂抽了一大口菸，低下頭，籠罩在深藍色的煙霧中，接著抬頭仔細看著聳立在我們頭上那棵樹的枝幹。他們精心挑選這棵特別的樹，用來搭建一間傳統的科羅威房屋。但這間房子並不是普通的樹屋，這間房屋會搭建在這棵樹木上層樹冠的纖細樹枝裡，離地超過三十公尺，大到可以睡下十個人。我是英國廣播公司派來的一小組人員裡的一員，要拍攝他們搭建樹屋的過程。然而，雖然我有繩子、吊帶及各式各樣現代攀樹師所具備的器材，但他們有的卻只是森林能夠提供的一切。我迫不及待地想看他們是怎麼辦到的，光是不用繩子爬上樹就是一項驚人之舉，更遑論在沒有釘子，也幾乎沒有金屬工具的情況下，在離地十層樓的樹枝間搭建一間房屋。但是，我已經學會不低估這些厲害的科羅威人了，相信接下來兩週的經歷一定非常精采刺激。

我走過去，在旁邊找了一個位子坐下，聆聽對話的進行。瓦尤似乎是主導討論的人，他是一個有著惡狠狠眼神的強壯男子，胸前刺著部落戰士的疤痕紋身。但是最終大家卻一一陷入沉思，仔細打量著這棵樹。瓦尤舉起手，手指順著樹枝的形狀移動，若有所思。

自然優雅的卡尤貝錫

這棵樹是因為木材強度而被選中的，我認出這是一種鐵木。顧名思義，這類樹種是全世界最堅硬耐用的木材之一。印尼全境有許多不同種類的鐵木，當地人稱為「卡尤貝錫」（kayu besi），但是直到今天，我還是不曉得這一棵樹木屬於什麼樹種。不過能確定的是，在觸摸這棵樹時，它會散發出一種非凡的堅韌與穩固感受，彷彿是用有生命的石頭雕塑而成。科羅威人選得很好，在這棵樹上非常適合搭建房屋。

在熱帶地區攀樹和在英國攀樹時並不一樣。在英國，你可以明確知道一棵樹的樹種，進而判斷其木材具有什麼特性。那是因為與熱帶雨林相比，英國的樹種並不多。站在新森林裡，四周可能只長了五、六種不同的樹；但是在熱帶地區，這個數字可能要乘以十，其中會有許多攀樹師完全不認識的樹種，不知道木材是否穩固、可不可靠，因此知道這是一棵鐵木會有很大的幫助。在尚未見過這些典型的鐵木之前，我就已經聽聞它們的名聲，像是英國的鵝耳櫪和紅豆杉一樣，我對它們的強度有著百分之百的信心。

但是，我已經學會不要太過放心，因此仔細察看了這棵樹。布滿凹槽的樹木上覆蓋著一層鮮綠色的青苔，但是在此之上的纖細樹幹非常乾淨，沒有藤蔓，優雅地向上長了二十五公尺，接著向外伸展成開闊的樹冠。又長又瘦的樹枝幾乎是垂直地伸到天空中。即使從地面上觀看，我也能從生長緩慢的歪曲形狀，看得出來這些樹枝非常穩固。我又做了第二遍的檢查，這一次是使用望遠鏡。沒有黃蜂蜂窩、裂縫、空洞或蕈菇，也沒有斷裂的樹枝或垂掛的枯枝。它的狀況十分良好，高約五十五公尺，因此比周遭大部分的樹都還要高一些。

多年來，我在婆羅洲和蘇門答臘看過許多類似的樹木，但是像這種大小和樹齡的鐵木越來越稀有了。鐵木名列非法伐木名單的第一名，在國際市場可以賣到極高的價格。這棵矗立的樹真的太美了，完美體現自然的優雅與形態。拿電鋸砍它是一種大逆不道的行為。然而，許多人都渴望獲得硬如鋼鐵的木材，因此就和象牙一樣，鐵木永遠受到那些有錢卻不明理的人覬覦。

幸好，科羅威人當然並不打算砍下它，但我還是覺得十分難過，知道它從此再也不會像這一刻那麼美麗而完美。如同加彭的那棵伊巴納，這棵卡尤貝錫的命運現在將受到人類的計畫所左右。搭建樹屋並不會害死它，但是我又再次對它無法不受干擾、安安靜靜地過完一生而感到遺憾。

一群人仍在熱烈討論著，但是我急著想要盡快爬上那些穩固的樹枝。我的繩子越過的那根樹枝離地四十五公尺，距離樹頂大約十公尺。

等我把繩子的末端固定在附近一棵樹的基部，並穿好吊帶時，大家又靠了過來，雙手環抱在胸前靜靜站著，仔細觀察我的一舉一動。我拿出一個鉤環給他們看，就我觀察，整個部落裡只有一把開山刀和一把斧頭共兩件金屬製品，其他的工具全都以木頭、石頭或骨頭製成。沒有飯鍋、手錶、硬幣，這裡除了開山刀和斧頭以外，似乎並不存在任何金屬製品，因此對他們而言，鉤環的樣式與功能是全然陌生的。他們傳閱著鉤環，帶著一絲好奇，但卻看不出對於鉤環的功能有任何興趣。對他們來說，這是一件抽象的科技產品。他們並不像我，就算沒有這些小玩意兒，也非常懂得如何攀爬鐵木，我突然意識到我們之間存在著巨大的文化鴻溝。

把全身的重量轉移到繩子後，我就把注意力放在眼前的攀爬上。幾名男子回應著遠方傳來的約德爾調（yodel）[11]，拿起弓，出發回到村子；其他人則重新坐在木頭上，點了另一根菸斗，觀看著這場表演。

我的繩子懸掛在距離主幹三公尺的地方，我一邊攀爬，一邊開始輕輕旋轉著。來到與鐵木的第一根樹枝相同高度時，我花了一點時間讓自己完全沉浸在樹冠中，像海綿一樣吸收著樹冠的空氣。我已經做這個動作數百次了，但是每次都和第一次一樣感受到五感的愉悅，因為每座森林都會帶有微妙的差異。但是，巴布亞的熱帶雨林格外特別，空氣中充滿著動物的叫聲，這一點似乎毫不陌生，直到你想起這些聲音全都是鳥類所發出的。巴布亞並沒有靈長類動物，除了害羞的特有有袋類動物以外，哺乳類非常少。因此，鳥類主宰一切，繁衍興盛，幾乎占據所有的生態區位。各種稀奇古怪的尖叫、吠叫或嗥叫都是來自於某種鳥類。這座森林少了大型的哺乳類動物，卻完全沒有空盪盪的感覺，反倒溢滿生機。

過了幾分鐘後，我繼續向上爬，到了離地四十五公尺的繩子頂端。鐵木的樹枝現在觸手可及，感覺十分穩固，令人安心。我全身的重量掛在一根不比自己手臂來得粗的樹枝上，還讓繩子越過另一根樹枝，但是其實我用不著擔心，因為根本就像是掛在一根鋼梁上。我在繩子上攀爬，因而對樹木施加的動態力量，對這棵樹來說根本不算什麼，支撐的樹枝在我的重量下幾乎沒有彎曲。

---

11 譯注：一種源自瑞士阿爾卑斯山區的歌唱形式，用來進行遠距的溝通呼叫，世界上許多地區皆有類似的曲調。演唱者會快速反覆歌曲字詞，大幅度跨音階，轉換真假音，進而造成高低起伏的效果。

這裡的樹皮很薄，容易剝落，是一種參雜著黃褐與象牙的顏色。我一動，就會有小片樹皮掉落，好似懸鈴木的種子般旋轉著掉落在地。現在我比周遭大部分的樹木都還要高，雖然這裡的景致並不是三百六十度的，但是在某些地方仍然能看見地平線。這座森林提供看似一望無際的帶狀綠地，眼睛所能看見的最遠之處都是一片平坦、神祕而吸引人的。

往下看樹冠的中心，我很容易想像得到樹屋會搭建在哪裡。巨大樹枝形成的堅固支架向上伸展到我的下方，提供完美的支撐。我換到一條挽索上，移動到另一根垂直的枝幹，接著滑到這棵樹的正中央。一隻和我手掌一樣大的蜘蛛，在旁邊的枝幹上以閃電般的速度往上衝。牠的保護色非常完美，每次停下來都會和樹皮融合在一起，完全消失。樹上有很多生物，我的注意力被一排細長的螞蟻隊伍所吸引，牠們正從左邊的另一根樹枝上蜿蜒而上。一隻工蟻獨自站在一旁，一動也不動。牠看起來和其他的螞蟻不太一樣，我湊近觀看，才發現原來那是一隻擬態成螞蟻的小小螳螂，體色與形狀就和通過牠身邊的那群螞蟻一模一樣。牠以迅雷不及掩耳的速度往前一撲，拖出隊伍中的一隻螞蟻，當成牠的大餐；而那隻在劫難逃的螞蟻，則在牠挑嘴的小小下顎裡鑽來扭去。熱帶雨林的樹冠有時候真的是另一個星球。

熟悉所要拍攝的這棵樹後，我開始往下降。沒過多久便開始下雨，當我回到地面時，科羅威人全都離開了，只剩下我一個人。反正我已經全身濕透，匆忙尋找避雨的地方也沒有意義，因此就慢慢把吊帶收回樹旁的工具袋裡。

這一天過得很不錯。攀爬這棵鐵木讓人覺得十分享受，我在樹上的期間，鐵木散發的氛圍都很好。有些樹木有著自己的性格，我爬過好幾棵樹，從頭到尾都讓人很愉快；讓我感到挫敗的樹也爬過不少，它們似乎並不希望人類接近。我不知道為什麼有些樹木會那樣，但它們就是如此。它們很像人類，外表可能會騙人，最棘手的不見得能明顯看出來。

與科羅威人的初次謀面

自從多年前在《國家地理》雜誌上看到科羅威人的樹屋照片後，我就一直想要拜訪他們。因此，真正見到他們時覺得很不真實。他們的叢林家園距離英國非常遙遠，不過兩地之間的距離，並不是唯一讓這個地方如此遙遠的原因。這片土地和剛果一樣，感覺真的就像是另外一個世界，彷彿我踏進某個入口，進入另一個次元裡。當我步履艱難地穿越泥地走回營地時，心思飄回第一次見到科羅威戰士的驚人時刻。我現在知道他叫阿儂，但是在我們初次相遇的那個晚上，他看起來就像是從另一個世界的迷霧裡走出來的。

從布里斯托抵達此地的旅程堪比史詩，交通時間共一週，包括坐了七趟班機和搭船一天。

我和隊員總算來到一個名叫雅夫弗拉（Yafufla）的小村落，坐落在巴布亞東南方一座俯瞰貝金河

（Becking River）的高聳峭壁上。雅夫弗拉位於科羅威人勢力範圍的南緣，也是我們抵達森林深處的部落村莊之前，最後一夜的住宿地點。

我們的小屋搖搖晃晃地建在離地一公尺高的地方，只要有人在睡夢中翻身或起床如廁，就會像果凍一樣晃動。我們共有六人分散在房間各處，分別是和我剛剛在加彭共事的主要攝影師蓋文、英國廣播公司的瑞秋和湯姆、美國人類學家吉姆，以及為我們安排一切事務的印尼人鮑伯。很不錯的一群人，但是我們很快就發現，他們之中有人隱瞞了一個可怕的祕密，我們的小屋會隨著某人的世界級鼾聲而搖晃。一想到在接下來數週，每天晚上都會聽到那種吵雜聲，我的心不禁一沉。然而，少了私人空間和隱私，每個人對彼此都必須非常寬容。況且我自己也不一定是最好相處的旅伴，我會說夢話，肚子餓就會脾氣暴躁，而且太常低聲吹口哨。

後來我睡著了，但是在凌晨三點卻又醒來，鼾聲已經被小屋門口傳來的低語聲所取代。柔和的火光透過木牆的縫隙搖曳著，我穿上短褲，前去察看究竟是怎麼一回事。我走到小陽台，就發現鮑伯坐在火堆旁，對面坐著兩名男子，長相完全不像是我見過的任何人。他們迅速瞥了我一眼，隨即閉口不言，鮑伯轉頭，示意我在他的身邊坐下。我盡量不引起注意，身體往後靠，從陰影裡觀察鮑伯的同伴。我沒有看過這兩個人，因為我們目前為止遇到在下游的那些傳教士都是西方裝扮，可是這兩個人穿的卻是傳統的科羅威服飾，也就是身上沒穿什麼衣服。

鮑伯輕聲解釋，兩人中較年長的是阿儂，阿儂以科羅威大使的身分前來，要正式帶領我們進入他們的領地。阿儂的個子矮小、皮膚黝黑、肌肉發達，五十多歲的他，結實的肌肉體格和二十幾歲的人差不多。他戴著一條纖維編織而成的頭帶和白色小貝殼碎片做成的項鍊，腰部纏繞著兩圈木藤，生殖器則是用果莢遮蓋。然而，他身上最驚人的飾品是一塊刺穿鼻子的尖銳白骨，以及嵌在鼻頭一個小洞裡的小螺貝。他的臉孔十分粗獷，頭髮蓬亂，說不定是基思・理查茲（Keith Richards）[12]的遠房親戚。在他身後有一把兩公尺高的長弓，黑色的拋光表面在火光的照耀下像是石油一樣發亮。這是一件非常強大的武器，我毫不懷疑阿儂很擅長使用它。長弓旁放著一束箭，有些箭的頂端是寬闊的竹葉，有些則有著看起來很可怕的倒鉤，是用骨頭精心雕琢而成的，全都沒有在箭上裝羽毛，長約一．二公尺，比較像是長矛。

阿儂的同伴比較年輕，但是穿著打扮差不多，只多了一把塞在編織腰帶的細長匕首，是用食火雞的骨頭製成的。一條豬牙製成的戰士項鍊如同一彎白色新月，掛在他黝黑的胸前，他緩緩地前後搖晃著，吸著鮑伯的香菸，有力的肌肉不停收縮。

他們的影子在火光裡舞動，我坐在那裡，聽他們說著一種韻律輕柔的語言，和我聽過的其他

12　譯注：英國歌手，現年七十多歲，外表和作者描述阿儂的外貌神似。

語言都不一樣，既不像沉重的印尼語，卻又比英語流暢許多。好比森林裡樹葉的輕聲呢喃，讓我聽得入迷。

過了一會兒，他們躺了下來，在發亮的餘燼旁打盹。於是我回到床上，躺下來想著，那天早上當我們走完最後一段路，進入叢林中科羅威人的領地時，會有什麼樣的遭遇。

集結眾人搭建原始樹屋

經過漫長旅途後，我第一次攀爬那棵鐵木，這是伸展筋骨的絕妙方式。我想要繼續維持這股幹勁，隔天回到樹上架設一些攝影機。然而，隔天早上計畫取消了。除了哥斯大黎加以外，我從來沒有到過這麼潮濕的叢林。早晨過了一半，大雨已經持續下了十七個小時，無情的滂沱雨勢過濾了森林的一切色彩，蓋過任何試圖交談的聲音。英國人自認為懂雨，但其實不然。因為英國的天氣無論再怎麼糟糕，通常很快就會結束了，而大片的雨林低地卻有截然不同的天氣型態，大雨可以連續多日占據同一地區。樹木自己也會造雨，將化合物釋放到空氣裡，促使水分子集結成雲。樹木形塑周遭的環境，任何存活在叢林裡的生物都得習慣定期會被雨淋濕。

我和攝影師蓋文坐在靠近鐵木的一頂外帳底下，看著如斷頭台刀片般降下的水幕，在四周的泥地上變出一條護城河。一夜的大雨讓營地的茅坑全數暴漲，讓我們的基地現在淹沒在泥巴和人

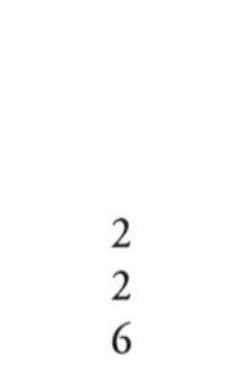

類排泄物的泥漿之中。雪上加霜的是，部落的一頭豬爬進其中一個茅坑淹死了。一天開始就沒有好兆頭，於是我們決定前往森林，希望雨一停就能進入樹冠。阿儂也和我們同行，蓋文與我針對什麼才是生火煮水的最好方式而爭執不休時，他在旁邊大聲笑著。這是他多次嘲笑我們奇異做事方法的第一次，當他大笑時，唯一的一顆黃牙更彰顯出野性的外表。

到了下午，雨勢才趨緩為毛毛雨，我們覺得可以開始工作了。我中意長在鐵木旁一棵又高又瘦的樹，於是著手開始在樹枝上架設繩索。此時，已有數名科羅威男女加入我們的行列。我的攀繩卡在一根高高的樹杈上，有一名男子說要爬上去幫我解開。我還來不及告訴他不用麻煩，他就已經徒手攀爬到二十五公尺高的地方，幫我解決了問題。他手腳並用，始終保持三點接觸樹幹的狀態，以優雅的姿態在樹上移動著，小心注意不讓任何樹枝瞬間承重過大或大力晃動，是我見過最棒的徒手攀爬之一。這些科羅威人顯然天生就是攀樹好手，但是小小的身手展現只不過是後面精采表演的開胃菜而已。

繩子架好之後，我就爬到隔壁這棵樹上，以全新的視角觀看著鐵木。這裡看得見樹冠的完美景觀，和我預料應該會搭建樹屋的位置齊高。望向下方三十公尺的地面，我看到四十名科羅威人正有條不紊地清除鐵木附近的林木。女人用石斧處理較小棵的樹及樹苗，男人則負責較大的樹木。

雖然他們只有一把鐵斧，但是大樹很快就一棵接著一棵倒下。男人輪流使用這樣珍貴的金屬製工具，用左手的鑾力揮砍著樹木的下半部，另一個人則用傳統的石斧從樹幹的另一邊揮砍。看見石製和鐵製工具一起被使用，真是讓人感到驚奇，雖然鐵斧無疑是比較快速的方式，但石斧砍伐大樹的速度卻也快得驚人。空氣中充斥著人們的喊叫與充滿節奏的砍樹聲，長在我和鐵木之間的那些樹木一一被砍下。重力將這些樹往下拉到地面時，枝葉茂盛的樹冠颯颯作響，劃過半空。它們都沒有像鐵木那麼高大，但是掉下來時卻仍舊發出巨響，每一次撞擊都伴隨著科羅威人齊聲的勝利高呼。

好幾個幼兒在倒木間跌跌撞撞地走著，玩著玩具弓箭。數噸重的木頭落在他們的周圍，讓我看得心驚膽跳。令人驚奇的是，並沒有人受傷。不過，這片雨林正在遭遇驚人重擊，到了隔天工作告一段落時，就只剩下卡尤貝錫獨自矗立著，漂浮在一片毀滅之海的中央，整棵樹顯露在外，凸顯出高大的體積。我還是無法理解，這些人不用繩子要怎麼進入樹冠。

許多倒木的樹皮被剝下來，用來作為地板的建材，較小棵的樹則被修成木杆，一堆丟在樹旁。此時，男人們正努力工作，使用這些材料搭建許多的木架和木梯，用來通往鐵木的第一批樹枝。他們以驚人的速度靈巧地工作，赤裸的雙腿夾緊立柱，一捆捆綁在藤製長繩末端的木杆被拉了上去。我垂掛在安全繩索上，在對面的樹上拍攝著，而他們則在離地十五公尺的地方，徒手攀爬搖搖晃晃的鷹架。萬一掉下去，有的只有稀薄的空氣，沒有東西能接住他們。他們布滿整個鷹架，像是螞蟻一般，以團隊形式一起工作，確保最厲害、最有經驗的攀爬者拿到需要的一切，用最快的速度向上推進。日落前，他們已經來到鐵木的第一根枝幹，並且在樹木的中心枝幹周圍搭建一個水平的木棍平台。這似乎是一個起始點，他們會從這裡一鼓作氣地衝到樹冠，建立樹屋的基礎梁柱。

薄暮將至，我獨自留在原地，從高空俯瞰這個場景。經過一天的勞動，成果就是一片看起來像是被大炮轟炸過的一公頃林地，與胸口齊高的樹墩形成一片混亂。真是驚人，在二十四小時內，一公頃的原始雨林被砍得一塌糊塗，只剩下一堆扭曲的樹幹和斷裂的樹枝。雖然有著一把鐵斧協助砍伐，但是這項迅速的清除工作有很大一部分是由四十個人使用石斧完成的。這拿來當作應用考古學的實驗，可以帶來許多啟發，新石器時代的英國森林顯然完全沒有存活的希望[13]。

歷史傷痛與揮之不去的亡靈恐懼

那天晚上，我和平常一樣跟其他人一起到溪邊，在從周遭森林緩慢流出的黑水裡洗澡。每天晚上，帳篷就在路徑旁，為我們處理大小事的印尼人鮑伯，都會帶著曖昧的愉悅心情，看著一排

13　譯注：英國進入新石器時代之後，農業開始推展。為了開闢農耕土地，人們大量砍伐森林，造成森林覆蓋率大幅下降。

裸著上半身、穿著夾腳拖鞋的英國佬，試著在不掉落毛巾、頭燈與肥皂的情況下，跳入他帳篷旁的大水坑裡。聽到我們習慣地齊聲喊道：「晚安，鮑伯。」他也總是回答道：「晚安，英國廣播公司，當心鱷魚！」

那天晚上，我停下來問他一件放在心裡很久的事，我就是想不透為什麼科羅威人要在樹屋周邊清除這麼大片的森林。這邊、那邊清除幾棵樹並沒有問題，但是真的有必要砍掉一公頃的林木嗎？這個數量似乎也比實際需要的建材多上許多，我親眼目睹的伐木過程似乎有些過頭了。我也察覺到，科羅威人很不希望天黑之後還待在外頭，堅決確保每一個人，尤其是小孩子，在日落前就安全回到自己的樹屋裡。

鮑伯解釋，幾個世紀以來，科羅威人一直是鄰近部落獵取人頭行為的傳統受害者，而我也知道這件事。「但是這肯定在很久以前就停止了。」我說。鮑伯接著解釋，雖然在大部分的地區是這樣的，但是舊習難改，而這種不安全感所留下的遺風，就是無法信任可能隱匿突襲攻擊的茂密林木。這麼說也有道理。但是鮑伯繼續說明，科羅威人也一直活在另外一種更神出鬼沒的威脅所帶來的恐懼中，就是巫術。

「佧夸」（Khakhua）是一種會占據同族親友軀殼的巫師，他們會控制對方，命令對方做出殘暴的行為。在由受害者或眾人公認指稱為佧夸的人，就會被處死分屍，把各個身體部位分給鄰近宗族，在食人儀式中吃掉。科羅威人相信，這是永遠消滅佧夸邪靈的唯一方式。任何人在任何時候都有可能會被指控為擁有巫術，因此科羅威社會裡的每個人，一輩子都活在在這種威脅的籠罩下。人們被迫將自己的至親交給受害者的親屬，因為受害者在臨死時做出指控。他們無力阻止自己的摯愛接著遭到殘忍殺害，並且在儀式中被吃掉。

鮑伯說：「這些靈體和其他與祂們一樣的靈，會活在自己屋子附近的叢林中，把樹砍掉就可以防止祂們偷偷溜進家裡。」

真是黑暗，難怪科羅威人要躲到樹上，逃避這類威脅。

那天晚上，吃著甲蟲蛆蛆大餐時，鮑伯把這些事全都說給人類學家吉姆聽，並且補充道：「阿利翁是駐村巫醫，他的工作就是保護部落免於遭受這類邪靈侵擾。」

我一點也不吃驚，雖然我很尊敬阿利翁，甚至還滿喜歡他的，但是我發現他有時候會讓人覺得非常不舒服。他比部落的另一位長者阿儂的年紀大一點，因為皮膚似乎有些狀況，膚色灰灰的，幾乎像是幽靈一般。雖然他和其他人一樣結實，但是皮膚卻鬆弛下垂形成怪異的褶皺，對他而言彷彿大上一號似的。他非常敏捷，雙眼炯炯有神，濃密的眉毛時常緊緊皺著，嘴角則是一直露出往左歪斜的笑容。那是像狼一樣的嚴峻笑容，讓人覺得他好像帶著存疑的態度在打量著我們，評估我們是好是壞。阿利翁每隔幾秒就會發出一陣撕心裂肺的狂咳，不過除此之外，他都很安靜，只想偷偷觀察我們，迴避攝影機，即使我們試圖與他交談也不太理會。

阿利翁有一種明顯超出世俗的氣質，知道他過去肯定參與過食人的行為，我一點也不意外。

吉姆很快就指出一點：「我確定這裡的其他長者大部分也一樣，戰爭中被抓到的俘虜有時也會面臨同樣的處置。」

我不太確定自己會對這些事做何感想，但是即便我喜歡這些年長的戰士，包括阿儂在內，現在卻不可能再用和之前相同的眼光看待他們了。

配合暴風吹襲而挪移柳編世界

隔天早上，蓋文爬上鷹架拍攝男人們的近距離鏡頭，我則回到旁邊的樹上，從一定的距離外拍攝整個場景。一名穿著草裙、戴著犬牙項鍊的女人來了，帶著用葉子包好的餘燼，要生起共用的火堆。我看著一縷藍色輕煙從她的背後升到空中，她光著腳走在一根倒木上，接著跳下倒木，加入早已坐進椰樹樹冠底下其他女人的行列。火堆升起的煙霧緩緩瀰漫整個空地，清晨的陽光從堅實橫梁的背後升起，在這個原本就已經歷久不衰的畫面中，增添令人難以置信的美麗和氛圍。距離我們上一次見到陽光，彷彿過了永遠這麼久，這是我們抵達這裡之後第一個沒有下雨的日子，大家都精神抖擻，打算好好利用晴天。

大部分的男人都已經在高塔上了，有些人的肩上扛著一捆捆的木條爬上梯子，有些人則肩負像是蛇般的一捲長長藤莖。整個場景十分熱鬧，讓我想起《格列佛遊記》（*Gulliver's Travels*）裡，小人們把格列佛用繩子綁住的畫面，現在類似的小人大軍正忙著迅速將卡尤貝錫巨大的軀體纏縛在糾結的網絡中。科羅威人持續不懈地工作，都沒有休息，好像擔心樹會突然醒來一般，還沒有被五花大綁就大步離去。

早晨過了一半，高塔已經高達二十七公尺，進入鐵木巨大的樹冠。從這裡開始，整個建造工作又變得更起勁了，很快就出現一個精巧的格柵結構，像是吞沒樹冠的柳編籃子一般。一個八歲的男孩爬到較高的地方，想要加入，但是一位年紀較大、有經驗的男子立刻叫他回到下面。男孩回到下方的梯子，接下來十分鐘就像是瘋子一樣到處跑跳玩耍。雖然在我的眼中，這種行為看起來十分危險，但是仍提醒自己，科羅威人從會走路的那一天開始就學會爬樹了。不過，經驗不足的孩子被趕走，還是讓我放心不少。這裡沒有任何鬆懈的餘地，即便孩子自己不懂，上方的男人們卻完全清楚從三十公尺向下掉落的後果。因此，我放輕鬆一點，享受觀看整個建造過程在鏡頭下成形的體驗。

到了隔天早上，格柵已經擋住一半以上的鐵木，我和蓋文是時候要爬上鐵木，在科羅威人的身旁拍攝了。這是我在一週前攀爬過鐵木後，第一次回到這棵樹上。它完全變了模樣，雖然我的繩子還掛在上面，但是現在已經變得多餘，我準備要利用新蓋的梯網，手腳並用地爬上去。我比大部分的科羅威人重了二十五公斤左右，因此初次嘗試爬進他們的柳編世界時，必須非常小心。好幾根木梯滑了數公分後才在藤索上停下，但讓我相當驚訝的是，整個結構感覺竟然如此堅固。雖然它會彎曲挪移，但那是刻意的。卡尤貝錫是動態的生物，在暴風雨中會四處晃動，因此任何搭建在樹冠上的建築都必須做出同樣的反應，才不會被扯斷。連接第一個平台與上層樹冠的主梯呈四十五度角，這就表示我能擁有絕佳的視野，能透過木梯看見下方三十公尺被清空的森林。我看見小孩和狗在底下跑來跑去，非常享受在這麼高的樹上不需要仰賴繩索的感覺。

最上層的平台緊緊靠在鐵木的中段樹冠內，這將為還沒有開始搭建的樹屋提供地基。在這裡，地面完全隱蔽在視線之外，一群少年知道這一點，在平台上四處閒逛，遠離下方林地的母親和姐妹，在這個平靜的僻靜之地聊天、抽菸。有些事，不管到哪裡都是一樣的。

爬上這裡後，我興致勃勃地想要好好看一看此處的景觀，雖然少了繩索讓人感覺更有自主的力量，可是如果在沿著橫木往外走前，為蓋文和我自己在其中一根枝幹上架設幾條安全挽索，似乎才是明智之舉。我把手放在旁邊的一根樹杈時，注意到樹皮上有著淺淺的繩索磨擦痕跡。我現在正站在第一次攀爬鐵木時，垂掛在吊帶中觀看那隻大蜘蛛的位置，幾乎就是同一個地點，這表示我們現在離地三十五公尺左右。這竟然會是同一棵樹，似乎不太可能，它美麗的樹冠已經被修剪得完全認不出來，有許多枝幹都不見了，為了挪出空間搭建房子而被砍掉丟棄。原本細長優雅樹枝所在的地方，現在成為一叢醜陋的斷枝殘幹；除了鐵木亂糟糟的樹枝之外，此時是一片開闊的空間，也和鄰近的樹木被砍伐前懸掛在那裡的原始樹冠完全不像。

然而，醜歸醜，科羅威人疏伐鐵木的樹冠卻有著很好的理由。枝葉茂密的樹冠會產生一面作用有如風帆的風阻牆，使得高大的樹木會在暴風中激烈晃動。由於樹屋會增加樹頂的重量和僵固程度，因此盡可能減少樹冠的承重是很有道理的，移除多餘的枝葉能夠降低風阻，有助於維持鐵木的整體平衡。畢竟，待在一間離地如此之高、由木條組成的房子裡，同一時間又在暴風中受到樹木拉扯，沒有人會覺得有趣。我們在加彭的那間樹屋，搭建的位置比這裡低上許多，但還是被伊巴納揮舞的枝幹打敗了，這間樹屋建在卡尤貝錫的樹頂上，肯定必須承受更惡劣的狀況。

現代文明與原始文化的拔河

我轉移視線，注意到平台的遠遠一角有位年邁的科羅威戰士待在其他人的身後，他比這裡的任何人都年長許多，蓋文和我之前從未看過他。鄰近的科羅威部族最近有一些人來幫忙搭建樹屋，但在樹頂上第一次遇見全然陌生的人，還是讓人十分吃驚。對方盤膝而坐，腳趾夾著底下的木杆，同時用長長的藤條把木地板綁在一起。他看起來有點站不太穩，即使在科羅威人中，他的外表仍屬格外狂野的類型。和許多年長的戰士一樣，他的鼻頭嵌著一顆小小的貝殼，並且戴著頭帶。他非常瘦，灰色短鬚下的臉頰深深凹陷。我坐下來看他工作，他突然唱起一首動人高亢的歌曲，連續反覆的詞句跳了八度音，好似響徹樹冠的約德爾調，清澈如鈴，在鄰近部族的領土上或許也聽得見他的歌聲。他停止歌唱，盯著在我們頭上的樹木最頂端，像長臂猿一樣玩樂的少年。他們讓整個樹冠搖晃不停，老人微微皺眉，表明了他的感想。接著，他好像第一次注意到我，身軀往前傾，盯著我的臉看，我們的鼻子幾乎要碰在一起了。他的雙眼都很混濁，充滿眼翳。我真不敢相信，一位幾乎看不見面前十五公分事物的六十歲男子，居然還在離地三十五公尺的樹枝上爬來爬去，真是令人吃驚。

現在搭建樹屋的進度變快了，支撐房子的木杆平台幾乎已經完成，建造牆壁和屋頂的其他材料也正在大捆地用長長的藤索拉上來，在半空中緩緩旋轉著。

老人再次抬頭，看著在我們頭上六公尺處的樹枝上嬉鬧的少年，他們正在不比我的手指來得粗的枝條上保持平衡，一邊用腳趾夾緊枝條，一邊在彈跳的枝葉中「衝浪」，手臂高舉在頭頂上揮舞著。鐵木雖然堅固，但是也有極限。納西叫他們別再胡鬧了，趕快下來，他才可以開始清理樹枝。其中一個男孩並不理會，於是納西就用石斧重敲樹枝的基部。雖然只是無傷大雅的威嚇，但是意思已經傳達到了，男孩立刻就爬下來。事實上，砍斷鐵木遠遠超出石斧的能力範圍，因此納西就把部落裡唯一的一把金屬開山刀拿給瓦尤，瓦尤接著開始劈砍樹枝，發出一連串帶著回音的金屬敲擊聲。聽起來就像是在擊劍，茂密的鐵木擋下劍鋒，用極快的速度和難以預知的方向將它彈開。但是瓦尤繼續埋頭苦幹，最後終於砍下樹枝，納西發出耳熟的高呼聲，警告下方的人。茂密的樹枝翻過平台邊緣，打直後就在樹葉降落傘的幫助下，慢慢掉落到林地上，發出輕微的咻咻聲和遙遠的重擊聲。

男人們在工作時不停地吹著口哨，盤膝坐著將木杆綁在木架上的同時，一再重複的刺耳合聲毫不間斷。

蓋文對我說：「我竟然還覺得你吹口哨很煩，我們簡直就像是被一群愛吹口哨的郵差包圍了。」

隔天下午，樹屋已經幾乎搭建完成了，有著用藤條把木杆綁在一起做成的牆壁、使用西谷椰葉蓋成的斜屋頂、鋪上樹皮以遮蓋住支撐平台地板的空隙。蓋文拍到一些很棒、很難得的影片，記錄整個結構在身邊成形的過程。

最後的一些潤飾還沒有完成，婦孺便來參觀了。她們有許多人的肩上掛著網袋，裡面裝著豬仔和幼犬。等到阿儂首次進來樹屋參觀時，已經有兩個火堆在泥爐裡劈啪作響，孩子和動物四處奔跑著。他坐在屋子的小陽台上，抽著菸斗，欣賞周遭叢林的景觀，顯然很高興。

事實上，每個人看起來都很開心，而他們也有理由開心，他們完成了非凡的成就。搭建好的樹屋並不像我看過的任何一間房子，完全是用森林提供的藤蔓、樹皮、椰葉和木杆這四種基礎材料做成，沒有別的了。當它最終被遺棄，留在原地自然崩塌時，將會掉落地面，完全回歸塵土。鐵木會繼續存活，樹枝也會重新長出，我毫不懷疑卡尤貝錫將會繼續活上數十年，甚至數百年。

建造這麼一間樹屋顯然是十分重要的社交活動，對科羅威人來說是一種定義自身文化的行為。他們對自己的成果深感驕傲，而在如此極端的環境下有自信地進行這項活動的能力，似乎是形成自我認同中很重要的一部分。在高空樹冠上建造樹屋是他們的習性，而他們把這件事做得比地球上的任何人都來得好。我只希望我們目睹的並不是他們的最後作品。傳教士正往上游，慢慢潛入科羅威人的土地，已經有些部族拋下森林，住在政府興建的沉悶小木屋裡。

科羅威人和周遭的森林顯然有著十分複雜又極為親密的關係，樹木幾乎供給他們所需的一切，包括建材、燃料、庇護和文化。就連他們的日常主食也直接取自於樹木，西谷椰子樹提供碳水化合物與蛋白質，使用澱粉含量多的木髓烘烤而成的一種蛋糕，以及像雷根糖一樣從枝幹中溜出來不停扭動的甲蟲大幼蛆。

還有好多的問題待解，我很好奇他們與樹木的關係是否也具有宗教性質。幾乎可以肯定的是，樹木在他們的民俗故事和宗教信仰中應該扮演著重大的角色，但究竟是什麼樣的角色呢？科羅威人有沒有將樹木神化，還是純粹懼怕樹木，因為它們是邪靈躲藏的地方，或者兩者皆是，因為恐懼和神化時常同時發生？

雖然我偶爾會看見人們望著卡尤貝錫，眼中流露出驚奇感受，但是科羅威社會的日常生活裡，似乎沒有多餘的空間留給感性。樹木並未受到悉心照料或是被浪漫化，而這讓我不禁質疑自己的態度，我對樹木的情感是不是只是一種對自身性靈需求的投射，只為填補正規宗教帶給現代人的不信任與空洞？我不知道，但是如果我夠幸運，能再遇見科羅威人，一定要多問問他們對樹木的感受是什麼，如何在性靈層次上與樹木產生連結？雖然我知道，這就好比是在問魚兒對水的感覺，或是問小鳥對自己翱翔的那片天空有什麼感受一樣。

第九章

—委內瑞拉—
令人生畏的捍衛者

那隻角鵰擺出全力攻擊的姿勢，
巨大的翅膀像斗篷一樣張開。
牠的長腿往前伸，正準備用有著利爪的拳頭抓傷攀爬者。
角鵰的英文俗名確實很適合牠，
看起來就像是神話和傳說中的怪物。
這捲錄影帶比較像是科幻電影，而非野生動物影片。
角鵰張開巨大的翅膀時，
比牠正在攻擊的那位攝影師還要大上許多。

一九八七

賽門和我坐在他母親起居室的地毯上。當時我們十二歲，剛去新森林看鹿回來。「你看這個。」他說，從錄放影機旁邊那疊搖搖欲墜的錄影帶裡挑出一捲。按下播放鍵之後，閃爍的螢幕上就出現蓊鬱熱帶叢林的影像。這捲錄影帶是拷貝自另一捲拷貝的錄影帶，所以色彩互相交疊，但是我依稀可以看出有人在攀爬一棵巨木。攝影機把鏡頭拉遠，顯示出他吊在一條繩子上，離地至少三十公尺。他用登山夾鉗一寸寸地慢慢往上爬，基於某種奇怪的原因，還戴著一頂全罩式安全帽。他看起來沒有任何遮蔽，十分脆弱。我只能隱約看出高處的雲霧中有一座龐大的樹冠。曝光不足的巨大黑色樹枝映照在乳白的熱帶天空下。每一根樹枝都和英國的一整棵樹一樣粗，覆滿叢生的蕨類與藤蔓所組成的茂密森林裡，而支撐著這座空中花園的樹幹是我看過最粗大的，這棵樹讓攀爬者變得好小，看起來像是一個孩子。

正當我很困惑那頂全罩式安全帽的用途時，一道長著羽毛的巨大陰影從上方的樹冠俯衝而下，重重揮了攀爬者的肩膀。衝擊的力道之大，讓他在繩索上打轉，手腳在半空中無用地揮舞著。他轉身，瘋狂地想要看清楚下一次的攻擊會從何處而來。但是那隻大鳥已經不見了。才一眨眼就已經融入陰影之中，男子唯一能做的就是加快速度，繼續朝著高空樹枝的避難處挺進。一分鐘後，大鳥再度發動攻擊，從背後敏捷地接近，狠狠搧他的後腦勺一下。猛烈的一擊，就說明了為何他會需要那頂安全帽。

賽門對猛禽非常熱衷，是鳥類知識的活字典，我問他那到底是什麼鳥，看起來很像某種大型的老鷹。「沒錯，那是角鵰。」他答道，然後將錄影帶倒轉，好讓我們再看一遍。「那個人要爬上去拍攝牠的鳥巢，牠們是非常神出鬼沒、十分凶猛的鳥類。」他解釋道，接著在角鵰一出現時便按下暫停鍵。我湊近電視，仔細看著螢幕上閃動的畫面。那隻角鵰擺出全力攻擊的姿勢，巨大的翅膀像斗篷一樣張開。牠的長腿往前伸，正準備用有著利爪的拳頭抓傷攀爬者。角鵰的英文俗名確實很適合牠，看起來就像是神話和傳說中的怪物[14]。這捲錄影帶比較像是科幻電影，而非野生動物影片。角鵰張開巨大的翅膀時，比牠正在攻擊的那位攀爬者還要大上許多。不過我也很驚奇地瞪著那棵巨木，它聳立在男子和老鷹之上，占據了整個畫面。影片的敘事者告訴我們，那是一棵吉貝木棉，生長在中美洲的叢林深處。我看到了角鵰的巢被大樹支撐著，樹枝構成的巨大鳥巢高築在吉貝木棉主幹頂端的一根樹杈上。鳥巢裡可能有一隻幼雛，所以角鵰才會如此凶猛地對待入侵者。這棵樹非常適合這麼宏偉的鳥來築巢，就像是一座有生命的堡壘，沒有繩索絕對無法攀爬。

14　譯注：角鵰的英文名稱為Harpy Eagle，取自希臘神話的一種人面鷹身怪物哈耳庇厄。

賽門按下播放鍵，角鵰像閃電般倏地消失，留下小小的攀爬者再次在繩索上失控地搖擺著。

剩下的影片揭露角鵰鳥巢裡的祕密生活。攝影師躲在吉貝木棉的攝影隱匿點，位於最高的其中一根樹枝，真是奇幻。沒錯，雖然他受到角鵰的攻擊，但是剩下的影片也證實了，只要一點毅力和許多耐心就能換來寶貴的經驗。對一個已經非常熱愛樹木與野生動物的十二歲男孩來說，這支影片帶來很大的啟示。

還要再過幾年，我才會和帕迪與馬特一起在新森林裡攀爬人生的第一棵大樹，但是賽門的錄影帶埋下一份熱情，即將慢慢塑造出我的人生。而我帶著十二歲男孩典型的天真，希望有一天也能夠如此幸運，在吉貝木棉的樹冠中垂掛時遇見一隻角鵰。

二〇一〇

我走進營地，癱坐在椅子上，打開一罐溫熱的啤酒，收下遞來的香菸。亞德里安已經開始抽菸了，我也跟進。這個早晨發生了很多事。我非常歡迎來一點尼古丁和酒精，雖然現在不過是早上十點，而且我其實並不抽菸。鮮血流下我的脖子，我的耳朵嗡嗡作響，滿身大汗，背上全是瘀青，雙手不停顫抖著。我們靜靜坐著，迷失在自己的思緒裡，努力把帶我們來到此時此刻的那些事件拼湊出來。我一邊瞪著香菸濾嘴末端的焦油汙漬，一邊心不在焉地輕彈啤酒罐的拉環。我一口氣喝完啤酒，亞德里安靜地遞來另一罐。我開始覺得身體放鬆，深深的疲倦感滲入體內。我的骨頭就像鉛一樣沉重，滑下椅子後就仰躺在地上，盯著上方清澈蔚藍的委內瑞拉天空。

剛剛到底發生了什麼事？我覺得頭昏腦脹，於是將抽到一半的菸蒂在身旁的塵土上捻熄，回想那一連串帶領我來到這一刻的事件。我閉上雙眼，讓自己回到三個月前第一次進入這座森林的那一天。那天，我第一次站在那棵巨大的吉貝木棉下，瞇著眼睛往上看著我們到這裡要為英國廣播公司拍攝的角鵰鳥巢。

窺探角鵰築巢的高大吉貝木棉

從烈焰當頭的空地首度踏入涼爽陰暗的叢林，是一種極樂的感受。宛如在大熱天裡跳進清涼的湖泊。森林的各種聲響包圍著我，我花了一點時間適應較為陰暗的新環境。每座雨林都有不同的氛圍，而當我一踏進這座雨林的那一刻，就感覺到它特別充滿生氣。頭上有一群群的鸚鵡吵鬧地飛過清晨的天空；蜂鳥在繁茂的林木間盤旋閃躲；我剛剛在越過溪流時碰見一條又長又黑的蛇，牠涉水朝著我追來，頭抬得高高的，不停吐著舌信，我一動也不動地站著，讓牠長達兩公尺的身軀歪歪曲曲地從雙腿之間通過，往下游而去。黑暗的漣漪和漩渦讓我看不見牠，但是過了許久之後，小鳥斷斷續續的警戒聲仍然透露出牠所在的位置。

走出溪澗，一小段陡坡迎面而來。我的背包因為裝滿了繩索，所以十分沉重，靴子在枯枝落葉上頻頻打滑。我慢慢走著，呼吸費力沉重，將最後一絲從英國到委內瑞拉的長途旅行中吸入的滯悶空調氣體排出肺部。爬到陡坡最上面之後，我花了一點時間喘口氣，而後看看四周。

周遭的森林鬱鬱蔥蔥，生氣蓬勃。年幼的樹苗長在成熟大樹的茂密樹冠下。明亮的陽光讓林地出現斑駁的光影，逆光的蜘蛛網橫跨在山徑上，讓我知道自己是當天早上第一個走在這條山徑上的人。

森林的味道聞起來棒極了，腐葉沃土散發的大地氣息與不明花朵的清新柑橘芳香交融著。不同的氣味懸浮在清涼的空氣中，並沒有混雜在一起，因此當我穿過黏人的蜘蛛絲時，一連串誘人的香氣依序迎面而來。

製片亞德里安已經告訴我，要怎麼找到那棵角鵰所在的樹木了。

「你不可能會錯過它，它是這裡目前最大的一棵樹。」我們在營地喝咖啡時，他在泥地上畫了一個草圖，接著如此補充道。

我等不及要盡快開始了，因此把他留在營地處理一些事，自行前往森林。我十分清楚即將面臨的考驗，不過除非親眼看見將要面對的東西，否則就無法放鬆。爬上一棵完全成熟的吉貝木棉，在活躍的角鵰鳥巢中安裝遙控攝影器材，這是一項很讓人興奮的挑戰，但是絕對不能掉以輕心。

我繼續走在山徑上，在一個岔路往右，沿著稜線的一條山徑繼續走著。幾分鐘後，我來到另一條岔路，跟著山徑向左走下一座和緩的山坡。根據亞德里安所說的，吉貝木棉就在下面某處，生長在稜線的背風面。可是我卻找不到，只好停下來定位。以這麼大的一棵樹來說，它還真的相當難找。

望向緩坡下方的陰暗，我發現山坡底下那一群生長得極為靠近的樹木，其實是一根巨大的樹幹。樹木的基部至少橫跨十公尺，光影在它平滑的灰色樹皮上舞動著。我的目光沿著龐大的樹幹而上，直到它消失在近景的其他樹木後方。然後再抬高一點往上看，我看見它重新出現在周遭森林的樹冠之上。吉貝木棉此時才展開巨大的枝幹，向外延伸成一把大傘，比在它底下的其他樹木都來得高大，這是我看過最廣闊的樹冠之一。雖然並不是我第一次看見吉貝木棉，但卻是目前為止看過最大的一棵，真的是樹木中的彪形大漢。我站在那裡看著眼前的一切，想起二十三年前在賽門家第一次看見吉貝木棉的影像。我終於來到這裡，準備攀爬一棵吉貝木棉。

我走近一點觀看，只見主幹的下半部往外展開成許多板根，巨大的樹根就像熔化的蠟一般，流遍地面，最後消失在土壤裡。我注意到樹皮的微小細節和質地，水平褶皺沿著樹根的輪廓，就像是皮膚上的肥胖紋，一塊塊斑駁的青苔透露出水氣逗留的地方，有好幾片板根高聳到陽光甚至無法穿透兩片之間的窄縫。我用靴子輕踢其中一片板根，立刻就有兩隻小蝙蝠飛出來掠過我的臉，繞了幾秒後，又飛回巢穴。我探頭一看，只見牠們頭下腳上地掛在樹皮上的小溝渠裡，興奮地互相吱吱叫。我放下背包，往後站，好好抬頭看一看這棵樹的其他部位。

與樹梢上的霸氣王者四目相接

主幹筆直向上延伸到三十五公尺的高度，接著分成四根巨大的枝幹。這些枝幹繼續向上生長，一次又一次地分成更多的枝幹，支撐起龐大的樹冠。我站在下方的樹旁，依舊站在清晨的陰影之中，但是在頭上很高的地方，枝葉卻已經在明亮的陽光中閃耀著。每片發亮樹葉的大小和形狀都像是張開的手掌。枝葉雖然茂密，但是大部分卻只侷限在樹枝的末端。樹冠內部是空氣流通的開闊空間，巨大的灰色樹枝縱橫交錯，有很多看起來覆滿巨大的尖刺。這些尖刺又會為攀爬的過程多增添一道難題，因此必須小心架設繩索，因為尖刺很容易就會刺破柔軟的尼龍繩。我還在思忖著該如何應付這項新挑戰時，樹冠高處的某樣東西吸引了我的目光。我往上望，正好對上一隻成年雌角鵰堅定不移的注視。

當我在牠下方六十公尺的陰暗中走動時，牠一直都默不作聲地看我。牠站在至少有一公尺高，布滿棘刺的樹枝上，而且擁有和貓頭鷹很相似的灰臉，牠的胸口是深黑炭色，和胸部的雪白羽衣形成美麗的對比，收起的巨大翅膀是灰石色，側翼則帶有黑白條紋。但真正引起我注意的是牠亮黃色的巨大雙腳，和我的手腕一樣粗。牠的腳掌和我的手一樣大，有四根看起來十分可怕的黑爪。我舉起望遠鏡仔細觀看，兩根後爪看起來特別像是獵殺用的武器，長約十三公分。我猜想著，牠是用這兩根巨大腳爪在撞擊的當下殺死獵物，像刀子一樣把爪子往前推，刺進樹懶或猴子的體內。

雖然牠具有崇高的美，卻也令人生畏。牠流露出一股幾乎可以明顯感受的氣勢，充滿力量與堅毅。發現我看到牠了，牠就把身軀往前傾，回視著我，更仔細地檢視我的全身上下。牠的腦袋慢慢左右擺動，我相當確定牠正記下我的樣貌。被這麼專注地觀看著，讓人覺得十分緊張，而當牠緩緩豎起頭頂上的黑色冠羽時，這種感覺就更強烈了。牠的冠羽像是頭飾一般在微風中輕輕飄揚，我有一種很怪異的感覺，就好像牠知道我要來這裡做什麼，而且完全準備好要阻止我做這件事。

把動物擬人化一向不是明智的做法，但是在初識的前幾分鐘，我就是知道牠看得出來我要攀爬牠的樹，而這棵樹也確實是「牠的」樹。這棵吉貝木棉雖然傲視整座森林，但卻是屬於牠。這棵樹是牠的堡壘，用西班牙文來說就是牠的「弗塔雷札」（fortaleza）。我很清楚，牠會盡一切可能來保衛鳥巢。

這個鳥巢就藏在牠的下方某處。雖然我看不見，但是裡面顯然放了對牠非常重要的東西，因為牠不時就會偷瞄幾眼。對我厭倦之後，牠終於展開微黑的雙翼，滑翔到吉貝木棉的另一頭，站在樹枝上向外俯瞰森林。看來，我的第一隻角鵰觀眾已經結束觀賞了。

我往稜線的方向走回陡坡，尋找可以看見鳥巢的角度。終於，我發現鳥巢築在主幹頂端的巨大樹枝中，這個位置可以不受風雨影響，遠離窺探的目光。我不免納悶，不明白這麼大的鳥巢怎麼能夠藏得這麼好，在林地上都無法看見。它的直徑三公尺，深一．五公尺，大到足以讓我舒舒服服地睡在裡面，不過那真的就會是一個令人難忘的夜晚了。我一邊想著，一邊沿著山徑折返，回到營地拿取剩下的攀樹裝備。

過度干擾與記錄生態的兩難

回到森林外，一切都閃爍著白熱的光芒，眼睛看了之後會覺得很不舒服。走回營地的蔭涼處讓人鬆了一口氣。我聽見閒聊聲。亞德里安和攝影師格拉漢正在把水倒進水壺裡。他們拉出幾張椅子，我們三個坐在充當廚房餐桌的桌子旁，討論著可行選項。

我們已經討論整個計畫很多次了，如何架設鳥巢攝影機是多日來的談話主題。首先，比任何事都重要的，就是必須確保角鵰絕對安全無虞。在鳥巢上裝設攝影機是一種侵入的行為，在角鵰的鳥巢上架設更是非常棘手。每一步都必須謹慎規劃，將干擾降到最低。砸破一顆鳥蛋、傷到一隻雛鳥，絕對都是不可原諒的；讓角鴞父母產生極大的壓迫感，致使牠們在防衛鳥巢的過程中受傷，也同樣不可原諒，當牠們試圖趕走我們時，很可能會折斷利爪、造成羽毛受損，或甚至是翅膀斷裂，我不希望因為破壞角鴞的鳥巢而愧疚一生。

會緊張是好的，但是我們也有信心可以在不造成任何傷害的前提下完成任務，只需要一步一步地想清楚。我們可能在攀爬過程中的某個階段遇見成年角鴞，但是甚至在尚未離開英國之前，我們就同意在面對角鴞的攻擊時，防衛必須盡可能的消極，就連試著擋下或撇開攻擊，都有可能會傷到角鴞。

我們原本的計畫是，神不知，鬼不覺地偷偷地溜到樹上，在角鴞父母都沒有察覺的情況下將攝影機架設在鳥巢上。可是根據雌角鴞那天早上的行為，這種事顯然是不可能的，因為牠一直密切監視著任何發生在樹木附近的一切事物。

從雌角鴞不時往下瞄著某樣藏在鳥巢裡東西的模樣，鳥巢裡顯然有一顆蛋或是一隻雛鳥。無論如何，我們都不可能把牠支開鳥巢太久，沒有親鳥的照顧，鳥蛋或雛鳥很快就會變冷或過熱，就看那是一天中的什麼時段。不論是哪一種結局，絕對都令人無法接受，因此當雌角鴞因為我們接近，而從鳥巢驚飛離開後，我們就馬上要跟時間賽跑。我決定那天下午先架設好繩索，等雌角鴞再次恢復安穩後，再爬上樹裝設攝影機。

我跪在枯枝落葉層裡，把彈弓厚厚的橡皮筋盡量拉到最長。我已經把彈弓Y型的大金屬頭裝在一根長木杆的頂端，讓我能用越大的力量越好。目標樹枝的高度大約是四十三公尺，完全在繩子的長度範圍之內，我通常不需要把橡皮筋拉得這麼遠，但是這一次的射程有著不少障礙，豆袋必須穿過枝葉之間的許多小縫隙，因此需要讓彈弓發揮全力，才能突破任何擋路的樹葉。這棵吉貝木棉正值全盛時期，樹冠濃密健康，沒有任何枯枝。這讓我大大鬆了一口氣，因為我最不希望發生的事，就是打落重物砸中鳥巢。

我依然沒有看見體型較小、較不具攻擊性的雄角鵰，但是那隻可怕的雌角鵰又回到頭上那根尖刺的樹枝上，弓著肩膀、豎起冠羽。牠用一隻腳保持平衡，另一隻腳舉到面前，慢慢握緊，顯然很生氣。我很高興可以那麼清楚地看見牠，因為這表示不會不小心用彈弓射到牠，現在反而比較擔心會不小心打到鳥巢，因為豆袋很容易就會砸破鳥蛋或是讓雛鳥受傷。我非常謹慎地選擇發射的位置，從這個角度，鳥巢可以完全受到吉貝木棉其中一根巨大樹枝保護。

我瞄準比目標樹枝再高一點的地方，把橡皮再往下拉最後幾公分，緩緩吐氣，然後放開。豆袋乾淨俐落地射穿樹冠之間的縫隙，超越目標樹枝，繼續向上，最後輕輕繞住位於樹木最頂端的幾片葉子。很不錯的一射。我等豆袋停止擺盪之後，把它輕輕拉下樹葉，掉落到巨大樹枝上。

在整個過程中，雌角鵰一直怒目瞪視著小小的藍色豆袋。牠飛過去近看，滿足好奇心之後，就轉過身再次面向我，接著飛到另一根樹枝，不見蹤影。

我將攀繩拉上樹就定位，架好繩索時已經是午後時分，我很想留給角鵰一些空間，於是把工具袋藏在吉貝木棉樹下的枯枝落葉層裡，然後返回營地。

抵達稜線時，我回頭望著那棵吉貝木棉，它在接近薄暮時分的陽光下閃閃發亮，寬大的樹冠彷彿從內部散發出光芒。這真的是一棵很美的樹，像巨大的蘑菇般在森林中高高升起。從這個仰望角度較小的位置觀看，可以看出下半部的枝幹真的非常龐大，彼此之間的空間也很寬闊。角鵰的築巢位置選得非常好，牠們能清楚看見樹冠上和樹木周遭發生的一切，我們一旦爬過樹冠的下半部，就會無處可躲。

最堅定不移的愛與守護

隔天早上，我在平常攀樹所穿的T恤外，加穿一件厚重的克維拉防刺背心，並且緊緊綁好束帶。知道這樣能防禦刀鋒，雖然令人欣慰，但它是否能抵擋得了憤怒的角鵰呢？我拉上一雙手臂護套，接著彎腰撿起放在腳邊那頂厚重的鎮暴用安全帽。帽子是深藍色的，壓克力面罩上布滿刮痕，頸部的護具相當厚，把手放在安全帽裡，把它轉了過來，可以看見正面模糊地寫著「警察」的字樣，我接著就戴上了。厚厚的泡沫橡膠墊料削弱了聽力，也讓我完全喪失周邊視覺，因此如果想要看清楚什麼東西，就必須轉頭正對那樣東西。我放下面罩，面罩上立刻起霧，增加了幽閉恐懼的束縛窒息感。

我們在布里斯托購買這套二手的防護裝備，然後帶出國。穿著這套裝備攀樹肯定一點也不好玩，但這恐怕比被一隻憤怒的角鴞開膛剖肚來得好。不過，還是有可能根本不會面臨這樣的狀況。每隻角鴞都不一樣，而這一對角鴞說不定只是遠遠監視我們就滿意了，但是我們必須爬上繩子後才能確定，屆時當然為時已晚。我想起了賽門的錄影帶，心想安全一點總比懊悔來得好。

隔天早上五點半，格拉漢、亞德里安和我已經站在吉貝木棉巨大的板根之中。格拉漢正在準備拍攝鳥巢的攝影機，亞德里安和我則在穿戴裝備，準備攀樹。安裝鳥巢攝影機的工作只要一個人就能完成了，但是有四隻眼睛總比只有兩隻好，因此亞德里安會和我一起爬上樹，而格拉漢則會在隔壁那棵樹的樹冠平台上拍攝我們的進度。他在那裡可以專心地注意角鴞，必要時能用無線電警告我們。這真的非常重要，因為我們可能不只要對付那隻雌角鴞，雖然我還沒有看見雌角鴞的配偶，但是那隻雄角鴞無疑已經看過我許多次了，必須假定兩隻成年角鴞現在都在盯著我們。

我抬頭看著白色細繩，繩子正懸掛在距離樹幹六公尺高的開放空間。我輕輕晃動繩子，讓它不要卡到任何殘枝。一層薄霧賦予整個畫面深度，更加凸顯出我們必須爬到多高的地方。頭上四十五公尺的地方，第一道閃耀的晨光照射在吉貝木棉的樹葉上，而在那之上，我看見了淡藍色

的天空，預示這又會是炎熱的一天。該出發了。

我把鳥巢攝影機放進袋子裡，再把袋子掛在吊帶後，接著將自己扣在繩索上。鎮暴用安全帽讓我難以呼吸，已經明顯感覺到體溫上升了，但現在才剛剛離開地面而已。安全帽和防刺背心加起來的重量讓我頭重腳輕，把我向後拉，失去平衡。這一點再加上繩索的彈性，讓我很難攀爬，幾乎不可能掌握有效率的攀爬節奏。我充滿負面情緒，難以讓這一次攀登的想法有所好轉，所有的一切就是很不對勁，無法好好地看或聽，讓我覺得自己和這棵正在攀爬的樹毫無連結。

但是，別無他法。雖然這會非常棘手，但是我提醒自己，沒有人逼迫我穿上這套裝備，這是我自己的決定，所以還不如坦然接受。我們選擇穿戴防護裝備有著很好的理由，一旦遭遇角鵰攻擊，任何的不適都是值得的。

高空中尚未孵化的幼小生命

我看著亞德里安爬上繩子，我和他之間保持三公尺的距離。我們打算跟著彼此的步調並肩攀爬，互相照顧。可是因為繩索自然的扭曲，我們一直緩慢打轉，而少了周邊視覺的我，只有亞德里安出現在我正前方時才能看見。我會旋轉，他會背對著我，出現在我的視線範圍內，但是因為我還在繼續轉著，所以他馬上又會不見了。

一切感覺都很不真實，而當我繼續向上爬時，也越來越覺得不自在。我們受到監視了，從亞德里安的肢體語言中，我看得出他也感覺到了。我們不時就會停下來，突然轉身，想要看看角鵰到底在哪裡。

離地十五公尺，我們突破了茂密的下層林木，進入上方開闊的樹冠區。爬上來的過程中，我雖然覺得非常脆弱，但是跟這時候的暴露感相比，根本就不算什麼。接下來二十公尺，我們將垂掛在半空中，完全沒有遮掩，我突然因為穿著這些裝備而覺得放心不少，完全不做任何防護就做出這種事，簡直無異於自殺。我的心臟狂跳，預料隨時都會遭到看不見的攻擊。我的想像力不停奔馳，於是我扼止這種想法，只專注在攀爬上。

即使到了這個高度，我們身旁的樹幹依然非常巨大。我抬頭望向鳥巢，還有十二公尺要爬。鳥巢幾乎完全躲在一株巨大的蔓生植物後，我這時候才訝異地發現那是一棵巨大的龜背芋，就像父母在一九七〇年代在家裡栽種的那一種，只不過是放大許多倍的版本。我心想，原來它們來自這裡，在這裡看到龜背芋的感覺真怪。

「注意，牠來了！」格拉漢透過無線電發出的聲音，突然把我拉回現實。

我轉過頭，及時瞄到一道轉瞬即逝的影子掠過五公尺外的地方，正往吉貝木棉外飛了出來。

我轉過身，看著牠飛過半空，停在鄰樹的樹頂上。牠膨起羽毛，豎起冠羽，以一種半蹲的姿勢觀察著我們的一舉一動。

我用最快的速度朝著吉貝木棉的樹冠挺進，亞德里安的位置在我下面一點，卻仍然毫無遮蔽。我回望雌角鵰，牠在三十公尺外的地方盯著我們，而後突然往前傾，悄悄飛下樹枝。牠的頭縮在強而有力的肩膀之間，迅速地低飛過來，筆直地飛向亞德里安。

我大吼道：「亞德里安，放下面罩，準備好，放下面罩！」

亞德里安立刻就把壓克力面罩放了下來，但是仍然背對著接近中的雌角鵰。接著牠在最後一刻以驚人的速度轉向，降落在頭上五公尺的樹枝上，用著凶狠的眼神怒目瞪視我們。方才看見雌角鵰在亞德里安的身旁，我才真正領悟到牠驚人的體型，因為牠緊急轉向所產生的下沉氣流，讓我們在繩子上轉來轉去。牠發出清楚的警告，想要威嚇我們改變主意。我不禁想著，當我們爬到鳥巢時，牠又會有什麼反應。

我們一邊密切注意牠，一邊盡快往上爬。幾分鐘後，我來到和巨大樹枝平台齊高的位置，跨上平台邊緣。此刻我真的深切體悟到鳥巢有多麼巨大了，它有三公尺寬、兩公尺深。有些樹枝已經枯死了，有些還長著綠葉，但是全都又大又重。這是令人印象深刻的建築，堅固到足以承受數人的重量。而在我的腳邊，被安放在像碗一樣凹陷地方的是兩顆精緻的象牙色鳥蛋。蛋幾乎呈現圓形，和鵝蛋的大小差不多。所以雌角鵰還在孵蛋，小鳥原來尚未孵化。我抬頭看，雌角鵰仍然在上方很靠近我們的樹枝上。我一直看著牠，直到亞德里安爬到我的身旁。牠飛回另一棵樹，滿足地待在那裡，一邊觀察著我們。

在我裝設攝影機的期間，一直維持著這種令人不自在的休戰狀態。要把攝影機固定在鳥巢旁邊的樹枝很不容易。裝設好攝影機後，亞德里安開始下降四十三公尺，回到下面的林地。幾分鐘後，我也跟上，一邊慢慢垂降，一邊在一定的距離停下來，把攝影機長長的電線固定在樹上。下降到一半的高度時，我覺得空中有所動靜，但是當我轉頭看去時，卻沒有看到任何東西。

終於回到林地上吉貝木棉巨大扭曲的板根之中，真的讓人大大鬆了一口氣。

我落到地面時，亞德里安問道：「你有看到牠嗎？」

我拿下安全帽，看著他說：「什麼意思？什麼時候？」

他接著解釋道：「那隻雌角鵰，牠在幾分鐘前低空掠過你的身邊。」

「沒有。不，我沒看到牠。」我感覺到的那個動靜一定就是雌角鵰了。一隻重達九公斤，展翅可達兩公尺的角鵰，以時速八十公里經過我身邊不到一公尺，多虧有著笨重的安全帽，我甚至都沒有看到。

攝影機就定位讓人鬆了一口氣，但是在還沒有看到影像前，我無法完全放鬆。格拉漢與我們會合，我們圍著放在板根上的小小液晶螢幕蹲下。打開螢幕後，變成藍色，讓我們緊張了一下，接著顯示出相當不錯的廣角畫面，能夠看見整個鳥巢。畫面右邊是兩顆安放在凹處的白蛋，背景則是周遭森林一望無際的全景，看起來棒極了。

我和亞德里安拉下繩索，帶著裝備回到營地。格拉漢在一個小時後也回來了，向我們報告，在離開後不到幾分鐘，雌角鵰就回去孵蛋了。真是一個好消息，到目前為止都很好，任務成功。幸運的話，我們現在就能捕捉到非常私密、稀有的影像，記錄全世界最具有威嚴又神出鬼沒的其中一種老鷹養育牠的後代。

格外艱辛的後續任務

但是我們對那台小小的攝影機太過要求了，因為角鵰雛鳥要花很長一段時間才能羽翼豐滿，事實上是六個月，要我們的鳥巢攝影機在這麼炎熱潮濕的環境裡，維持這麼久的運作是相當困難的。我們沒有人喜歡要重回樹上修理攝影機的念頭，因為雛鳥一旦孵化，角鵰父母就真的會努力捍衛。牠們投注越多的心力養育雛鳥，情感就會越深，防衛時就會越凶猛。但是目前的一切看起來都很好，攝影機正常運作，角鵰被干擾後依然狀態良好，一切都很順利。如果運氣不錯的話，下一次我攀爬吉貝木棉時，會是在雛鳥離巢後，爬上去拆除攝影機時，到時候不用穿防護裝備，我就有機會自由探索這棵宏偉的樹木了。

這個想法很不錯，但是不知道為什麼，幾個月後當手機顯示亞德里安來電時，我馬上就知道攝影機出問題了。

上一次站在這棵巨樹下，彷彿不過是昨日，但是其實已經過了三個月，發生了很多事。鳥巢攝影機雖然還在運作，但是畫面卻已經完全模糊，影像無法拿來使用。必須修好攝影機，而這就表示要爬上樹，爬到現在已經有一隻很大的角鵰雛鳥在裡面的鳥巢。我可以在螢幕上看見牠白茸茸的輪廓，像是一個醉漢似的東歪西倒地走著。牠現在只有幾個月大，三餐都吃猴子和樹懶，所以長得很快。牠的父母日以繼夜地打獵，時常帶食物回來滿足後代迅速成長的胃口。

這是角鵰鳥巢最忙碌的時候，雛鳥孵化後，親鳥都會投注很多時間與心力，因此牠們這一次絕不可能袖手旁觀地看著我爬進鳥巢裡，和唯一一隻雛鳥待在一起。牠們會做出反應，這是可以確定的。但是，反應會極端到什麼樣的地步，得實際到了樹上後才會知道。

於是，我再次蹲在枯枝落葉上，用彈弓小心地瞄準目標，接著鬆手。豆袋很好地飛了出去，和先前一樣筆直地越過同一根樹枝。我丟下彈弓，抓住正在加速衝向樹冠的魚線。但是就在那一刻，魚線被用力一拉，從我的手中被扯掉了，削去手指的皮膚。我立刻抬頭，看見雌角鵰正抓著豆袋，試圖帶它離開。牠緊緊抓著擺盪的豆袋，頭下腳上地懸浮在半空中，轉著圈圈，巨大的翅膀胡亂拍動著。牠很有可能會被魚線纏住，於是我又伸手去抓魚線，和牠拔了一下河後，牠鬆開腳爪，飛出吉貝木棉。我轉過身，卻到處都看不見牠。牠來時像是一道閃電，接著又融入森林裡，完完全全地消失了。一切再度恢復平靜，唯一的聲響就是鉛錘掉到樹葉上的輕柔啪搭聲。雌角鵰用爪子撕破厚厚的豆袋，也讓我的手指流血了。

此時雌角鵰的舉動，對於牠在我爬上樹後會出現的反應，完全不是好兆頭。我在不受打擾的情況下完成剩下的架繩工作，但是腦海裡卻充滿疑慮和恐懼。等我回到營地時，已經決定要增添額外的防護裝備。鎮暴用安全帽、防刺背心和護臂雖然讓我安心，但是下背部和雙腿仍然暴露在外。我必須找到額外的護具來保護腎臟和大腿。我無奈地想起，第一次光是穿著防刺背心和安全帽就不知道發了多少牢騷。但是，我有一種可怕的感覺，覺得雌角鵰在今天早上的示威，不過只是給我一點顏色瞧瞧罷了，真正猛烈的攻擊還在後頭。明天很快就會到來了。

示威、恫嚇與凌厲的攻擊

我在黑暗裡醒來，夜晚的空氣中充斥著昆蟲的鳴叫聲，透過薄薄的外帳，我看見一隻經過的螢火蟲發出微弱的霓虹光芒。遠處傳來吼猴縈繞不去的叫聲，告訴我黎明已經不遠了。我看了看手錶，現在是四點三十分。知道自己不可能再入眠，於是就穿上衣服，鑽出帳篷，進入夜晚清涼的空氣中。在繁星點點的天空映襯下，林木呈現隱隱約約的黑影。

我穿上靴子，走到烹煮食物的小屋，從桌上的熱水瓶倒了一杯濃烈的黑咖啡。我在那裡坐了半小時，試著讓腦袋進入狀況。我顯然一定會遭到角鵰父母的攻擊，少說也會有一隻。我可以接受這一點，畢竟我有防護裝備，而且又有誰能責怪角鵰保衛自己的鳥巢呢？為了修好攝影機，就必須付出這個代價，但真正讓我擔心的是，在衝突中會意外傷到其中一隻成年角鵰。我必須盡可能保持消極，試著不激怒牠們，可是自我防衛的本能很難抑制，將會考驗我的耐心。下下之策就是，我得知道如果情況完全失控了，該何時撤退。

一個小時後，我們三人一起站在吉貝木棉樹下。亞德里安在某處找到幾段生皮，現在正用一捲大力膠布把它們黏在我的腰部，這為我的下背部提供很好的保護，有效地遮住防刺背心和吊帶之間的空隙。我用同樣的方式包住大腿，亞德里安則幫格拉漢套上差不多的裝備。為了將干擾降到最低，我們這一次只架設一組繩索。因此，我會先爬上去，換到暫時的固定點後，再放開主繩讓格拉漢爬上來。因此倘若我遭到攻擊，將無法撤退，但是一個人處理攝影機時，另一個人可以負責警戒。不過，一次只有一人攀爬，本身就是不小的挑戰，因為在攀爬過程中就無法互相留意。

鎮暴用安全帽聞起來有發霉與汗臭的味道，我戴上去，繫好下巴的帶子，然後把繩子扣進夾鉗裡，接著拉出多餘的繩段。無線電牢牢固定好並打開後，我就開始攀爬了。不見角鵰的蹤影，但是牠們一定在注意我們。

鎮暴用安全帽的狹窄視野，讓我只看得見正前方，而厚重的墊料也模糊了所有的聲音。我的呼吸聲很大、很沉重，但是其他的聲音全都被削弱了，聽起來很遙遠，彷彿在水下。由於看不見也聽不到什麼，我只好專注在攀爬的節奏上。爬到茂密的下層林木頂端後，我放下面罩，準備從隱蔽處冒出頭。刮痕累累的壓克力板上立刻起霧，讓我在看不見的狀況下奮力鑽過糾結的樹枝。

我進入上方的開放空間，現在被角鵰發現只是遲早的問題。抵達頭上二十公尺樹冠庇護所的賽跑已經開始了，在我到達那裡之前，都會是容易受到攻擊的目標。汗水流入眼睛，刺痛我的雙眼，而我的肌肉也痠痛不已。我告訴自己要以最快的速度往上爬。

我得到的第一個警訊，就是左邊飛快衝下的一道不祥陰影。雌角鵰把頭壓低，夾在翅膀中間，側影呈現流線型地飛來，在距離我的臉三公尺時，就把巨大的腳爪往前伸，準備攻擊，但是牠發現我已經看到牠了，於是又在最後一刻轉向。張大翅膀帶來的一股氣流讓我在繩子上打轉，這下子變成背對牠了。我再次盲目地攀爬，繼續用最快的速度往上衝，耳畔能聽見心臟正在大聲跳動。

不到幾秒，無線電劈里啪啦地發出聲音：「注意，牠又飛回來了。」等我轉過身時，雌角鵰已經在三十公尺外朝著我全力飛來，揮動著巨大的黑翅，正以驚人的速度加速中。我只能看著牠在眼前越變越大，迅猛地直接撲向我的臉。距離十公尺時，牠的翅膀固定不動，換成僵硬的滑翔姿勢，在最後一秒歪向一邊，雙腳大力踢中我的腎臟，飛彈似地衝過我的身邊。臨時拼湊的護甲發揮了作用，鷹爪並沒有刺穿，但是牠狠狠揍了我一拳，留下瘀青，還讓我在繩子上轉圈。我什麼事也沒辦法做，就只能繼續全速攀爬。

我到處晃來晃去，覺得自己一邊繞著令人暈頭轉向的圈圈，一邊旋轉上升著。體熱、汗水及看不見的雙眼，讓我覺得很不舒服。我想要打開面罩呼吸，卻看見牠在不到五公尺外的地方又朝著我的臉直衝而來。繩子再度讓我轉動，我感覺到呼嘯而過的風和重重的一擊，牠這一次正中我的背部。當牠劃過半空時，我瞥見寬闊豐滿的翅膀及呈現扇形的尾羽，還有像鐮刀般掛在身下的巨爪。

幾分鐘後，牠又出現在我的上方，停在繩子旁的一根樹枝上。我們之間沒有明確的飛行路線，於是我趁著在痠痛肌肉還許可的情況下，盡快往上攀爬。我就快要爬到繩子的頂端了，而且已經進入吉貝木棉的樹冠。雌角鵰就在那裡，身體向前傾，用那雙黑色的眼珠盯著我，張開巨大的鉤狀鳥喙，露出類似爬蟲類的舌頭，配合著急促的呼吸噴吐出氣息。

雌角鵰強而有力的黃色大腳緊緊抓著樹枝，可怕的後爪有著如同針般銳利的爪尖，牠顯然在等待另一次攻擊的時機。我一邊目不轉睛地盯著牠，一邊擠過一根狹小的樹杈，然後顫顫巍巍地保持平衡，才能盯著牠。過了一分鐘左右，牠似乎放鬆了一些，坐直後豎起冠羽。

現在才是棘手的部分，為了放開主繩，讓格拉漢可以爬上來，我需要架設另一個固定點。我的目光必須從雌角鶥的身上移開幾秒，才能做到這件事。我別無選擇，只能相信牠不會攻擊我，希望牠不要充分利用這個空檔的優勢。

造訪角鵰堡壘的殊榮

但是下一秒，我只知道自己在繩子上打轉，眼冒金星，同時出現耳鳴，頭骨產生劇痛。我以最快的速度爬回布滿尖刺的樹枝上，觸摸感到疼痛的地方。在衣領和下巴之間的左邊脖子已經沒有知覺了，我移開手後，發現手指上沾著血跡。牠一定是看見護頸和防刺背心之間有空隙，所以才會攻擊那裡。我覺得好像被球棒砸中似的，轉了脖子幾下，才確定沒有骨折。但流血不是一件好事，我試著用手指大力按壓，把血堵住，卻只是覺得更加暈眩。

我對著下面大喊道：「我沒事，不過就這樣了，我受夠了，我要撤退！」

格拉漢的聲音從遙遠的下方傳來道：「留在原地，我出發了，我要去找你了！」

我才剛剛解開主繩，固定在隔壁的樹枝上，就感覺到下面的繩索開始伸縮，格拉漢出發了。

但是幾秒後，雌角鶥又朝著我飛來，迅速俯衝而下，爪子往前伸向我的臉。這一次，光是轉身面對牠似乎已經無法遏止攻擊了，所以我立刻大吼，並且揮舞著手臂。牠突然轉向，停在三公尺外的樹枝上，再次傾身向前端詳我，雙翼半張，似乎時機一到就準備行動。現在背對著牠或是短暫移開目光，顯然都會引來另一波攻擊。我不會再犯下相同的錯，因此當牠伸長脖子想把我看清楚時，我就盡力維持著與牠的眼神接觸，同時用隔壁的樹枝作為掩護。我們陷入僵局，兩雙眼睛死死盯著對方。這裡是牠的地盤，而我是外來者。

我冒險地迅速瞥了繩子一眼，看見格拉漢剛剛從下層林木冒出來。雌角鵰肯定也注意到他了，因為牠的身體更向前傾，好往下看。正當我認為牠要俯衝撲向格拉漢時，雄角鵰不知道從哪裡冒了出來，在我的下方劃過一道弧線，朝著格拉漢飛去。我立刻發出警告，但是格拉漢早就已經看見了，他立刻把雙腳舉到身體前方，好抵擋攻擊。雄角鵰察覺自己被發現了，在最後一刻斜飛而去，讓格拉漢在繩子上搖來晃去。格拉漢繼續沿著繩索往上爬，幾分鐘內就來到我的身旁。我已經平復一些，血似乎也止住了。因此，格拉漢密切注意幾公尺外的雌角鵰，我則終於可以好好看看身後的鳥巢。

三個月前，原本放著兩顆白色鳥蛋的精緻凹碗，現在出現一隻憤怒的雛鳥。牠的大小和一隻大型的雞差不多，有著灰色翅膀、白色頭顱與兩隻黃色大腳。牠往後靠坐，對著我伸出爪子，同時憤怒地張大鳥喙，每隔幾秒，淺淺的瞬膜就會滑過牠犀利的黑眼珠，像是冷冰冰的爬蟲類動物。

鳥巢的表面覆蓋著一層厚厚的枯枝落葉，到處都是吃了一半的動物屍體殘骸，嚴重毀傷的屍骨上，都是密密麻麻吃得飽脹的綠蒼蠅，蒼白的腐肉上長滿了蛆。雛鳥往後退，想要遠離我們。我們必須非常小心，不要把牠嚇得掉出鳥巢，所以我只接近到能夠取得攝影機的地步。接下來三十分鐘，我和格拉漢清理著鏡頭上噴到的鳥糞，擦拭累積三個月的汙垢。等到我們完成時，雛鳥對我們的存在似乎意外地放鬆，但是我快速轉頭看了母鳥一眼，馬上提醒自己不要太缺乏警覺。格拉漢和母鳥正在大眼瞪小眼，雙方仍在停戰中，但只是勉強維持而已。我知道過不了多久，我們其中一人就要開始下降，留著另一人獨自應付牠。我自願留下，看著格拉漢退後離開樹枝，接著落入虛無，被下方二十公尺茂密的下層林木吞噬。母鳥一直待在樹枝上怒瞪著我，而格拉漢則毫髮無傷地逃回地面。

現在輪到我了，我很清楚會發生什麼事。我盯著牠，然後跳下樹枝，同時盡可能大力按壓垂降裝置的握把，但該來的還是躲不掉。牠收起翅膀，筆直地對我俯衝而來，接著一個急轉彎，最後一次重擊我的肩膀，然後消失在森林裡。我真的完全受夠了，讓自己像石頭一樣沿著繩子往下掉，回到安全的林地。

我降落到地面，脫掉安全帽後，亞德里安說：「老兄，你的脖子在流血，看起來不太妙……。」他湊過來仔細看。「你的衣領完全被抓破了，護頸也被劃了一痕，而且看樣子牠把爪子直接刺進脖子了，就在頸靜脈旁邊的位置。沒錯，再左邊一點點，你的麻煩就大了。」雌角鵰的一根爪子深深刺了進去，天知道牠的爪子裡會有什麼細菌？傷口必須好好清理乾淨，但是至少已經沒有流血了。

我們圍在液晶螢幕前，看見雛鳥坐在巢中，對著攝影機生悶氣的影像。

幾分鐘後，在畫面中，母鳥降落了，牠一動也不動地站著，盯著雛鳥。接著拖來一塊猴子屍體的殘骸，突然急促拉扯著，然後用鳥喙撕成肉條。牠的身軀往前傾，把肉條遞給雛鳥，雛鳥笨手笨腳地靠過去，翅膀微弱地拍動著。母鳥無限溫柔地把肉條小心翼翼地放入雛鳥張大的嘴巴裡。這幅景象真的是棒極了，是一切順利完成，我們沒有造成任何永久干擾的最佳證明。

我抬頭望著上方在陽光中閃耀的巨大銀色樹枝，在上方的角鵰堡壘裡是一個截然不同的世界，能造訪那裡是何等殊榮。

格拉漢說：「我們回營地吧！必須好好清理傷口。」我不需要別人再三叮囑，現在才早上九點半，但是我真的需要來一罐啤酒。

第十章

—摩洛哥—
屹立的北非雪松

我身處的這片林木在陡峭的山脊上簇擁著，
就像來到戰役尾聲時，奮力進行最後一搏的軍團。
每棵樹都和鄰樹截然不同，
肢體語言像是在違抗時間與氣候所造成的破壞。
冬季降雪所折斷的樹枝、夏季大火灼燒過的樹幹，
每一棵樹都是生命歲月的活生生紀錄，
史詩般的故事赤裸裸地攤在那裡，讓任何人閱讀。

二〇一三

我慢慢走上山腰，腳下一片片鬆散的石灰岩像是破碎的陶瓷般叮噹作響。地面上是一堆亂糟糟的裸岩，極為乾燥。碎裂的石塊之間鋪著薄薄的土壤，只要是能夠長草的地方，就可以看見乾燥的小草一束束地生長在一起。這裡任何東西都能生長，甚至蓬勃茁壯，真讓人吃驚，我看著周遭那些從大地骨肉裡筆直竄升的巨樹，忍不住讚嘆不已。

這些樹木是北非雪松。樹脂的辛香瀰漫在山區清新的空氣中，喚起深層記憶的美好氣味就好似從另一個世紀飄來的一柱香。我抬頭看見雪松最頂端的樹枝沐浴在明亮的陽光下，而在樹下的陰影之中，我被它們寬大的樹幹圍繞著，樹幹之間的下層林木則是堅忍樸實的冬青與楓樹。

這是在摩洛哥阿特拉斯山脈（Atlas Mountains）的十月中旬時，冬青枝葉上的紅莓證實秋天已經來到了，白天雖然很溫暖，但是吹來的山風卻有些寒冷，預示之後將會有一個嚴峻的冬季。這座森林真的是一個極端之地，夏天遭受北非豔陽烘烤，小命幾乎不保，接著冬日氣溫又降到零度以下，遍地全是厚厚的積雪。任何生物都要非常刻苦、耐受力高，才能夠在此存活。四周這些多瘤的雪松當然也是如此，不像更下方的山谷裡那些長在遮蔽處的年輕林木，這些老兵巨木都有自己的風骨。我身處的這片林木在陡峭的山脊上簇擁著，就像來到戰役尾聲時，奮力進行最後一搏的軍團。每棵樹都和鄰樹截然不同，肢體語言像是在違抗時間與氣候所造成的破壞。冬季降雪所折斷的樹枝、夏季大火灼燒過的樹幹，每一棵樹都是生命歲月的活生生紀錄，史詩般的故事赤裸裸地攤在那裡，讓任何人閱讀。

我在樹根之間選了一個位子，坐下來背靠著樹，望向剛剛爬上來的山坡。從這裡來看，坡度顯得更陡峭了，我現在和幾棵大雪松的上層樹冠齊高。層層堆疊的水平樹枝背對晨陽的光芒，精巧的常綠針葉摻雜著一點銀白。在林地上反射的陽光，照亮樹枝的下側，鱗片狀的巨大樹幹散發出紅棕色澤。枝葉在清澈的藍天下，隨著微風的吹拂發出嘆息，這座森林有一種永恆的寧靜感。

撫慰心靈的美麗雪松

兩天前，我和父親來到熱鬧的柏柏爾人（Berber）城鎮——艾茲魯（Azrou），它位於阿特拉斯山脈中段。自從我們十六年前第一次拜訪過後，這裡就變成我們最喜愛的地方。當時，我住在摩洛哥南部的沙漠裡進行拍攝，雖然我非常喜歡北撒哈拉的荒涼之美，卻十分懷念被樹木環繞的感覺。因此，父親來看我時，我們就一起開車旅行，發現這個位於深山裡的珍寶。艾茲魯就像是一個門戶，通往我見過最棒的森林之一。只要時間許可，我就會回到這裡，雖然頻率並不如我所希望的來得高。

在我看來，北非雪松是這個星球上最美麗的樹種之一，但是正如同所有的生命一樣，必須在自然環境中看到，才能充分欣賞它們的美。每棵雪松都展現出令人屏息的平衡形態，那是所有與自然和諧共處的野生生物都具備的特點。或許是因為松香美好的氣味，也或許是因為雪松的山居家園遺世而獨立，對我而言，光是待在這些古木旁邊就能撫慰心靈。

讓人開心的是，攀爬雪松也絕對是一種享受。雪松雖然不是最高的樹種，但是它們穩固的枝幹、水平的樹枝，以及（樹齡較老的樹）可以讓你舒展身體、欣賞美景的平頂樹冠，卻讓人難以抗拒。父親在山下的露天市集裡，和販售地毯與化石的商人討價還價，這是他最愛做的事，我也得以花一整天在山上搜索林木蓊鬱的山腰，尋找最適合攀爬的樹，做著自己最愛做的事。我打算隔天再回來攀爬，並且在樹上過夜。我爬過不少松樹，但是從未在松樹上睡過一晚，我覺得自己要盡可能地貼近這些偉大的樹。

更下面的山坡出現了動靜，讓我的目光看向一群穿梭在林木間的巴巴利獼猴，牠們翻動著石頭或是在倒木下覓食。牠們突然提醒了我，雖然這些針葉林位於層巒疊嶂的地區，但我還是在非洲。一直到非常近代以前，這些偏遠的山谷也曾是許多哺乳類動物的家園，只生活在這塊大陸上。

非洲唯一的熊類在十九世紀中葉前存活於此，而摩洛哥的最後一批野生巴巴里獅也住在這些山區，直到一九四〇年代為止，這兩種生物的數量曾經都有很多，事實上最後在古羅馬鬥獸場的沙地上結束生命的獅子，也大多來自於此。

我試著想像，在這片地貌上看見巴巴里獅會是什麼樣的感覺。牠們是以龐大的體積與濃密蓬鬆的黑色鬃毛著稱，看起來一定很驚人，在月光照耀的平靜夜晚，走在雪地上，安靜無聲地穿梭在巨大雪松的墨藍色陰影中。獅子雖然已經消失了，但是森林還在。我看著四周長在山脊上的這些古木，內心產生美妙的念頭，幻想著這樣的一隻大貓可能曾在經過時，伸爪劃過這裡一棵松樹，說不定連我現在靠著的這一棵也被抓過呢！

另一個引人遐思的念頭是，說不定（只是說不定）這裡仍然殘存著幾隻北非豹。雖然有許多人認為牠們已經絕種了，但是當地有些放牧人相信，牠們依然在森林裡活動。十五年前，我在艾茲魯的露天市集上看見的豹紋毛皮，也仍然歷歷在目，厚實濃密的毛皮是我在下撒哈拉地區從未見過的。碰到這種事情時，我就會成為無可救藥的浪漫主義者，我想要相信牠們仍然存在這裡的某個地方。如果有任何大型貓科動物可以在不被外界知道的情況下存活，那一定是豹。

烏鴉的叫聲把我拉回二十一世紀，我喝了一口水，接著站起身，繼續沿著稜線走，尋找適合攀爬的樹。

我開始看出規律了，這些樹齡較老的樹木都生長在一起，是自成一格的雪松樹林，位於森林的最深處。有許多樹種在河邊的肥沃沖積平原長得最好，但是這些樹木不同，似乎反而生長在土壞最稀薄的崎嶇山坡上才最為茁壯茂盛。這對我而言仍然是一個謎，卻更增添它們的魅力。它們是很有骨氣，幾乎可以說是叛逆的樹種，似乎遵循著不同的原則生存。

瀕臨險境的自然生物

來到山脊的最高點，迎面而來的是前方平坦地勢的美景。成熟的松樹站成一排開放的柱廊，就像一座巨大穹頂清真寺的圓拱，陽光穿透其間，用一道道的光柱照亮整個空間。每道射進林地的光束中，都有一對翩翩起舞的留蝶，茶褐色的翅膀覆滿乳白色的大斑點，看起來很像一種稱為斑點木蝶的蝴蝶。輕盈的塵土在牠們的小翅膀所掀起的氣流中打轉。我站在那裡，如痴如醉地看著牠們繞著彼此旋轉飛舞著，向上穿越光柱，通往上方的樹冠，我走進了宛如天堂的林間空地。

我的目光移到腳下石頭之間的一抹色彩，彎下腰後才發現原來那是野生的番紅花，是以前從未看過的。六片紫丁香色的花瓣托著垂直的花冠，在點點陽光下似乎散發出光芒，三根橘色柱頭清晰可見。採下這些柱頭之後，放在太陽下日曬，就會成為番紅花香料，讓我想起在艾茲魯的露天市集中，那些在松木碗裡堆得高高的昂貴鮮紅色香料。番紅花和雪松彼此似乎不太適合，卻顯然擁有某種微妙的同伴關係。置身在看起來如此嚴峻刻苦的環境中，這些森林卻異常脆弱，讓我想起它們面臨的嚴重環境壓力。

在二〇一三年，國際自然保護聯盟（International union for Conservation of Nature）完成了世界各地松柏樹種現況的定期檢視，北非雪松一夕之間從暫無危機變成瀕危的狀況。二十世紀中葉，雪松的數量減少了七五%，同時自一九八〇年代起，經歷了多次長期的嚴重乾旱。這些森林曾經一度綿延馬格里布（Maghreb）[15]的整片山區，但是現在阿爾及利亞境內的那些雪松全都沒了，剩下的雪松大約有八〇%是在摩洛哥境內。在這樣一個季節性乾旱的環境裡，主要問題無可避免地是來自於全球暖化。艾茲魯周遭的森林位於阿特拉斯山脈的北面，從古至今都受惠於大西洋帶來的水氣。然而，來自南方的乾燥空氣開始發揮影響力。南向坡現在到處都是死於乾旱的松樹留下的白色骨幹，形成一幅悲淒的景象，標示出越來越往北退的森林邊線。由於北非雪松在自然狀況下，只生長在海拔一千兩百到兩千四百公尺的地方，這座森林等於是困在岩石與艱困地帶的中間，無處可去；再加上非法盜採、過度放牧和土壤侵蝕的壓力，整個處境更加危險。

我通常是一個能樂觀看待事物的人，不過對於北非雪松是否能在長遠的未來裡，繼續在它們的自然環境中生長著，也很難保持樂觀的態度。單一的樹木在英國可以長得很好，但森林顯然不

---

15 譯注：這個地區涵蓋的範圍通常包含北非大部分的區域，也就是摩洛哥、阿爾及利亞、突尼西亞、利比亞及茅利塔尼亞等國，但並不包括埃及。傳統的定義則限縮在位於前四國的阿特拉斯山脈和海岸平原地帶。這個地區的人口主要是信奉伊斯蘭教的柏柏爾人。

只是樹木的總和而已。我們未來或許可以保留基因，在他處進行復育，但那樣還是遠遠不如在自然環境裡茁壯成長的雪松，抑或巴巴里獅。

我用指背輕撫番紅花，它的花瓣如此柔軟，我幾乎感覺不到。這麼嬌弱的東西怎麼能在這裡存活呢？我將目光移回那些蝴蝶，牠們的求偶行為是那麼轉瞬即逝，然後再看看周圍的巨大雪松，這真的是一個充滿魔力的地方。

在松香瀰漫中向更高處前進

「所以，你找到你的樹了嗎？」那天晚上我回到艾茲魯時，父親這麼問道。我在雪松飯店（Hotel des Cedres）階梯上，他最愛的位置找到了他，他正坐在一張能俯瞰市集的桌子旁看著夕陽。他啜飲著摩洛哥咖啡，讓我對他一天中任何時候都能喝濃咖啡的能力大感驚嘆。我拉來一張椅子，告訴他，我找到一棵完美的樹，等不及要開始攀爬了。父親的身旁放了一袋剛剛買來的戰利品，看樣子跟我一樣也過了很棒的一天。幾年前，父親從倫敦的古董業退休，但是老習慣還在，看他心滿意足的表情就知道，我只能對露天市集的商人感到抱歉。

伊斯蘭教的宣禮召喚響徹清明的夜空，使用炭火烹煮摩洛哥燉肉的香味飄進大街小巷。下弦月高掛在覆滿森林的山丘上，我不禁會心一笑，想到下一次看見月亮升起時，我就會在離地三十公尺的雪松樹冠中，舒舒服服地躺在吊床裡。

隔天將近正午，雖然地勢更高的荒蕪山坡正被炙熱的乾燥高溫烘烤，但我所在的森林裡卻充滿樹蔭，十分涼爽。我和父親行走在大石頭間，熟悉的松香瀰漫空中。我們正走在一座長滿樹木的山谷斜坡上，前往我選好要攀爬的那棵樹。我用衛星導航裝置記下它的位置，但是這感覺有點像在作弊，而且當我盲目地跟著液晶螢幕上由點點組成的路徑時，走在森林裡的樂趣也減損了不少。但是，我很希望盡快到達，打算至少日落前一個小時就能躺在吊床裡。父親也很熱切地想要露宿，因此我帶了另一張吊床，讓他可以在附近某處的地面上架設。

我選擇的那棵樹位於蝴蝶空地遙遠的另一端，就在這片小平原下降進入鄰近的山谷前。它不是我找到的雪松中最高的，但是在目前為止走過的地方中，它的位置卻最好。在看見它的那一刻，我就知道是它了。終於做出決定後，我迫不及待地想要爬上去了。

到達樹下後，父親就開始閒晃，尋找紮營的地點，我則花費幾分鐘的時間認識一下即將攀爬的這棵樹。

它是一棵非常勻稱的樹木。樹幹直徑將近兩公尺，並不會太粗，筆直地竄升到樹冠層，形成一根沒有節瘤的美麗木柱。第一根樹枝要在二十公尺左右才會出現，但不過是已經枯死的扭曲殘枝。但是上方的樹冠非常完美，巨大的水平樹枝朝著四面八方展開，提供架設吊床的無限選項。

這棵樹木位於平原邊緣，比鄰近的山谷來得高，一定會有很棒的展望。除了這些以外，它面向西邊，肯定能看到美麗的日落。

不多浪費時間，我裝好彈弓後，就把一條線射過所能看到的最低一根堅固樹枝。我把繩子拉上去，計畫用它攀爬整根樹幹，進入下層樹冠。接著我會爬過一根又一根的樹枝，攀完這棵樹木的其餘部分。如果墜落的話，挽索會拉住我，但是我覺得親自攀爬樹木的本身，而非在繩子上攀登是很重要的，我不想被一條連接樹冠和地面的長繩運送到最頂端。

遠方傳來石頭碰撞的咚咚聲，告訴我，父親已經找到營地了，正在清理一塊地準備生火。於是，我踏進吊帶裡，把它拉到腰部，移除不會使用的額外鉤環和配備。我在繩子末端綁上一個裝有露營裝備、食物及水的背包，然後扣上夾鉗，拉出多餘的繩段。比起在熱帶叢林的炙熱和潮濕中埋頭挺進，在乾燥的地中海氣候地區攀樹是非常棒的轉變，不會出現離地不到三十秒就大汗淋漓的狀況，感覺很好；也不用再遭受會咬人的昆蟲襲擊，讓人神清氣爽。

理想的恬靜山居景色

但是，我的話說得太早了，雖然很開心地沒有遭遇昆蟲攻擊，卻很快就開始汗流浹背了。才攀爬到一半，我進入陽光照射的地方，立刻就感覺到皮膚因為熱力而刺痛不已。幾分鐘後，我來到樹冠的陰影中，停下來稍事休息。汗水蒸散到乾燥的空氣裡，讓我開始覺得涼爽，幾分鐘內，就連T恤前面幾塊深色的浸濕部分也完全消失了。我抬頭往上望，看看還剩下多少要攀爬。

就在我的頭上，繩子穿過樹木和一根枯死大樹枝之間的空隙。從地面往上看時，那個空隙看起來大多了，但現在我開始懷疑自己能否穿過，肯定是要擠一擠的。轉移到其他的挽索，繞過這個瓶頸，是很容易做到的，但我還是決定試試看。無可避免地，我耗費一番工夫，還差點卡死出不來，看樣子我是吃了太多燉肉了。

當我總算重回上方的開放空間時，手臂上已經全是嚴重的擦傷，同時沾滿樹汁和泥土。部分樹汁黏著一小片乾樹皮，撕下它們時，也連帶扯下幾根手毛。但是，樹汁的香氣實在很迷人，我忍不住用手指沾了一點舔舔看。我很希望這個行為讓我找到一種驚人的靈丹妙藥，某種可以產生永恆幸福感的神祕天然魔藥。然而，讓人失望的是這種樹汁非常苦澀，難以下嚥，雖然帶著一點甜甜芳香，而我為了要確定，所以再試了一次。不，還是很難吃，於是我喝了一大口水，繼續往上爬，爬到繩子頂端後，立刻坐下來，好好看看周遭的新環境。

眼前迎接我的景色，讓我不由自主地開懷大笑。森林樹冠懸浮在周圍，像是一個個飄浮的陽台。鄰近的樹木中，一層層茂密的水平枝椏高高低低地在半空中伸長。一切都逆著光，在午後的陽光下發出藍綠色光芒。太陽被一根樹枝所遮掩，但是環繞的針葉卻在銀色光圈中閃閃發亮。長長的蜘蛛絲在空中閃爍著，數十隻剛剛孵化的蜘蛛寶寶在我的四周飄下樹冠。

我所在的樹木位於陡坡邊緣，表示現在和生長在下方坡面上那些樹的最頂端齊高。它們看起來很近，好像穿越清澈的山區空氣就可以一躍而過。森林聳立在對面的山谷，漸漸消失在遠方的開闊平原之中，而在地平線上，飄浮在一切之上的是山巒誘人的剪影。我所能見到的就是群山和地球上最可人的樹——雪松，真是一幅理想的山居景色。

樹頂在我頭上十公尺處，但是現在懸吊的位置剛好適合我的輕量吊床。於是，我把背包拉上來，掛在旁邊的樹枝上。吊床是全新的，緊緊地被塞成一團。鬆開來時垂落到下方，我用牙齒咬住一端，在繫著繩子的狀態下，沿著一根大樹枝向外走，固定好那一端。接著，我走到三公尺外的另一根樹枝上，繃緊吊床，然後讓自己掉進吊床中央，落到新床上。我等一下再來處理睡袋，現在躺下來看著陽光在正上方樹冠的底側舞動著，感覺很棒。

太陽距離地平線還有一個手掌寬的距離，我還有不少時間可以躺在那裡，因此我閉上雙眼，聆聽森林的聲音。太陽往地平線落下，白晝漸漸變涼，大氣開始移動。微風吹過四周的雪松針葉，發出輕柔的聲響，下方谷地某處，陰影開始匯聚，一隻灰林鴞叫了一聲後便闃靜無聲。

我偶爾仍會聽見父親造成的石塊咚咚聲，天知道他在下面做什麼，聽起來好像是在築牆抵禦野狼似的。但是大部分的時候，一切都完全寂靜無聲。其實，說是寂靜無聲不太正確，因為這個

詞彙的意思是完全沒有聲音，平靜是比較恰當的形容詞，或者甚至可以說是寧靜，實在是難以描述。不過，在那棵雪松離地三十五公尺的地方，一邊躺在吊床裡輕輕晃動，一邊觀看著夕陽緩緩落入阿特拉斯山脈的那一個小時，是我目前為止的人生裡經歷過最祥和的一個小時之一。

小蜘蛛的垂降之旅

幾分鐘後，我睜開眼睛，看見一隻小蜘蛛掛在蜘蛛絲上，距離我的臉只有三十公分。牠往下墜落的方向似乎和我的鼻子呈現一直線，因此就在牠觸殺成功之前，然後輕輕地吹了牠一下。結果牠下降得更快了，我在牠掉到身上前，就抓住牠身上的蜘蛛絲，然後我把牠的「繩索」重新固定在旁邊的樹枝上，從吊床邊緣往外望，看著牠繼續不顧一切地穿越樹冠往下降落。林地在下方三十五公尺的地方，我真不敢相信那麼小的蜘蛛能吐出足夠的蜘蛛絲，完成這麼一趟史詩般的垂降之旅。因為我並沒有什麼急迫的事情要做，所以便計算一下，倘若把這棵樹變大，讓我變得很小，就像那隻蜘蛛一樣，我將需要一條長達兩萬公尺以上的繩索，才能從吊床的位置降落到地面。這棵樹的高度將達到二萬七千公尺，最高的枝椏會位於平流層某處，真是驚人。光是想像一棵二萬五千公尺高的雪松會是什麼樣子，就讓我會心一笑。我就這麼看著，一陣微風吹來，將蜘蛛吹向樹幹。牠降落在我下方三公尺的樹幹上，脫離蜘蛛絲，匆匆爬過樹皮。看來，我是無法得知一隻蜘蛛的體內會有多少蜘蛛絲了。

我睡覺時必須繼續繫著安全繩索，這也表示我得繼續穿著吊帶。因此，為了盡可能讓自己舒服一點，我把所有額外的鉤環都解開了，掛在不礙事的地方。我攤開睡袋，脫掉靴子，戴上羊毛帽，側躺著觀看日落。火焰滾過天空，血紅色的太陽緩緩滑落到山後。呼喚昏禮，也就是伊斯蘭教在傍晚進行的禮拜聲音隨風飄來，來自遠方某座隱藏在層巒疊嶂中的清真寺，然後一切都變得安靜了。

數個小時後，我被冷醒了。我在睡袋的上面睡著了，於是鑽進睡袋裡，傾聽夜晚的聲音。漸圓的月亮正從樹林之間升起，但是因為還不夠高，月光無法照射進來，因此四周的森林一片漆黑。繁星在樹冠中閃爍著，灰林鴞在啼叫。牠們憂愁的音符讓我回想起在歌利亞上度過的第一晚，那是許多年前在新森林的事了。我一邊思索著灰林鴞在對彼此說些什麼，一邊重新墜入夢鄉。

再醒來時，月亮已經高掛夜空，周遭的森林沐浴在柔和的月光裡。雪松的枝葉帶著蠟般的光澤，但是在我四周彎曲糾結的巨大樹枝仍處於陰影之中。向外俯瞰著下方的山谷，我能清楚看出較高的雪松樹頂延伸到月光裡。我在吊床裡翻身往下看，下面的樹幹帶著美麗的斑駁銀色光影。鱗片狀的樹皮看起來亙古而恆久，讓我不禁好奇這棵樹究竟有多老了。感覺它好像一直都在這裡，看守著下方的谷地，它肯定存活了幾個世紀，很可能已經五百歲以上。在這片山林中存活五百年，是多麼漫長的一段時間啊！我短暫的拜訪幾乎無法在這棵雪松的生命中留下任何記號，但這就是樹木吸引人的其中一個地方，不是嗎？它們幾乎就像是地景裡永遠存在的地標，提醒我們充實過好短暫人生中的每一天。一隻灰林鴞在隔壁的樹上叫了一聲，我又沉沉入睡。

當我再度醒來時，已經是早上七點了。我張開眼睛，看見完全不一樣的世界。色彩又回到這個世界，月光下的夜晚感覺就像是已逝的夢。東方呈現魚肚白的天色預示著太陽即將升起，微風已經帶來誘人的松香，但是我四周的森林此時還籠罩在陰影中。空氣冷冷的，但是還不至於酷寒，我躺在那裡試著召喚意志力，然後爬出吊床，開始攀爬。我打算在樹頂迎接日出，樹頂只在頭上十公尺左右的地方。粗大穩固的樹梯會引領我到達那裡。我鑽出睡袋，雙腿跨過吊床邊緣，然後穿上靴子。

我將滑結多餘的部分拉緊，把自己拉到繩子上，站在吊床中，接著向外踏出，盪向樹幹。我的雙腳蹬著樹幹，調整好吊帶，接著雙手抓住一根樹枝垂吊著，伸展背部。寒氣在晚上時逼入體內，因此當身體的重量把背脊拉直，準備好開始攀登時，我感覺到脊椎發出喀喀幾聲。我把自己拉上去，放出不少繩段，快速地從一根樹枝移動到另一根樹枝，毫不停頓，直到爬到最上層的枝椏蹲著為止。

從天堂飄送而來的淡雅香氣

這裡的樹枝較小、有較多的瘤，也經歷更多的風吹雨打，到處長滿地衣，我碰觸時還飄下不少塵埃。有好幾根樹枝沒有樹皮，露出精細的花邊溝紋，是甲蟲幼蟲曾經住過的地方。最上層的樹枝相互交織，形成一塊茂密的水平蓆墊，就像枝葉組成的平坦桌面。在此之上，我瞥見了藍天。我把樹枝上的固定點重新架設在正下方，再次放出不少繩段，準備爬完最後幾步。我將雙手穿過刺刺的針葉，把頭探出上方的空間。

我的上半身現在已經完全探出樹冠了，因此及時看見第一道曙光從隔壁的雪松樹冠中迸發而出。我立刻感受到太陽的溫暖，感覺陽光深深滲入骨頭裡，閉上眼睛，坐在那裡沐浴在光芒中好幾秒。我聽到輕柔的嗡嗡聲，睜開眼睛就發現自己被數十隻蜜蜂圍繞著，牠們正在四周的樹冠上和平地覓食。數百顆纖細如手指般的黃色松果筆直地豎立在枝頭上，這些都是雄果，在夏季數個月的期間成熟，現在到了秋天，已經準備好釋放花粉了。蜜蜂全體一起採花粉。雪松針狀的枝葉也筆直豎著，一小團一小團地簇擁在短短的木質莖部上，發出光芒。蠟質的厚角質層賦予這些針葉一種藍綠的色澤，我摘下幾根搓一搓，釋出現在已經深深愛上的那種天堂香氣。

望向更遠方，我看見所在的樹木原來和其他高度與樹齡相仿的成熟雪松排成一列，矗立在彎月形的陡坡邊緣。轉身面向西方，目光越過山谷，看向遠處地平線上的高阿特拉斯山脈（High

Atlas Mountains）。陡坡的陰影落在整片地景上，好似巨大的日晷。雖然我所在的樹頂現在完全沐浴在陽光下，但是下方卻仍然處於黑暗中。隨著太陽越升越高，我看著這塊陰影的前緣朝著山脊越來越往後縮，直到一切都完全被太陽照到為止。生長在山脊下方的那些樹木，是我在這座森林裡見過最高大的一些樹。書上說：很難得，或許根本不曾有北非雪松長到四十公尺高。但是，我能肯定地說，現在站著的這棵樹至少有四十五公尺，而那些在下方山谷生長的雪松如果沒有逼近五十公尺，我很樂意吞下一個鉤環。

這個景色美極了。然而，南邊更下方的山谷上依稀可見鬼魅的身影。那裡有許多成熟的雪松都死了。和我現在身處的這棵樹是一樣大的樹木，推測還有好多年可以存活的大樹卻在壯年期死了。它們被太陽曬得蒼白的屍骸仍然聳立在周遭的森林中，隱隱約約如同幽靈一般。當然，樹木一天到晚都在死去，這些樹或許也算是自然因素的受難者，但它們絕對不是老死的，而看見一整片樹木站在那裡了無生氣，似乎十分不祥。我敢打賭，過長的乾旱是主因，常綠的冬青櫟現在長在這些樹木的下方，形成茂密的下層林木，任何雪松樹苗未來要和它們爭奪陽光，似乎極不可能。不過，截至目前為止，我也沒有在這座森林裡看見任何年輕的雪松，大概是被四處遊蕩的放牧羊群吃光了。

儘管看見那些枯枝，但是當我最後一次將其他景觀盡收眼底時，卻仍感覺心情振奮。我開始往下爬。我周遭的樹木絕大部分的狀態都很良好，就連那些失去主幹或樹冠遭到強風扯斷的樹木，都仍旺盛地生長著，顯然還有好幾十年的壽命。

自然復育的未來希望

等我拆除吊床，垂降落回林地時，父親已經收拾完畢在等待我了。他的營火殘燼仍然冒出裊裊輕煙，對於必須把我們最後一些飲用水倒在上面，好防止森林在四周燒個精光，我有點惱怒。但是父親笑了笑，聳聳肩，說艾茲魯還有很多的薄荷茶在等待我們。

我們決定採取比較直接的方位返回，而非衛星導航建議的那條蜿蜒路徑。大約半小時後，我們碰到穿梭在樹林間的低矮圍欄。這些圍欄的設計並不是為了擋住人，因此我們跨過欄杆，繼續向前走。不時可以見到懸鉤子的樹叢；胡頹子和義大利槭樹形成的下層林木，似乎比其他的地方都還要茂密；草更高了，番紅花也更常見了。我們顯然進入一塊保護區，而那些低矮圍欄是用來擋住牲畜的。

就在這時候，我們來到一座小小綠色雪松幼苗形成的迷你森林，就在一棵特別古老的多幹雪松下方。數百棵幼苗穿過乾燥的枯枝落葉，在四周生長著，顯然是由聳立上方的巨樹播下的。這幅景象令人欣慰，我們在這座森林裡的最後一天，終於找到雪松自然復育的證明。散落在我們身旁的，是未來的希望。兩百棵幼苗無法形成一座森林，但卻是一個開端。十六年前，我住在附近的地區時，還沒有有任何保護設施，但是這個擋住牲畜的圍欄顯示，已經採取相關措施來扭轉這個局勢，這些森林現在被賦予奮鬥的機會。大自然需要的只是一些讓步，剩下的會自己完成。

我卸下背包，趴在去年留下的乾枯枝條和殘遺物之間，湊近觀看那些雪松小苗。每一棵小苗不超過五公分，纖細的褐色枝幹上長著一叢嬌弱的柔軟綠針。它們看起來十分脆弱，我可以明白一隻飢餓的羊是如何迅速吃掉它們的，這些綠色的小零嘴馬上就會被啃光。我的下巴擱在雙手上，目光越過樹苗，抬頭看向上方的大樹。它真的是森林之母，已經有好幾百歲了，而我又再度對這麼巨大的生物是從這麼渺小的東西長成，這麼看似不可能的一件事感到驚訝。不比牙籤大的脆弱小生命，竟然可以長成世界上最偉大的樹種之一，真是令人難以置信。而北非雪松的確是全世界最偉大的其中一個樹種，也絕對是最美麗的樹之一，我只希望往後的數千年裡，在這片雪松歸屬的山林裡，仍然能發現它們自由生長著。又有誰會知道呢？說不定有一天，獅和熊又會再度出沒在阿特拉斯山脈的雪松森林裡。

後記——在歌利亞肩上沉思

我正坐在吊床中，離地二十五公尺，剛好是在歌利亞一半高度的位置。一根長十公尺的樹枝掃過我的右邊，而左邊則是歌利亞的巨大樹幹，厚厚的紅色樹皮形成漩渦圖樣，往上流向距離我二十五公尺的樹頂。

早春的日光從細長的枝椏間流瀉而入，空中充滿鳥囀。我在寫下這段文字時，戴菊正在我身邊的樹枝上輕快地跳躍覓食，而旁邊的樹幹上則有一隻旋木雀正在往上跳。待在樹冠上最棒的喜悅之一，就是背靠著樹，觀看野生生物在身旁忙著自己的事，彷彿你不在那裡似的。新森林非常擅長營造這樣的一個早晨。

我在二十六年前第一次爬上這棵樹，雖然當時的我並未攀爬到最上面。再過三天，我就四十二歲了，雖然我感覺不出來，至少在心理上感覺不到，各種小傷對我的攀樹能力都造成影響，讓我爬樹的狀態已經不如從前，但我依然是那個喜歡爬到樹上消磨一個小時，靜靜觀看風景的孩子。我猜，我和九千五百天前第一次坐在這根樹枝上的自己相比，一定有了很大的變化，不過所謂的變老就是這樣，不是嗎？謝天謝地，我們自己總是最後一個知道的。此外，我完全不打算收起吊帶，還想要再穿它好幾年。世界上還有這麼多美妙的樹木可以攀爬探索，我還不想罷手。那些樹冠和在樹冠上拍攝野生生物的這項工作，在我的心中至今沒有減少一分魅力，事實上還恰恰相反。下個月，我將出發到新幾內亞拍攝天堂鳥，接著要到婆羅洲與紅毛猩猩相處四週。我迫不及待，雖然要長時間離開家人變得越來越不容易了。

現在歌利亞比我第一次遇見它時高了幾十公分，周圍的樹枝上那些已經痊癒的淡淡繩索勒痕，證實對一棵樹而言，二十六年也是相當漫長的一段時間。一九九一年，防止樹皮不受繩索摩擦傷害的防摩物還沒有發明，所以我們從樹枝上垂降而下時，繩子會在樹木的基部留下摩擦的痕跡。現在情況就不一樣了，攀樹師非常小心地避免傷害到所攀爬的樹木。整體而言，我覺得現在的人更注意自己的行為會如何影響周遭的自然與鄉村景觀。兒時在這裡長大，要在森林裡看到水獺，或聽到蒼鷹的歌唱聲從樹林深處傳出，簡直就是異想天開。鵟鷹很少見，而要看到遊隼或渡鴉必須走到很遠的地方。然而，今天早上背著繩子走過森林時，我才聽見蒼鷹刺耳的叫聲，然後準備開始攀爬時，還看見渡鴉飛過歌利亞正上方的黑羽輪廓。

雖然和環境議題相關的爭議與負面報導有很多，但是我衷心相信，對英國的野生生物來說，現在這個時代存在很大的希望。我的意思並不是說我們應該因此安逸，但是二〇一〇年民眾大力抨擊政府企圖把受保護的國有林地出售給私人單位經營，確實就是一個鼓舞人心的例子，證明人們有多麼在乎。看來只要樹木依然聳立，希望就還在。

投射在樹木上的不朽記憶

如同我先前提過的，樹木常常可以幫助我們衡量歲月流逝和人生大事。我們把自己的記憶投射在樹木身上，而我現在向下看，似乎仍看得見爺爺、父親和我站在那裡往上望，也幾乎聽得見我的狗「搞破壞大王」興奮地汪汪叫；牠被夥伴舉高湊近我，從背包裡探出頭，一邊熱情地親我，一邊搖著尾巴，然後試圖爬出背包，跑到樹枝上。我突然意識到牠比較適合地面生活，連忙把牠放到安全的地上。

我終於第一次爬上這棵樹的樹頂是在一九九四年，而我也在同年遇見未來的妻子。我和尤吉塔在德比的大學修同一堂課，我至今仍記得第一次見到她的那一刻。相處二十三年，生下三個孩子、許多的喜悅和些許的悲傷後，我們更加親密，但是她還沒有和我一起爬過歌利亞。事實上，現在除去在叢林裡工作的時間，我在大部分的時候都是獨自攀樹。除了野生生物攝影師的工作以外，我也經營了一家訓練別人攀樹的公司。我很熱愛這份工作，可是如果不能定期逃回樹上，經營小公司伴隨而來的無止盡行政作業，很快就會榨乾對這份工作的樂趣。幸好，尤吉塔似乎總是

知道要怎麼做最好，開心地讓我放逐到樹冠上，她很清楚等我回來的時候就會放鬆許多，也會更容易相處。風險評估、電子郵件、帳務和其他作業，會讓我變成一個無趣的男人。

於是，昨晚黃昏時我抵達這座森林。走出廂型車，雙腳踏在森林的土地上，感覺就像和從前發生過的一切重新連結。我來到自己的地盤上，在薄暮之中走向歌利亞時，被回憶環繞著。經過我從十七歲就一直承諾自己要爬上去的那棵巨大錫特卡雲杉，還有二十出頭爬過的那棵花旗松；我對當時的過程仍然記得一清二楚。走進空曠處，看見歌利亞還矗立在一直都在的地方，映襯著暗藍色的西方天空，讓我不知怎麼就鬆了一口氣。還是那樣沉默、崇高而堅忍，真是了不起的樹啊！

我走近時，注意到有人把自己的姓名縮寫刻在樹幹上，大約在胸口的高度，那個人用長刃粗魯地在層層壓疊的紅色樹皮上砍出這些字母。我起先很氣憤，然後覺得失望，接著為做出這件事的人感到難過。樹皮太厚了，光是一把刀並無法傷害這棵樹，厚厚的形成層痊癒後，那些字很快就會隨著時間消失。但是，這讓我開始思考著為什麼有人要做這種事。我赫然發現，這是被不安全感逼迫出來的一種行為，但或許這就是重點，人類的本質即是一種沒有安全感的生物。絕大多數的樹木塗鴉，即使刻畫的當下並沒有多想，不過通常可以解讀成此人希望把自己的一部分轉嫁到另一個生物的未來上，因為這個生物幾乎可以確定會比我們活得久上許多。

在這座森林的另一處，有一棵老山毛櫸上刻著令人悲傷的文字：「T・B・詹姆斯」，還有一顆美軍的星星記號和「一九四四」這個年份。這棵樹已經盡力修復這個傷口，但山毛櫸的銀灰樹皮還是比巨杉富有彈性的樹皮薄上許多，因此雖然過了七十年以上，仍然可以辨識出這些字。一名駐紮在這個區域的美國士兵使用刀子，也可能是刺刀的刀尖，在諾曼地登陸的前夕，在這棵樹上刻下這些字。我能夠理解，無論他是否在諾曼地登陸後存活下來，他的記憶已經和這棵樹交錯在一起。在我的心中，這棵樹現在象徵著一個人對於未來的希望，以及自我犧牲的永恆不朽。

喚起深沉情感的樹木魔力

最後一絲陽光褪去前，我將攀繩射到歌利亞的樹枝上，然後在今天黎明時才回來攀爬，來到最頂端時，剛好及時看見太陽從索倫特海峽升起，親吻著四周最高那些樹的樹頂。我的手臂緊緊抱住歌利亞的脖子，感受陽光驅散我在車裡度過一晚後累積的寒意，一邊看著陽光穿過樹冠，一邊用耳機聆聽巴哈第一無伴奏大提琴組曲的〈前奏曲〉（Prelude）。我第一次在樹上聆聽這首曲子時，感動到流下眼淚；這一次，我閉上雙眼，隨著大提琴的起伏輕輕搖擺，聽到最後騰升上揚的終止時，再次睜開眼睛，俯瞰森林。我覺得自己彷彿在翱翔，從歌利亞的身上飛下，掠過遙遠下方那些橡樹的樹頂，就像小鳥一樣。

從歌利亞的樹頂看出的視野，仍是我爬過的所有樹木中最喜愛的景象。幾年前，我到加州攀爬在原生土壤上生長的紅杉。有些紅杉長得非常高，高度和我爬過的其他樹木都不同，是歌利亞的兩倍以上，甚至比咆哮瑪格高了將近三十公尺，只能用宏偉來形容。但是，即使是從一百一十公尺高的海岸紅杉樹頂望出去的景色，也比不上今天早上我所經歷的景觀，因為那是從乘載著許多美好回憶的樹上看見的。

俯瞰新森林，我想起有一次曾攀爬過另一棵很不一樣的樹，後來得知那是另一個人最喜愛的樹，對方是一個比我顯赫許多的人物，從那棵樹最高的樹枝上看出去的景色也非常棒。

白金漢宮的廣場上，有兩棵美麗的英桐並肩聳立著，靠近女王的私人寢宮。它們是由維多利亞女王和亞伯特親王親手栽種的，因此也以兩人的名字命名，雖然我不知道哪一棵究竟是哪一棵，不過我倒是知道這兩棵樹都非常美麗，有著強壯開闊的樹冠，是成熟的英桐在全盛時期會有的典型外觀。我為了某部紀錄片爬上其中一棵英桐架設攝影機時，剛好抬頭看了王宮一眼。那天早上，據說女王不在寢宮，因此當我瞥見一位非常眼熟的銀髮女士站在陽台窗戶的絲網窗簾邊專注地看著我時，不禁嚇了一跳。我剛剛爬到樹頂，把頭探出茂密的樹冠，而她就站在那裡，距離我不到三十公尺外的地方，不敢置信地盯著我瞧。我完全不知道該如何反應，忍住微笑打招呼的衝動，突然變得非常在意自己的言行舉止。女王陛下嚴厲的表情不證自明，馬上就清楚地告訴我，沒有人跟她提過我會爬到樹上。

度過我人生中最不真實的十分鐘後，宮殿的大門打開了，一小群柯基衝下台階，同時還有一名打扮高尚、穿著金鈕背心和條紋長褲的男子走來。我發覺自己最好趕快解釋清楚，於是垂降到樹下，柯基還在樹下對我狂吠不止。

「女王想要了解，你在她最喜愛的樹上做什麼？」男子問道，同時拉住小狗。顯然沒有人告知王室的人，他們可能會在窗外看見一位老兄在樹冠上爬來爬去。我向他道歉，保證我不是來這裡傷害這棵樹的，但這件事只是更彰顯出樹木是如何受到各色人等珍視，就連女王伊莉莎白二世都有自己最喜愛的樹，不知怎麼的，這讓我感到很振奮。這件事似乎體現了樹木能在所有人的心中喚起深沉的情感，無論我們的背景為何。

某天，我試著計算出自己從一九九八年開始去過多少次雨林。數到七十六時，我就數不清了，而這些旅程從兩週到三個月都有，等於是八年左右。但是，即使在叢林裡待了這麼長的時間，歌利亞仍象徵攀樹對我最美妙的一切。說實話，它是很好攀爬的一棵樹。不過對我來說，這就是重點，因為隨著年紀越大，我就越不希望膽顫心驚。舒適和熟悉感已經取代讓腎上腺素飆高的刺激感，我現在更重視好好和攀爬的樹木培養一對一的感情。

我認識最有天賦的攀樹人是一位名叫沃鐸的朋友，在他多塞特（Dorset）兒時的家附近，也有一棵對他意義非凡的樹。雖然那是一棵美麗的樹，但是並不難爬，也不是特別高大或是極具挑戰性。然而，重點是沃鐸在它的枝椏間感到自在，他在樹枝之間走動時，思緒可以自由飛揚，回到地面時似乎變年輕了，一切也都變好了。大部分的攀樹人都是如此，我們都有自己最喜愛的一棵樹，收藏在心底，當我們覺得需要花一點時間重新發現自我，花費幾個小時的珍貴時間遠離其他事物的入侵時，就在那裡準備好讓我們攀爬。

因此，就這個層面來說，歌利亞仍是我的避難所。我還發現，九年前第一次當父親時，我幾乎在一夕之間變得討厭承受過高的風險。對於人生中的許多事件，我們都不太能夠掌控，但是當我覺得自己有選擇權時，特別是在雨林樹冠上工作時，就會刻意避開危險的行為。人生已經充滿夠多出乎意料的挑戰了，不需要故意跑去招惹災難。在攀樹這件事上，我現在都非常謹慎地選擇挑戰，只要做得到，就會努力不讓自己在不知不覺間陷入危險的處境。雖然我熱愛樹木，但它們確實是極具有動態的生物，永遠無法保證樹枝不會突然斷裂，或者樹上沒有潛藏危機。

讓心靈充電的能量所在

位於英國西南部的住家附近，有一棵多瘤的古老紅豆杉，很可能已經存活上千年了。它位於一座早已被人遺忘樹林裡的安靜角落，俯瞰一座美麗的山谷。當生命變得艱難時，我會把繩子留在家裡，爬到它的上層樹枝，坐在那裡沉思著，看著全世界就在遙遠的下方。有時候這樣就夠了，一段時間過後，我就會回到地面上，覺得心靈比較平靜，花時間待在樹上之後，不知為何，一切都變好了。有時候，我會開始講話，不太算是對樹木訴說，而更像是對全世界說話。我會說出自己的悲傷、恐懼和憂慮，讓風帶走能夠帶走的，吹過周遭的樹冠。我並不是說，每一次這麼做都會有用。有些悲傷太深，無法完全治癒，不過有一個平靜的地方可以躲起來，一定會有幫助，一個跨越忙碌現代生活的空間，讓我能在裡面思索失去的事物，或是專注思考前方的道路。身為生物，樹木擁有自己的能量，而紅豆杉特別帶有一股難以描述的力量。待在那些樹枝之中，被這種能量包圍，時常能幫助我面對生命的挑戰。當事情變得太過陰暗，幾乎無法承受時（每個人都偶爾會有這種時候），這可以幫助我慢慢接受困境，更能為我的家人提供前進的支持與幫助。

那棵紅豆杉是人生變得艱難時，我前去尋找答案的地方，也是我對一切美好正面的事物表達感謝的地方。人生中有太多的事值得感恩，而我認為，為美好時光說一聲感謝，就和哀悼自己的悲傷一樣重要，甚至更加重要。生命值得慶祝，我發現花費幾分鐘專注在正面的事物上，對於維持個人身心平衡是相當有助益的。

談到靈性方面，我保持著極為開放的態度。越常旅行，就越能明白自己知道的有多麼少，從他人的信仰中又能學到多少東西。我在基督教的家庭裡長大，曾在虔誠的穆斯林社會中住過兩年，和充滿愛的錫克教家庭聯姻。過去二十年來，我的旅行經歷帶我親近數十種不同的宗教與哲學，全都蘊含著深遠的真理，讓我非常尊敬。但是，我也漸漸體悟到靈性是要自己尋找的，而我發現在樹上最容易找到靈性。

放眼未來，我的兒子很快就會長大，可以開始自己探索樹冠之美。他們已經會在花園裡的那棵橡樹上爬來爬去，所以不需要過很久的時間，他們就能陪我到某處進行一趟攀樹之旅。我的一個夢想，就是有一天要回到新森林，和他們三個一起攀爬歌利亞。或許再過二十五年吧！雖然那時候我應該就要慢慢爬了。

致謝

如果沒有英國廣播公司布里斯托總部的資深廣播製片莎拉・布蘭特（Sarah Blunt），以及企鵝藍燈書屋（Penguin Random House）的資深組稿編輯傑米・約瑟夫（Jamie Joseph）兩位關鍵人物的創意想法和辛勤努力，這本書就不會存在。

我很榮幸這些年來，能在無數的自然歷史廣播節目中與布蘭特共事，她將我對於攀樹的想法和叨叨絮語，轉化為觀眾感興趣的廣播節目，這種技能一直讓我感到驚奇。約瑟夫有一天聽到廣播，突然聯絡我說想要出版一本與攀樹相關的書籍。

約瑟夫是讓本書成形的關鍵角色，大力支持實現這本書的想法。少了他的那通電話（或推文），本書就不會誕生，書裡的故事永遠不會離開我的日記。約瑟夫和布蘭特都願意相信我，我謙卑地感激能有這個機會與他們兩位合作。

本書有許多章節講述的都是為《國家地理》雜誌、英國廣播公司和許多獨立製片公司在叢林樹冠上進行拍攝工作的故事，有許多人參與這些製作過程，每個人都扮演著將這些企劃付諸實現的重要角色。我非常感謝一路上有這些機會和這些人一起共事，特別要感謝以下這些人（有許多都已經出現在書中了），協助讓每一趟叢林之旅變得如此美好難忘，包括約翰・華特斯（John Waters）、潔娜維耶芙・泰勒（Genevieve Taylor）、麥克・尼可斯（尼可）（Michael Nichols）、大衛・摩根（Dave Morgan）、布萊恩・雷斯（Brian Leith）、雷夫・鮑爾（Ralph Bower）、許・柯爾戴（Huw Cordey）、邁可・薩爾茲柏里（Mike Salisbury）、西恩・克里斯蒂安（Sean Christian）、賈斯汀・伊凡斯（Justine Evans）、魯伯特・巴靈頓（Rupert Barrington）、瑞貝卡・塞西爾—懷特（Rebecca Cecil-Wright）、米爾科・費南迪斯（Mirko Fernandez）、凱文・弗雷（Kevin Flay）、大衛・魯比克（David Roubik）、蓋伊・格立弗（Guy Grieve）、梅蘭妮・普萊斯（Melanie Price）、湯姆・格林伍德（Tom Greenwood）、布雷特・米夫蘇德（Brett Mifsud）、詹姆斯・史密斯（James Smith）、尼克・鄧巴（Nick Dunbar）、鮑伯・培拉居（Bob Pelage）、瑞秋・金利（Rachael Kinley）、吉姆・霍斯特瑞（Jim Hoesterey）、湯姆・休—瓊斯（Tom Hugh-Jones），以及我的童年好友賽門・霍洛威（Simon Holloway）。還要特別感謝亞德里安・西摩（Adrian Seymour）與格拉漢・赫特利（Graham Hatherley）在我們的角鴞冒險期間看顧我的安危，當然還要感謝大衛・艾登堡爵士，您對自然界的熱情多年來啟發了數百萬人。

感謝企鵝藍燈書屋的優秀團隊，包括助理編輯露西・奧茲（Lucy Oates）、公關金利・瑞格登（Kealey Rigden），以及特約編輯威爾・亞特金斯（Will Atkins），你深具洞察力的評語和建議大大幫助敘事的流暢度。也要感謝阿萊斯泰・卡爾（Alistair Carr）、海倫・麥唐納（Helen Macdonald）與賈斯汀・馬洛基（Justin Marozzi）這三位經驗豐富、極具天分的作家，給予像我這樣十足的新手鼓勵和出版界運作方式的寶貴建言。卡爾，你慷慨的個人建議與支持格外具有啟發性，我真的很感激，謝謝你。

還要謝謝新森林林務委員會（New Forest Forestry Commission）的安迪・佩居（Andy Page）與珍・艾伯里（Jayne Albery），准許我在森林的樹冠爬上爬下，拍攝公關照片。這些樹木中有許多都對全英國而言十分重要，我很感激他們信任我，讓我能接近這些樹。

我還要感謝這些年來很榮幸能在樹冠上一起相處的那些思想自由的攀樹人與朋友。其中有許多來自世界上的各個角落，但是我想要特別感謝班・瓊斯（Ben Jones）和沃鐸・亞瑟林頓（Waldo Etherington），並且向他們致意，在樹上時不斷帶來正面能量與樂趣，兩位都有與生俱來的慷慨精神，照亮那些很幸運能稱你們為朋友的人們的生命。

非常感謝帕迪・格拉漢（Paddy Graham）與菲爾・哈瑞爾（Phil Hurrell），在最開始時幫助我進入攀樹這一行。帕迪，我們一起在森林長大的期間，你對攀樹那股感染力十足的熱情持續帶給我樂趣與啟發，謝謝你送給我第一條繩子和吊帶，帶我進入很少人造訪過的那片驚人的樹冠世界。菲爾，你幫助我在野生生物製片業立足，屢次提供慷慨的建議、支持與友誼，我將永遠謙虛感恩，你是傳奇。

同樣也要感謝攝影師兼好友的蓋文・瑟斯頓（Gavin Thurston）讓我協助他的拍攝工作這麼多年。之前熱情協助的攝影工作當中，有些或許屬於「反向的負面幫助」，但是我一路上學到非常多，而且每個見習攝影師都需要有一個能看齊的前輩。

我要將永遠的謝意、愛與感恩，獻給我的母親艾莉森和我的父親克里斯，他們總是支持著我追隨自己的夢想。我不知道該從何說起，因為實在有著數不清的感謝理由，但是我衷心感謝你們在我小時候那個還沒有數位化的時代，出錢幫我沖洗我拍攝的無數張樹木、松鼠及野鹿照片，並且給我充分的自由探索樹林，一次就是好幾天，這本書的起源都要多虧你們。謝謝莉茲當一個好姐姐，手足必須忍受很多的事。

最後，如果少了我的妻子尤吉塔和我們的孩子洛翰、塔榮與伊山給予的支持、耐心及關愛，我絕對不可能寫出本書。我們的小兒子伊山在寫作途中來到世上，所以倘若上一年只有一點點的壓力，是大大背離了事實。尤吉塔，我真的對妳欽佩不已，妳不僅生下我們完美的第三個孩子，還努力提供我必要的時間與空間來撰寫本書。少了妳無條件的愛與支持，本書就不會存在。接下來三百次的學校接送就交給我吧！小子們，現在這本書完成了，我們週末又可以一起去拜訪大樹、博物館及城堡了，你們真幸福呀！

那些希望了解更多關於森林保育的讀者們，我真正能做的就是建議你們稍稍瀏覽以下的網站。謝謝你們！

綠色和平（Greenpeace）：www.greenpeace.org.uk

世界土地信託（World land Trust）：www.worldlandtrust.org

全球樹冠計畫（Global Canopy Programme）：www.globalcanopy.org

婆羅洲紅毛猩猩生存基金會（Borneo orangutan Survival Foundation）：www.orangutan.or.id

303

致謝

商周其他系列　BO0281

攀樹人

從剛果到祕魯，一個BBC生態攝影師在樹梢上的探險筆記

原文書名／The Man Who Climbs Trees
作　　者／詹姆斯・艾爾德里德（James Aldred）
譯　　者／羅亞琪
企劃選書／黃鈺雯
責任編輯／黃鈺雯
編輯協力／蘇淑君
版　　權／黃淑敏、翁靜如
行銷業務／周佑潔、石一志、莊英傑

國家圖書館出版品預行編目(CIP)數據

攀樹人：從剛果到祕魯，一個BBC生態攝影師在樹梢上的探險筆記 / 詹姆斯.艾爾德里德(James Aldred)著；羅亞琪譯. -- 初版. -- 臺北市：商周出版：家庭傳媒城邦分公司發行，民107.02
面；　公分. --（商周其他系列；BO0281）
譯自：The Man Who Climbs Trees
ISBN 978-986-477-388-6（平裝）

1.遊記 2.世界地理

719　　106024299

總 編 輯／陳美靜
總 經 理／彭之琬
發 行 人／何飛鵬
法律顧問／台英國際商務法律事務所
出　　版／商周出版　臺北市中山區民生東路二段141號9樓
電話：(02)2500-7008　傳真：(02)2500-7759
E-mail：bwp.service@cite.com.tw
發　　行／英屬蓋曼群島商家庭傳媒股份有限公司　城邦分公司
台北市104民生東路二段141號2樓
電話：(02)2500-0888　傳真：(02)2500-1938
讀者服務專線：0800-020-299　24小時傳真服務：(02)2517-0999
讀者服務信箱：service@readingclub.com.tw
劃撥帳號：19833503
戶名：英屬蓋曼群島商家庭傳媒股份有限公司城邦分公司
香港發行所／城邦（香港）出版集團有限公司
香港灣仔駱克道193號東超商業中心1樓
電話：(825)2508-6231　傳真：(852)2578-9337
E-mail：hkcite@biznetvigator.com
馬新發行所／城邦（馬新）出版集團
Cite (M) Sdn Bhd
41, Jalan Radin Anum, Bandar Baru Sri Petaling,
57000 Kuala Lumpur, Malaysia.
電話：(603)9057-8822　傳真：(603)9057-6622　email: cite@cite.com.my

封面設計／日央設計　內文設計暨排版／無私設計・洪偉傑　印　刷／鴻霖印刷傳媒股份有限公司
經 銷 商／聯合發行股份有限公司　電話：(02)2917-8022　傳真：(02) 2911-0053
地址：新北市231新店區寶橋路235巷6弄6號2樓

ISBN／978-986-477-388-6
定價／380元

城邦讀書花園
www.cite.com.tw

2018年（民107）2月初版